老子的正言若反、莊子的謬悠之說……
《鵝湖民國學案》正以
「非學案的學案」、「無結構的結構」、
「非正常的正常」、「不完整的完整」，
詭譎地展示出他又隱涵又清晰的微意。

曾昭旭教授推薦語

願台灣鵝湖書院諸君子能繼續「承天命，繼道統，立人倫，傳斯文」，綿綿若存，自強不息。蓋地方處士，原來國士無雙；行所無事，天下事，就這樣啓動了。

林安梧教授推薦語

喚醒人心的暖力，煥發人心的暖力，是當前世界的最大關鍵點所在，人類未來是否幸福，人類是否還有生存下去的欲望，最緊要的當務之急，全在喚醒並煥發人心的暖力！

王立新（深圳大學人文學院教授）

人們在徬徨、在躁動、在孤單、也在思考，希望從傳統文化中吸取智慧尋找答案；另一方面是割不斷的古與今，讓我們對傳統文化始終保有情懷與敬意！依然相信儒家仁、愛之說仍有益於當今世界。

王維生（廈門篔簹書院山長）

鵝湖民國學案
呂榮海 賴研 蕭新永 洪文東 周隆亨 潘俊隆 陳蕙娟 陳祖媛等35人 合著
華夏出版
台灣鵝湖書院
老子的正言若反、莊子的謬悠之說……
《鵝湖民國學案》正以
「非學案的學案」、「無結構的結構」、
「非正常的正常」、「不完整的完整」，
詭譎地展示出他又隱涵又清晰的微意，
——曾昭旭教授推薦語

參禪與念佛修法

月溪法師文集 第四冊

月溪法師——著
法禪法師——總校定

在佛門中，參禪法門極為殊勝而念佛法門則是三根普被，
本書對參禪與念佛法門有精闢獨到的見解，
無論您修參禪或念佛法門，本書很值得您一看再看。

目錄

附錄……231

月溪法師法相

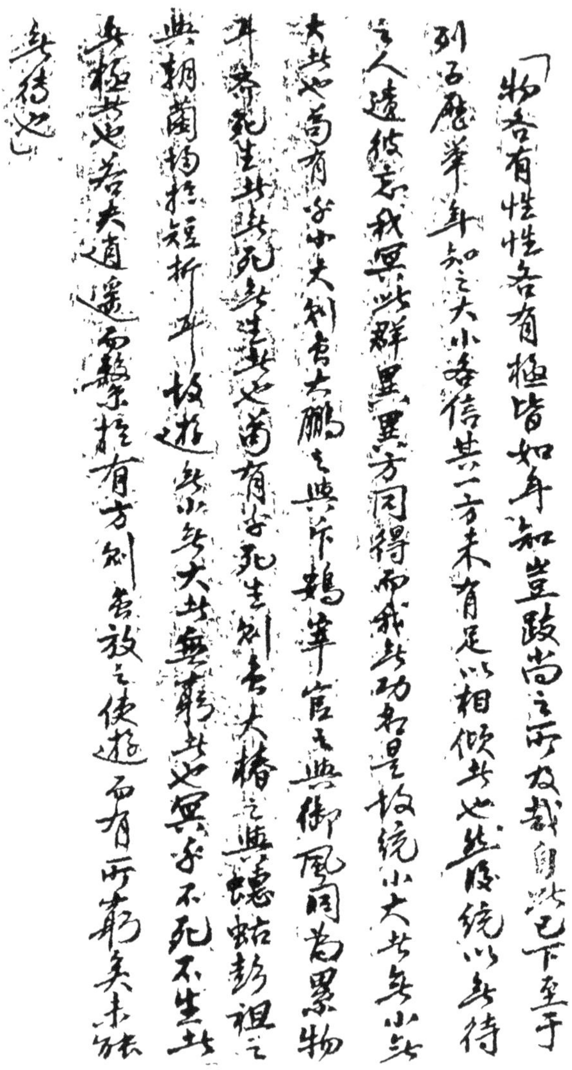

「物各有性性各有極皆如年知豈跂尚之所及哉自此已下至于列子歷舉年知之大小各信其一方未有足以相傾者也然後統以無待之人遺彼忘我冥此群異異方同得而我無功名是故統小大者無小無大者也苟有乎小大則雖大鵬之與斥鴳宰官之與御風同為累物耳齊死生者無死無生者也苟有乎死生則雖大椿之與蟪蛄彭祖之與朝菌均於短折耳故遊於無小無大者無窮者也冥乎不死不生者無極者也若夫逍遙而繫於有方則雖放之使遊而有所窮矣未能無待也」

月溪法師手跡

新編月溪法師文集緣起

自在居士

在我國，禪宗的黃金時代是在唐、宋時期。六祖以後高僧輩出，悟道祖師不計其數，然而在唐、宋以後禪門就逐漸式微了。禪的行者一旦墮入思惟、名相及文字語言的窠臼，那麼便與直指的本懷相差十萬八千里了。祇一味地在法上論説，終究離不開「口頭禪」；一味地枯坐，那就是典型的「枯木禪」；祇會念話頭或者將古人公案拿來剖析並且説出一番大道理的，那就是「話頭禪」或「公案禪」；有用止觀雙運來參禪的，那就是「止觀禪」。不説上述的方法對不對，若想以此明心見性，恐怕是相當的困難。爲甚麼會如此呢？因爲上面這些都離不開在妄念上做功夫呀！而近代的禪門行者不在妄念上做功夫的簡直鳳毛麟角。

在近代，能夠看出禪門種種弊端的，首推月溪法師。他是箇真正徹見本源的過來人，凡所説法都是從自性中流露，絕不墮入前人的思想陷阱中。在註解經典時都是從體性（佛性）上發揮，而不在文字語言的表面上作文章。在後人整理的文集當中，最能夠表現月溪法師思想精髓者，首推《大乘絕對論》。這是一本相當殊勝的文集。「絕對」者是佛性的代名詞，簡言之，《大乘絕對論》是從佛性上發揮以說明古今中外思想界的種種不究竟處。這一點，吾人以爲相當重要，假如沒有月溪法師的明說，一般人很難瞭解古今中外思想界的毛病究竟出在何處。佛性本體雖然不可說、不可思議，但《大乘絕對論》已然道出整箇佛性的架構，這對很少深入經藏的現代人而言，可以在極短的時間中明瞭整箇佛陀說法的旨要。這在繁忙的工商社會中，顯得相當重要。因爲要現代人窮年累月埋首於浩瀚的經典中，實在不太可能。而大乘典籍的艱深，苟非徹見本地風光的過來人，很難瞭解箇中三昧。當然，對一位未徹見本地風光的人而言，對《大乘絕對論》的瞭解也一定僅止於表相，也就是說祇認得一點皮毛罷了！但不管怎麼說，這是一本相當白話且說理也很能深入淺出的文集。

至於月溪法師所著的其他文集，包括對經典方面所做的註疏，也都是從佛性上發揮。而對於「無明」，月溪法師有一套獨特的看法。他將無明分爲「無始無明」及「一念無明」兩種，表面看來，這也許好像沒有甚麼，然而吾人以爲這在修行上却是相當的重要。很多修行人窮其一生都無法證果，問題就是出在他分不清甚麼是無始無明，甚麼是一念無明，而祇會在一念無明上下功夫。這是捨本逐末的做法。

翻開歷代祖師的著述，吾人很少發現有祖師將「無明」這麼清楚地宣說出來的，這也難怪很多修行人的目標都祇是在做斷妄念（一念無明）的功夫。問題出在這一念無明根本斷不了，斷了前念，後念馬上跟著生起，斷了又生，生了又斷，簡直無有了時。所謂「止觀雙運」、「一心三觀」、「眼觀鼻，鼻觀心」等的修法都離不開斷妄念。其實，本性是被無始無明所遮障，而一念無明祇是無始無明的產物。吾人若想親見本性，那麼所要打破的就是無始無明，而一念無明剛好是用來作爲打破無始無明的工具。在修行的階位上，吾人實在不應該斷一念無明，反而應該好好利用它纔對！其實，在見性的當下，無始無明就被打破了，而在沒有無始無明作爲前提之下，那麼一念無明也就轉爲本性的妙用了！就人而言，無始無明是可破的，而一念無明不可破，祇在見性的當下轉爲本性的妙用。在修行之初，如果沒有上面的這種認知，那麼想明心見性，無異緣木求魚。

無疑的，月溪法師是「末代禪」的中流砥柱，有他出來爲文，掃除種種似是而非且不究竟的末代禪法，讓吾輩於修行之初，就可以很明白地看清方向而避免誤入歧途。很顯然的，月溪法師的文集，是禪海中的燈塔。欣聞臺北圓明出版社計畫蒐羅、整理，出版《月溪法師文集》，誠令人頓感禪悅瀰溢。對於那些找不到門路或迷失在歧途的衆多修行者而言，這套文集的面世，諒必是一大「福音」！而這套文集的整理、校勘及次序的編排幾乎都由臺灣大學的郭哲志及林淑娟兩位大德一手包辦，其發心之誠及熱心的參予，吾人也應給讚賞。

唯文字語言終究離不開「方便道」，這套文集當然也不例外。吾人應該透過文字語言的底蘊去瞭解說法的本義，以便紮紮實實的實修實證。

香港沙田萬佛寺開山祖師第一代主持月溪上人肉身法體鋪金圓滿陞座碑

佛法自漢明帝時傳入中國，摩騰竺法蘭自西域以白馬馱經而來，因於洛陽建白馬寺，佛法即盛傳中土。迨六朝梁武帝時，達摩初祖一葦東來，以衣缽相傳。至唐朝，惠能六祖，弘法南來，肉身成佛於廣東南華寺，衣缽之傳廢，而禪宗大乘佛法在中國，繼續發揚，儒家學者，每多精研深究，以故高僧輩出，宗門鼎盛，代有傳人，尤對中國學術界影響甚大，宋明理學，即其顯著者也。歷代祖師，見性成佛者甚多，惟具有金剛不壞之身，成爲肉身菩薩，金相莊嚴者，殊不多見。今月溪上人，俗姓吳，昆明人也。原籍浙江錢塘，後遷滇，考諱文鏡，積學隱德；妣陸氏聖德，茹素念佛，有子五人，上人其幼也。上人幼聰慧，好讀書，受儒業於汪維寅先生。年十二讀〈蘭亭集序〉，至「死生亦大矣，豈不痛哉」句，慨然有解悟，問先生如何方能不生不死？先生告曰：「儒言：『未知生，焉知死？』」自是兼攻佛學，尤專心老、莊，濂、洛、關、閩之學，博綜六經。隨肄業於滬，徧參江浙名山梵刹，叩問諸大德。年十九在震旦大學卒業，決志出家，弘揚大法。父母幼爲訂婚，堅不娶，即於是歲禮本境靜安老和尚剃染受具。甫出家，精進勇猛，於佛前燃無名、小二指，並剪胸肉掌大，炷四十八燈供佛。並發三大願：一不貪美衣食，樂修苦行，永無退悔。二徧閱三藏一切經典，苦心參究。三以所得悉講演示導，廣利衆生。後隨悟參法師，學天台、賢首、慈恩諸宗教義。年二十二，遂徧蒞衆會說法講經，聽者如市。膺金陵之請，講楞伽法會，得參牛首山獻花巖鐵巖大德，上人往參問巖曰：「我今將妄念斷盡，不住有無，是明心見性否？」巖曰：「否，是無始無明境界。」上人問曰：「臨濟祖師說是無明湛湛，黑闇深坑，實可怖畏，是否？」巖曰：「是，汝不可斷妄念，用眼根向不住有無黑闇深坑，那裏返看，行住坐臥，不要間斷，因緣時至，無明湛湛，黑闇深坑，囫的一破，就可以明心見性。」上人聽此言，如飲甘露，由此用功，日夜苦參，形容憔悴，瘦骨如柴。至八月某中夜，聞窗外風吹梧桐葉聲，豁然證悟，時通身大汗，曰：「哦，原來原來，不青不白，亦不參禪，亦不念佛，亦無死生事大，亦無無常迅速。」信口說偈曰：「本來無佛無衆生，世界未曾見一人；究竟瞭解是這箇，自性還是自己生。」向窗外望，正是萬里晴無雲，四更月在天，時上人年二十四歲。數日後再往見巖，將所悟稟呈，巖曰：「汝證悟也，今代汝印證，汝可再將《傳燈錄》印證，汝大事畢矣，有緣講經說法度衆生。」上人今後講經，依照《華嚴經》：佛性恆守本性，無有改變，始終不改；佛性無染、無亂、無礙、無厭，不受薰染；佛性不起妄念，妄念從無始無明起；除卻止、作、任、滅四病，不斷妄念，用一念破無始無明爲主要。上人講經說法，皆從自性中流露出來，不看他人註解。後應川、湘、鄂、贛、皖、閩、粵、陝、甘、青、滬、平、津、魯、豫、熱、晉、京、浙、香港、澳門各處邀請講經，數十年無虛度日，講經數百會。性好遊，歷終南、太白、香山、華山、峨嵋、九華、普陀、五台、泰山、嵩山、黃山、武當、匡廬、茅山、莫干、嶼山、恆山、羅浮山等說法。每遊雲霞深處，數月忘歸。所到名山，必有詩對，善七絃琴，遊必攜琴隨身，遊華山時曾自書有《華山待月室記》。生平著作甚多，計有《大乘絕對論》、《大乘佛法用功概論》、《大乘八宗修法》、《大乘佛法簡易解》、《四乘法門》、《禪宗修法》、《禪宗史略》、《佛法大綱》、《月溪法師開示錄》、《用周易老莊解釋佛法之錯誤》、《佛教的人生觀》、《佛法問答錄》、《月溪法師講無始無明》、《月溪法師講念佛法門》、《月溪法師詞附詩》、《證道歌顯宗記註解》、《楞伽經疏》、《圓覺經疏》、《金剛經疏》、《心經疏》、《維摩詰經疏》等九十八種，凡千萬言，其功德之偉大，誠足稱矣。上人節操高邈，度量出羣，不應酬世法，性度弘偉，風鑑朗拔，雖宿儒英達，莫不服其深致。與海內宿儒江寧魏梅蓀家驊、醴泉宋芝田伯魯、閩海黃石蓀曾源、仁和葉任皋爾愷、番禺張漢三學華、吳玉臣道鎔、汪憬吾兆鏞、南海桂南屏坫、雙城翟羲人文選、如臬冒鶴亭廣生、長安宋菊塢聯奎、餘姚章太炎炳麟、臨川李梅菴瑞清、吳興王一亭震、山陰朱子橋慶瀾、臨海屈文六映光、番禺金滋軒湛霖時有唱酬。上人所著書，皆能匯各家之旨趣，振百代宗風，本明心見性之真傳，要在破無始無明，以弘揚大法，使天下古今中外之理哲，皆能分別異同，有所指歸。若江漢之朝宗於海，發前人之所未發，言前人之所未言，使後之學者，有所依歸，闡明義理，炳耀千秋。上人前在廣州重修大佛寺，備極莊嚴壯麗，和平後來香港，在沙田萬佛山建蓋萬佛殿、彌陀殿、天王殿、觀音殿、準提殿、韋馱殿、萬佛塔、羅漢欄等。自辛卯年興工，至丁酉年圓成，歷時七載，均親身參與擔鐵運石，造塑佛像，事必躬親。曾豎一指說法曰：「來本不來，菩提非樹，明鏡非臺；去本不去，上無片瓦，下無寸地。古今諸佛，皆在老僧指頭上放光現瑞，轉大法輪。」上人有剃染徒二：長妙相法師，丁亥年病逝昆明；次任內地某大學歷史系教授。徒孫六人，均在內地。悟道弟子八人：五台寂真尊宿、明淨尊宿、北平李廣權居士、上海周運法居士，餘四人均先逝，皈依弟子伍拾餘萬衆。上人自去年乙巳歲三月二十三日晚圓寂，趺坐入龕，嘗語其左右及弟子衆，其法體封龕入土，八箇月內便可將肉身請出，加漆鋪金，供奉寺內。同年十一月十七日，弟子衆撥土移墓開龕視察，即見五官俱全，鬚髮仍留，整體無缺，呈黃金色，燦然可觀，其生平苦修行持，戒律精嚴，於此可見。在此科學昌明時代，生活物質化之社會，與亞熱帶天氣之香港，而能有此奇蹟出現，真是六祖而後，千餘年罕有之事，香港開埠以來，今始獲睹，誠佛教界之光榮，亦吾港人之幸福也。今將於丙午年農曆四月初八日在萬佛寺彌陀殿陞座供奉，敬希海內及港九諸山大德，暨各界善信四衆弟子等，屆時涖臨，以觀厥成此一佛教界劃時代之盛舉，而創永恆之聖蹟也。

萬佛寺第二代主持胞侄　吳星達　謹撰

監察院專門委員總編纂　林德運　敬書

中華民國六十二年歲次癸丑十一月

月溪法師警語

人命無常，過於山水，今日雖存，明亦難保。念念不停，尤如奔馬，馬到崖前，收韁恐晚。是日已過，命亦隨減，如少水魚，斯有何樂？今生不將此生度，更向何生度此身？一口氣不來，惟有業隨身。生時不帶一文來，死時不帶一文去，努力今生須了卻，更莫屢劫受餘殃。不受一番寒徹骨，怎得梅花撲鼻香？拼著一條窮性命，銀牆鐵壁亦要穿。身到半山須努力，要登崖頂莫辭勞，念佛之念既真，了悟之心必至。念佛無祕訣，祇要生死切，但辦肯心，決不相賺。念到半途須努力，要想成佛莫辭勞，釋迦不是天生，達摩亦非自證。心心相續，不自放逸。修行若遇真師友，敢保功夫一世休，無量劫的生死，要他和盤托出。

修行本分大事，不是說了便休，假如今生不得念佛三昧，縱使骨枯髓乾終不放捨。爾不在這裏磨礱，修行志氣，抖擻精神，一往直前，以求解脫。蒼天渺渺，大地茫茫，生死不了，如何問心？研窮法理，以悟爲則，至道無難，惟嫌揀擇。惟守一法，然後見心，制心一處，無事不辦。百折千磨，終不退悔，受盡辛苦，惟道爲是，千磨萬難，益勵精勤。臨渴掘井，時間不待，閑時辦，可待臨終日。身既到了寶山，切莫空手而歸。法無正、像、末三時之等差，人何上、中、下三根之端的？惟知近學之弗荒，不擬真功之自績。

禪宗源流

本來無佛無衆生
世界未曾見一人
究竟瞭解是這箇
自性還是自己生

禪法之起源

原始人類，渾噩冥頑，其般若佛性爲無始無明所遮蔽，心身活動全受五蘊三毒之支配，故茹毛飲血，度其野蠻之生活，但其本有佛性固圓滿無缺，如玉蘊於石中，惟待開發而已。其後智識日開，追求之欲日熾，始則震於自然現象之恢（詭）奇，尊之爲神而加以崇拜；繼則探求宇宙之祕奧，欲憑其理解之力，而定其軌則；次乃反求自心，欲追究變幻根源之所宅；其尤高者，欲藉其般若之力，以求證入於最究極之本體中，超越於輪迴生死之外，於是禪法遂應此要求而產生。

考查人類進化史蹟，東西洋各民族，其先人皆曾有此要求，並各有其寶貴之發現，但因智慧環境之懸殊，所取途徑之互異，故其所獲之結果遂爾天淵。西洋宗教家之重靈感、哲學家之崇概念、任直覺，我國道家之坐忘、儒家之惟精惟一，皆有禪之意味；印度婆羅門禪法成立尤早，然皆未離於「見聞覺知」作用，故無法證入最完極之本體，仍在三界輪迴之中。惟釋迦牟尼佛運用其所發明之般若禪法，打破無明窠臼徹底證悟，入於無餘涅槃，故名「見性成佛」。釋迦佛名其法爲「本住法」，歸其功於自然本住，而否認其有所發明。《楞伽經》云：「譬如士夫行曠野中，見有平坦正道，即隨入城，受如意樂，此路佛之所由，我亦由之而已。」由是觀之，禪法之產生乃人類自然之要求，未有人類以前，佛性已先在，禪法亦已本住。釋迦佛以前若干古佛，皆循此路以達於真如究竟之域，釋迦佛以後無量諸佛，亦皆將循此路以達於真如究竟之域，捨此之外別無他途可由。故此路雖屬現成，微釋迦佛之指示，衆生必將徬徨歧途，流蕩而忘返矣，則其功不可謂偉耶！

釋迦佛之禪法

在釋迦佛以前，印度婆羅門各宗派皆有其所修之禪法，其最著者如「十二淨法禪」、「非想非非想禪」，皆外道爲生天而修者也。釋迦佛初出家時，曾歷參婆羅門各善知識，詢求修行之方，皆未愜意，於是入雪山自修。最初仍用「非想非非想禪法」，斷念禁欲，行之六年，毫無結果，知婆羅門禪法之非。於是沐浴進食，整刷精神，坐於菩提樹下，用般若三昧禪法返觀內照，歷四十九天，夜睹明星，遂證佛果，歎曰：「奇哉！一切衆生俱有如來智慧德相，但以妄想執著而不證得。」釋迦成佛之後，欲以其所證開示衆生，使悟入佛之知見，因衆生根基千差，故如來之說法萬別。大略而言，可分爲四乘，即小乘、中乘、大乘、最上乘是也。小乘修

「四諦禪」，是聲聞人所修，亦名「聲聞乘」；中乘修「十二緣起禪」，是緣覺人所修，亦名「緣覺乘」；大乘修「六度禪」，是菩薩所修，亦名「菩薩乘」；最上乘乃直示真如佛性，惟證與證乃能知之，亦名「一佛乘」，即拈花示衆、教外別傳之禪法是也。

《華嚴經》云：「若有衆生心下劣，爲彼演說聲聞行；若心明利樂辟支，則爲彼說中乘道；若有慈悲樂饒益，爲說菩薩所行事；若有最勝智慧心，則示如來無上法。」釋迦佛雖設種種方便以引導衆生，而其唯一宗旨，不外在「見性成佛」一事而已，所謂「爲一大事因緣出世」即指此也。故惟有能使衆生達到「見性成佛」之禪法，方爲佛祖命脈之所寄。《法華經》云：「十方國土中，惟有一乘法，無二亦無三，除佛方便說。但以假名字，引導於衆生，說佛智慧故。惟此一事實，餘二則非真。」釋迦佛住世之時，其弟子無不以修禪爲基本，釋迦佛入滅之後，禪法雖有四乘之等差，而爲各宗所並重，故未單獨立宗，單獨立宗者乃自中國始耳。

迦葉所傳之禪宗

釋迦佛所傳法門，既有四乘之等差，所修禪法遂有直接與間接之別，如世間禪、出世間禪、出世間上上禪，以及五種禪、六種大禪等，多數繁多。有修之可以見性者，亦有僅能生天而不能見性者，然皆非中國禪宗之所自出。中國禪宗者，相傳出自摩訶迦葉尊者。昔世尊在靈山會上，拈梵天所獻之金波羅華（花）以示八萬大衆，衆皆罔措，獨迦葉尊者破顏微笑，世尊曰：「吾有正法眼藏，涅槃妙心，實相無相，微妙法門，不立文字，教外別傳，直指人心，見性成佛，付囑於大迦葉。」此爲禪宗建立之依據，以心傳心之公案也，事載《大梵天王問佛決疑經》。此經多載帝王事佛請問，祕藏內府，外間不傳，故人多疑其事爲可捏造，惟宋王荊公曾於內府見之，今則收入《續藏經》中，衆所共睹矣。拈花示衆乃不用語言文字，而直示真如佛性之最上乘法，《華嚴經》所謂「若有最勝智慧心，則示如來無上法」是也。世尊用此法以接引後學不祇一次，因此法而證悟者，亦不祇迦葉一人。茲舉兩事以證明之：

「世尊示隨色摩尼珠問五方天王：『此珠作何色？』時五方天王互說異色。世尊藏珠，復擡手曰：『此珠作何色？』天王曰：『佛手中無珠，何處有色？』世尊曰：『汝何迷倒之甚！吾將世珠示之，便強說有青黃赤白色；吾將真珠示之，便總不知。』時五方天王悉自悟道。」

「世尊因外道問：『不問有言，不問無言。』世尊良久，外道歎曰：『世尊大慈大悲，開我迷雲，令我得入。』作禮而去。阿難問佛：『外道得何道理，稱讚而去？』世尊曰：『如世良馬，見鞭影而行。』」

其他散見於經典中者甚多，惟迦葉尊者獨受世尊教外別傳之付囑。《涅槃經》云：「我有無上正法，悉已付囑摩訶迦葉矣。」故推爲禪宗印土之初祖。迦葉傳於阿難爲二祖，阿難傳於商那和修爲三祖，商那和修傳於優波笈多爲四祖，優波笈多傳於提多迦爲五祖，提多迦傳於彌遮迦爲六祖，彌遮迦傳於婆須蜜爲七祖，婆須蜜傳於佛陀難提爲八祖，佛陀難提傳於伏馱蜜多爲九祖，伏馱蜜多傳於脅尊者爲十祖，脅尊者傳於富那夜奢爲十一祖，富那夜奢傳於馬鳴爲十二祖，馬鳴傳於迦毗摩羅爲十三祖，迦毗摩羅傳於龍樹爲十四祖，龍樹傳於迦那提婆爲十五祖，迦那提婆傳於羅睺羅多爲十六祖，羅睺羅多傳於僧伽難提爲十七祖，僧伽難提傳於伽耶舍多爲十八祖，伽耶舍多傳於鳩摩羅多爲十九祖，鳩摩羅多傳於闍夜多爲二十祖，闍夜多傳於婆修盤頭爲二十一祖，婆修盤頭傳於摩拏羅爲二十二祖，摩拏羅傳於鶴勒那爲二十三祖，鶴勒那傳於師子尊者爲二十四祖，師子尊者傳於婆舍斯多爲二十五祖，婆舍斯多傳於不如密多爲二十六祖，不如密多傳於般若多羅爲二十七祖，般若多羅傳於菩提達摩爲二十八祖，菩提達摩於梁普通七年來中國，是爲中國禪宗之初祖。諸祖本事機緣具載於《傳燈錄》及《佛祖統紀》中，學者自行檢閱，茲不備述。

達摩東來以前中國之禪法

當菩提達摩未來中國以前，禪經已大量傳入中國。後漢桓帝時，有沙門安世高（安息國王之太子）博通經論，尤長禪法，來抵中國洛陽，譯所帶經典百餘部，其中關於禪法者有《大安般守意經》二卷、《禪行法想經》一卷、《大十二門經》一卷、《小十二門經》一卷、《禪行三十七品經》一卷、《禪定方便次第法經》一卷、《禪法經》一卷。又漢末時有月氏國優婆塞支謙來抵洛陽，譯有《修行方便經》二卷、《禪祕要經》四卷。三國時有康僧會（康居國大丞相之子）來居楊都，譯有《坐禪經》一卷。西晉時有月氏國沙門竺法護，譯有《法觀經》一卷、《修行道地經》七卷。東晉時有竺曇無蘭，譯有《治禪法經》一卷。又有北天竺佛陀跋陀（譯為覺賢）來居長安，專弘禪法，後應慧遠法師之聘居廬山，譯有《達摩多羅禪經》二卷。姚秦時龜茲國鳩摩羅什法師，譯有《禪祕要法經》三卷、《坐禪三昧經》二卷、《禪法要解》二卷、《思惟略要法》一卷。後涼罽賓沮渠京聲，譯有《治禪病祕要法》二卷、《禪法要解》二卷。劉宋時罽賓國曇摩蜜多，譯有《禪祕要經》三卷、《五門禪經要用法》一卷。其他尚多，未遑畢舉。

考查以上各經，多屬小乘、中乘禪法，如安世高、覺賢諸師，乃專弘小乘禪法者，姚秦什師原傳大乘空宗，但所譯禪經不類大乘，至若《達摩多羅禪經》及《坐禪三昧經》，向被視爲大乘禪，其中亦雜有小乘、中乘之成份。凡此種種禪法，名爲禪數之學，與禪宗不立文字教外別傳之禪法不同。禪數之學乃漸次修習，由因至果者；而達摩禪法則是直指本心，頓悟成佛，無有階級漸次。人有見什師弟子道生有「頓悟成佛之說」，遂謂禪宗乃道源於什師者，非也。大乘空宗雖與禪宗有互通之點，然禪宗實另有其方法與旨趣，未可相倫。什師弟子僧肇等援老莊之理以註經，以老子之「無」釋佛法大乘之「空」，差之毫釐，失之千里，實非宗門智識所敢苟同。與達摩並時有寶誌和尚、傅大士（南齊建武四年生，陳宣帝大建元年往生）、寒山、拾得、布袋和尚者，皆明心見性之哲，其師承不明，悟道機緣亦不可考，讀其詩偈事蹟，其理蓋與達摩吻合，意者，慧根深厚，無師自通者矣。

達摩所傳之禪宗

菩提達摩未來以前，中國禪法多屬中小二乘向臆之學，研究教相者，亦日趨支離瑣雜，學者鮮獲證悟；達摩之來也，單傳如來心地法門，其法樸實直捷，透脫八萬四千教綱之外，直指人心，見性成佛，於是禪法遂別開一新生面。當其初抵中國時，因方法高尚，人鮮契會，故九年默坐以待傳人；迨後信者日衆，以前禪法教理遂起動搖，故六次遇毒，卒以不救，然單傳直指之學，已取舊有禪法之地位而代之矣。

《景德傳燈錄．達摩傳》云：

「第二十八祖菩提達摩者，南天竺國香至王第三子也，姓刹帝利，本名菩提多羅。後遇二十七祖般若多羅至本國受王供養，知師密迹，因試令與二兄辨所施寶珠，發明心要。既而尊者謂曰：『汝於諸法已得通量，夫達摩者，通大之義也，宜名達摩。』因改號菩提達摩……師恭稟教義，服勤左右垂四十年，未嘗廢闕。迨尊者順世，遂演化本國。

時有二師，一名佛大先，一名佛大勝多，本與師同學佛陀跋陀小乘禪觀，佛大先既遇般若多羅尊者，捨小趣大，與師並化，時號二甘露門矣。而佛大勝多更分途而爲六宗……大師喟然而歎曰：『彼之一師，已陷牛迹，況復支離繁盛而分六宗？我若不除，永纏邪見。』（遂往六宗所，一一破之）既而六衆咸誓皈依，由是化被南天，聲馳五印。……

師念震旦緣熟……師汎重溟，凡三周寒暑，達於南海，時梁普通七年丙午歲（編案：《傳燈錄》原作八年丁未歲，誤，今依校校改）九月二十一日也。廣州刺史蕭昂具主禮迎接，表聞武帝，帝覽奏，遣使齎詔迎請，（大通元年丁未歲）十月一日至金陵，帝問曰：『朕即位已來，造寺寫經，度僧不可勝紀，有何功德？』師曰：『並無功德。』帝曰：『何以無功德？』師曰：『此但人天小果，有漏之因，如影隨形，雖有非實。』帝曰：『如何是真功德？』答曰：『淨智妙圓，體自空寂，如是功德，不以世求。』帝又問：『如何是聖諦第一義？』祖曰：『廓然無聖。』師曰：『對朕者誰？』師曰：『不識。』帝不領悟。師知機不契，是月十九日潛迴江北，十一月二十三日屆於洛陽，當後魏孝明帝太和十年也。寓止於嵩山少林寺，面壁而坐，終日默然，人莫之測，謂之『壁觀婆羅門』。

時有僧神光者，曠達之士也……近聞達摩大士住止少林，至人不遙，當造玄境，乃往彼晨夕參承，祖常端坐面牆，莫聞誨勵……其年十二月九日，夜大雨雪，光堅立不動，遲明積雪過膝，師憫而問曰：『汝久立雪中，當求何事？』光悲涙曰：『惟願和尚慈悲，開甘露門，廣度羣品。』祖曰：『諸佛無上妙道，曠劫精勤，難行能行，非忍而忍，豈以小德小智，輕心慢心，欲冀真乘，徒勞勤苦！』光聞祖誨勵，潛取利刀自斷左臂，置於師前，師知是法器，乃曰：『諸佛最初求道，爲法忘形，汝今斷臂吾前，求亦可在。』祖遂與易名『慧可』。光曰：『諸佛法印，可得聞乎？』師曰：『諸佛法印，匪從人得。』光曰：『我心未寧，乞師與安。』師曰：『將心來，與汝安。』曰：『覓心了不可得。』師曰：『我與汝安心竟。』……

迄九年已，欲西返天竺，乃命門人曰：『時將至矣，汝等盍各言所得乎。』時門人道副對曰：『如我所見，不執文字，不離文字，而爲道用。』師曰：『汝得吾皮。』尼總持曰：『我今所解，如慶喜見阿閦佛國，一見更不再見。』師曰：『汝得吾肉。』道育曰：『四大本空，五陰非有，而我見處，無一法可得。』師曰：『汝得吾骨。』最後慧可禮拜後，依位而立，師曰：『汝得吾髓。』乃顧慧可而告之曰：『昔如來以正法眼付迦葉大士，輾轉囑累而至於我，我令付汝，汝當護持，並授汝袈裟以爲法信，各有所表，宜可知矣。』……師又曰：『吾有《楞伽經》四卷，亦用付汝，即是如來心地要門，令諸衆生開示悟入。吾自到此，凡五度中毒，我嘗自出而試之，置石石裂。緣吾本離南印，來此東土，見赤縣神州有大乘氣象，遂踰海越漠，爲法求人，際會未諧，如愚若訥，今得汝傳授，吾意已終。』言已，乃與徒衆往禹門千聖寺。……

時魏氏奉釋，禪儁如林，光統律師流支三藏者，乃僧中之鸞鳳也，睹師演道，斥相指心，每與師論議，是非蜂起。師遐振玄風，普施法雨，而偏局之量，自不堪任，競起害心，數加毒藥，至第六度，以化緣已畢，傳法得人，遂不復救之，端居而逝，即後魏孝明帝太和十九年丙辰歲（編案：《傳燈錄》校云：「即東魏文帝大統二年」）十月五日也。其年十二月二十八日，葬熊耳山，起塔於定林寺……。」

觀〈達摩傳〉中問答語句，皆直示佛性，直截根源之法也，《傳燈錄》中載有菩提達摩大師〈略辨入道四行〉，細加審察實出僞託，其口吻義味全不相類。如篇中「捨妄歸真」、「凝住壁觀」、「息想無求，有求皆苦，無求乃樂」、「法體無慳，於身命財，行檀捨施，心無悋惜」等語，全是中小二乘教下之語，若與「廓然無聖」、「無有功德」相對照，則其旨趣懸絕，通塞分明矣。「壁觀」並非達摩禪法，初因際會未諧，故面壁默坐，如愚似訥，人莫之測，故名之爲「壁觀婆羅門」。其實達摩面壁，非習禪也，宗門悟道之後，不假修習，若尚有修，則未徹悟。達摩乃悟後之聖，故知面壁非習禪，且歷來宗門祖師，皆反對空心靜坐。《六祖壇經》云：「又有迷人，空心靜坐，百無所思，自稱爲大，此一輩人，不可與語，爲邪見故。」又云：「住心觀淨，是病非禪；長坐拘身，於理何益？聽吾偈曰：『生來坐不臥，死去臥不坐；一具臭骨頭，何爲立功課？』」荷澤神會禪師云：「若有凝心入定，住心看淨，此障菩提，未與菩提相應，何由得解脫？」宋範覺禪師《林間錄》云：「菩提達摩初由梁之魏徑行嵩山之下，倚仗少林，面壁晏坐七年，非習禪也，久而人莫測其故，因以達摩爲習禪。夫禪那僅諸行之一，何足以盡聖人？」

達摩禪法拋卻虛文，惟務實際，使人頓徹根源，直證佛果，故能掃支離之弊，起禪學之衰，蔚成大宗，掩蓋一切，所傳《楞伽經》爲宗門矩臬。後來祖師用喝棒怒罵、揚眉瞬目以接引後學，一依《楞伽》宗旨，與釋迦佛拈花示衆無別。達摩被尊爲中國禪宗初祖，傳於慧可爲二祖，僧璨爲三祖，道信爲四祖，弘忍爲五祖，惠能爲六祖。六祖門下悟道者衆，禪風大扇，有席捲各宗之概。四祖旁支有牛頭山法融禪師，門風頗盛，世稱牛頭禪。諸祖言行語句具載《傳燈錄》，學者自行檢閱，茲不備述。

六祖惠能與《壇經》

達摩所傳釋迦佛單傳直指禪法，至六祖惠能發揮盡致，禪宗遂告大成。六祖原一不識字沙門，而具絕頂之智慧，其所發揮道理全自如來性海中流出，直截了當，斬盡一切葛籐，删除一切濫調，最爲親切，最爲透徹。以前對於自性法身頓漸等理，拘於文字每多滯泥，六祖直截指出，無有一塵之隔，若排雲霧而頓見太清，因此宗風傳播更廣，獲益者衆，甚至行婆走卒皆解參禪、皆能悟道。《傳燈錄．惠能大師傳》云：

「第三十三祖惠能大師者，俗姓盧氏。其先范陽人，父行瑫，武德中左宦於南海之新州，遂占籍焉。三歲喪父，其母守志鞠養。及長，家尤貧窶，師樵采以給。一日，負薪至市中，聞客讀《金剛經》，悚然問其客曰：『此何法也？得於何人？』客曰：『此名《金剛經》，得於黃梅忍大師。』師遽告其母以爲法尋師之意，直抵韶州，遇高行士劉志略，結爲交友。尼無盡藏者，即志略之姑也，常讀《涅槃經》，師暫聽之，即爲解說其義，尼遂執卷問字，師曰：『字即不識，義即請問。』尼曰：『字尚不識，曷能會義？』師曰：『諸佛妙理，非關文字。』尼驚異之，告鄉里耆艾云：『能是有道之人，宜請供養。』於是居人競來瞻禮。近有寶林古寺舊地，衆議營緝，俾師居之，四衆霧集，俄成寶坊。

師一日忽自念曰：『我求大法，豈可中道而止？』明日遂行，至樂昌縣西山石室間，遇智遠禪師，師遂請益，遠曰：『觀子神姿爽拔，殆非常人，吾聞西域菩提達摩傳心印於黃梅，汝當往彼參決。』師辭去，直造黃梅之東禪（山），即唐咸亨二年也。忍大師一見，默而識之，後傳衣法，令隱於懷集、四會之間。

至儀鳳元年丙子正月八日，居南海，遇印宗法師於法性寺講《涅槃經》，師寓止廊廡間。暮夜風颺刹旛，聞二僧對論，一云『旛動』，一云『風動』，往復酬答，未曾契理，師曰：『可容俗流輒預高論否？直以風旛非動，動自心耳。』印宗竊聆此語，竦然異之。翌日邀師入室，徵風旛之義，師具以理告，印宗不覺起立云：『行者定非常人，師爲是誰？』師更無所隱，直敘得法因由。於是印宗執弟子之禮，請受禪要，乃告四衆曰：『印宗具足凡夫，今遇肉身菩薩。』即指座下盧居士云：『即此是也。』因請出所傳信衣，悉令瞻禮。至正月十五日，會諸名德爲之剃髮，二月八日就法性寺智光律師受滿分戒，其戒壇即宋朝求那跋陀三藏之所置也。《三藏記》云：『後當有肉身菩薩在此壇受戒。』又梁末真諦三藏，於壇之側手植二菩提樹，謂衆曰：『卻後一百二十年，有大開士於此樹下演無上乘，度無量衆。』師具戒已，於此樹下開東山法門，宛如宿契。

明年二月八日忽謂衆曰：『吾不願此居，要歸舊隱。』時印宗與緇白千餘人，送師歸寶林寺。韶州刺史韋據請於大梵寺轉妙法輪，並受無相心地戒，門人記錄目爲《壇經》，盛行於世。然返曹溪，雨大法雨，學者不下千數。

中宗神龍元年降詔云：『朕請安、秀二師宮中供養，萬機之暇，每究一乘，二師並推讓云：「南方有能禪師，密受忍大師衣法，可就彼問。」今遣內侍薛簡馳詔迎請，願師慈念，速赴上京。』師上表辭疾，願終林麓，薛簡曰：『京城禪德皆云：「欲得會道必須坐禪習定，若不因禪定而得解脫者，未之有也。」未審師所說法如何？』師曰：『道由心悟，豈在坐也？經云：「若見如來若坐若臥，是行邪道。」何故？無所從來，亦無所去。若無生滅，是如來清淨禪；諸法空寂，是如來清淨坐。究竟無證，豈況坐耶？』簡曰：『弟子之迴，主上必問，願和尚慈悲指示心要。』師曰：『道無明闇，明闇是代謝之義，明明無盡，亦是有盡。』簡曰：『明喻智慧，闇況煩惱，修道之人，儻不以智慧照破煩惱，無始生死憑何出離？』師曰：『若以智慧照破煩惱者，此是二乘小兒羊鹿等機，上智大根悉不如是。』簡曰：『如何是大乘見解？』師曰：『明與無明，其性無二，無二之性，即是實性。實性者，處凡愚而不減，在賢聖而不增，住煩惱而不亂，居禪定而不寂，不斷不常，不來不去，不在中間及其內外，不生不滅，性相如如，常住不遷，名之曰道。』簡曰：『師說不生不滅，何異外道？』師曰：『外道所說不生不滅者，將滅止生，以生顯滅，滅猶不滅，生說無生；我說不生不滅者，本自無生，今亦無滅，所以不同外道。汝若欲知心要，但一切善惡都莫思量，自然得入清淨心體，湛然常寂，妙用恆沙。』簡蒙指教，豁然大悟，禮辭歸闕，表奏師語，有詔謝師。……

一日師謂衆曰：『諸善知識，汝等各各淨心聽吾說法：汝等諸人自心是佛，更莫狐疑，外無一物而得建立，皆是本心生萬種法。故經云：「心生種種法生，心滅種種法滅。」若欲成就種智，須達一相三昧、一行三昧。若於一切處而不住相，彼相中不生憎愛，亦無取捨，不念利益成壞等事，安閑恬靜，虛融澹泊，此名一相三昧；若於一切處行住坐臥，純一直心，不動道場，真成淨土，名一行三昧。若人具二三昧，如地有種，能含藏長養，成就其實，一相一行，亦復如是。我今說法，猶如時雨溥潤大地，汝等佛性譬諸種子，遇玆霑洽，悉得發生，承吾旨者，決獲菩提，依吾行者定證妙果。』

先天元年告諸徒衆曰：『吾忝受忍大師衣法，今爲汝等說法，不付其衣，蓋汝等信根淳熟，決定不疑，堪任大事。聽吾偈曰：「心地含諸種，普雨悉皆生，頓悟華情已，菩提果自成。」』師說偈已，復曰：『其法無二，其心亦然，其道清淨，亦無諸相，汝等慎勿觀淨及空其心，此心本淨，無可取捨，各自努力，隨緣好去。』……大師自唐先天二年癸丑入滅……得法者，除印宗等三十三人各化一方爲正嗣，其外藏名匿迹者不可勝紀。」

宗門以不立文字爲本色，故自初祖達摩以至五祖弘忍，所傳語句寥寥無幾，至六祖惠能，有《壇經》傳世，達摩禪法始得窺其全貌。《六祖壇經》所發揮之道理，全自自性流出，一言一語不離自性，蓋證悟之後，胸中七通八達，隨手拈來無非自性也。六祖之法，乃持自性戒，發自性願，憑自性力，度自性衆生，皈依自性佛。《壇經》云：「善知識！於念念中自見本性清淨，自修自行，自成佛道。」又云：「此事須從自性中起，於一切時，念念自淨其心，自修其行，見自己法身，見自心佛，自度自戒始得。」又云：「吾所說法，不離自性，離體說法，名爲相說，自性常迷，須知一切萬法皆從自性起用，是真戒定慧法。」

禪宗以「涅槃妙心」爲本體，涅槃妙心者，即六祖所謂「本源自性」是也。自性以定爲體，以慧爲用，定慧同出自性，一體不二，故曰：「定是慧體，慧是定用，即慧之時定在慧，即定之時慧在定。」又曰：「即心名慧，即佛乃定，定慧等持，意中清淨。悟此法門，由汝習性，用本無生，雙修是正。」《壇經》中所提出之「一相三昧」者，定也，體也；「一行三昧」者，慧也，用也。已明心見性然後得此兩種三昧，體用一如。故六祖標「無相爲體，無念爲宗，無住爲本」，蓋即「涅槃妙心」之旨極也。荷澤〈顯宗記〉云：「無念爲宗，無作爲本，真空爲體，妙有爲用。夫真如無念，非想念而能知；實相無生，豈色心而能見。無念念者，即念真如；無生生者，即生實相。無住而住，常住涅槃；無行而行，即超彼岸。如如不動，動用無窮，念念無求，求本無念。菩提無得，淨五眼而了三身；般若無知，運六通而弘四智。是知即定無定，即慧無慧，即行無行，性等虛空，體同法界。」故知《六祖壇經》乃以發揮「涅槃妙心」之體用爲宗旨，其禪法爲般若三昧。《壇經》云：「若起真正般若觀照，一剎那間妄念俱滅，若識自性，一悟即至佛地。善知識！智慧觀照，內外明徹，識自本心，若識本心，即本解脫，若得解脫，即是般若三昧。」

般若三昧究爲何如耶？實爲參禪者所不可不知，茲特爲詳述之。般若有三種：

一、實相般若（即體）。二、觀照般若（即智）。三、方便般若（即用）。換言之，實相般若即佛性，觀照般若即見聞覺知，方便般若即六根。修行之時，用觀照般若主使方便般若打破無始無明，證實相般若，證悟之後實相是佛性本體，觀照方便是佛性妙用；實相是定，觀照方便是慧；實相（即佛性）是法身，觀照（即見聞覺知）是報身，方便（即六根）是應身，三即一，一即三，謂之一體三身，體用一如，定慧平等，妙用恆沙。《壇經》云：「心量廣大，徧周法界，用即了了分明，應用便知一切，一切即一，一即一切，去來自由，心體無滯，即是般若。」又云：「一切般若智，皆從自性而生，不從外入，莫錯用意，名爲真性自用。」

關於打破無始無明一節，《壇經》云：「當用大智慧（即觀照般若）打破五蘊煩惱塵勞（即無始無明），如此修行定成佛道。」又云：「使般若智，打破愚癡迷妄衆生。」參禪用功時，用般若智慧向無明窠臼照去，照到山窮水盡時，機緣成熟，無明窠臼囫的打破，一刹那間佛性現前，《淨名經》所謂「即時豁然，還得本心」是也。此時三身四智、五眼六通，圓滿具足，無欠無餘，是名般若三昧，亦名明心見性。

荷澤神會定南宗宗旨

六祖惠能大師與神秀大師俱出黃梅門下，神秀主漸修，尚未明心見性，故其「身是菩提樹」一偈，乃就因地上發揮；六祖已明心見性，故其「菩提本無樹」一偈，乃就果地上發揮，直將「涅槃妙心」和盤托出，承五祖忍大師印可，傳以衣法。當六祖在曹溪弘揚達摩宗旨時，神秀大師在荊南倡漸修禪法，謂之北宗。六祖圓寂之後，北宗漸門日盛，秀師門下出三國師，普寂禪師者聲望尤高，曾爲則天、中宗、睿宗三帝國師，尊神秀大師爲六祖，自稱七祖，曹溪宗旨日沈。於是六祖弟子荷澤神會禪師奮臂而出，斥北宗漸門非達摩正統，惟曹溪宗旨方爲嫡傳。曾於開元二十二年正月十五日在滑臺大雲寺設無遮大會，定達摩一宗法統，天寶八年又在洛陽定南宗宗旨，於是曹溪正統遂定。《宋高僧傳》云：「先是兩京之間皆宗神秀，若不淰之魚鮪附沼龍也，從見會明心，六祖之風蕩其漸修之道矣，南北二宗時始判焉，致普寂之門盈而後虛。」

荷澤定宗旨，爲宗門之功臣，而史傳小記其事，或因此舉過於激昂，故諱之耳。敦煌石室有〈獨狐沛撰菩提達摩南宗定是非論〉現藏巴黎博物院中，即記滑臺大雲寺定宗旨之事也。荷澤又著有〈顯宗記〉，表彰曹溪宗旨，又有〈證道歌〉，皆定宗旨時所作也。今〈證道歌〉改名〈永嘉證道歌〉，曾見宋本，乃刊荷澤所作也。茲舉數首爲證：

建法幢，立宗旨，明明佛敕曹溪是，第一迦葉首傳燈，二十八代西天記。法東流，入此土，菩提達摩為初祖，六代傳衣天下聞，後人得道何窮數。

（按：滑臺定宗旨爭正統時，以衣法為有力之證物。〈顯宗記〉中亦云：「自世尊滅後，西天二十八祖共傳無住之心，同說如來知見，至於達摩，屆此為初……衣為法信，法是衣宗，唯指衣法相傳，更無別法，內傳心印，印契本心，外傳袈裟，將表宗旨。」又〈南宗定是非論〉云：「神會今設無遮大會，兼莊嚴道場，不為功德，為天下學道者定宗旨，為天下學道者辨是非。」）

嗟末法，惡時世，眾生福薄難調制。去聖遠兮邪見深，魔強法弱多冤害，聞說如來頓教門，恨不滅除令瓦碎。

圓頓教，勿人情，有疑不決直須爭，不是山僧逞人我，修行恐落斷常坑。

（按：荷澤所爭者，即破漸門清淨禪，而立頓門如來禪也。《歷代法寶記．無相傳》云：「東京荷澤寺神會和尚，每月作壇場，為人說法，破清淨禪，立如來禪。」）

從他謗，任他非，把火燒天徒自疲，我聞恰似飲甘露，銷融頓入不思議。觀惡言，是功德，此則成吾善知識。不因訕謗起怨親，何表無生慈忍力。

（按：荷澤定宗旨時，曾為北宗人誣害致被貶逐，故有此語。〈南宗定是非論〉云：「我今為弘揚大乘建立正法，令一切眾生知聞，豈惜身命。」）

日可冷，月可熱，眾魔不能壞真說，象駕崢嶸謾進途，誰見螳螂能拒轍。大象不遊於兔徑，大悟不拘於小節，莫將管見謗蒼蒼，未了吾今為君訣。

其他如「喚取機關木人問，求佛施功早晚成」、「百年妖怪虛開口」等語，皆斥漸門清淨禪，細察全部語氣，皆荷澤爲定宗旨而發，與《永嘉集》旨趣不同。永嘉本學天台，集中多帶台宗語氣，故知〈證道歌〉乃荷澤作品，後人避免引起北宗反感，故改名永嘉之作耳。時至今日，宗門之中荊棘叢生，頓漸之理混淆莫判，有誰繼荷澤之後奮臂而起，再定曹溪宗旨耶？

五家家風

六祖惠能大師門下得法者四十三人，各化一方，標爲正嗣，尤以南嶽懷讓、青原行思、荷澤神會最爲傑出。南嶽一派後來出臨濟、潙仰兩宗，青原一派後來出雲門、法眼、曹洞三宗，各有其接引後學之習慣方法，謂之五家家風。荷澤一派傳至圭峯宗密，本爲華嚴宗人，未能擔荷曹溪宗旨，而企圖調和宗、教，落於言詮，遂使荷澤絕嗣。而南嶽、青原獨被後世認爲曹溪嫡派，茲表示如左：

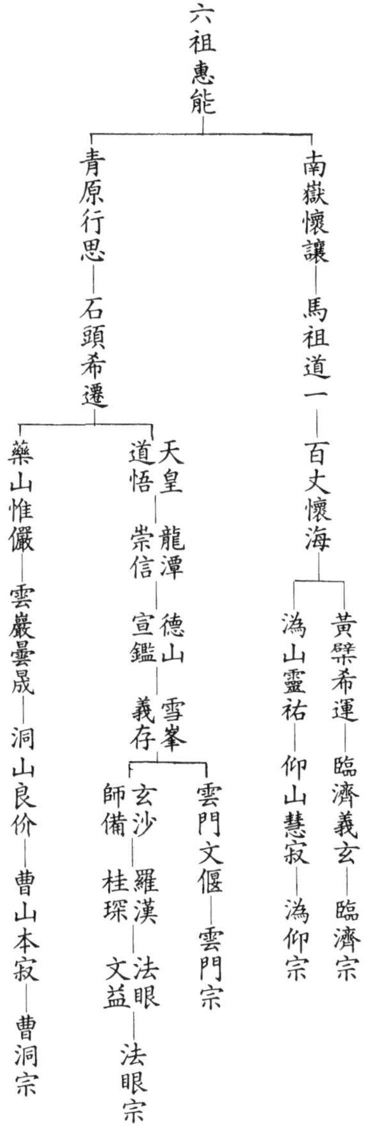

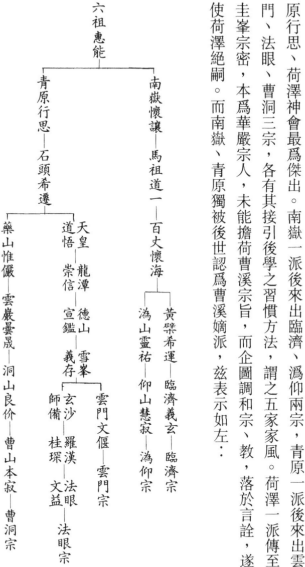

南嶽之有馬祖，猶青原之有石頭，馬祖有「馬駒踏殺天下人」之讖，而石頭則有「石頭路滑」之譬。馬祖主江西，而石頭主湖南，一時參學之士往來幢幢，並湊二家之門，頗極一時之盛。馬祖門下有入室弟子一百三十九人，以百丈懷海最爲傑出。百丈始創禪院，立叢林清規，其門下出黃檗希運、潙山靈祐。黃檗下出臨濟義玄，是爲臨濟宗之祖；潙山下出仰山慧寂，是爲潙仰宗之祖，蓋因師徒之唱和和發揚而完成本宗之家風者也。石頭門下得道者亦衆，而以天皇道悟、藥山惟儼兩支爲主。道悟下經龍潭崇信、德山宣鑑，至雪峯義存，禪風丕振，四衆圍繞，常不下千五百人。嗣法弟子有雲門文偃、玄沙師備等五十六人，文偃爲雲門宗之祖。玄沙下經羅漢桂琛，至法眼文益，是爲法眼宗之祖；藥山惟儼下經雲巖曇晟，至洞山良价，與其弟子曹山本寂共創曹洞宗，是爲五家成立之源流。

所謂家風者，乃各祖師發揚「別傳宗旨」之獨特作風是也。各祖師雖同爲明心見性之哲，因其箇性不同，故其接引後學之方法，遂有寬猛緩急之別。宗門家風應以釋迦拈花示衆爲濫觴，中土祖師之以棒喝接引學人爲最普徧之方法。「棒」始於六祖之打神會，「喝」始於馬祖之接百丈，其用法皆與拈花無別。至若迦葉擎拳、阿難合掌、二祖慧可之禮拜依位而立、馬祖之豎拂擲拂、祕魔擎拳、禾山打鼓、石鞏彎弓、雪峯輥毬、國師水椀、歸宗拽石、羅漢書字、大隨燒畬、德山入門便棒、臨濟入門便喝、百丈之「是甚麼」、無業之「莫妄想」、趙州喫茶、雲門餬餅，亦皆與拈花示衆無別，然皆祖師隨機發揮以接物利生，本無一定之矩式。至臨濟義玄設「三玄三要」、「四料簡」等關以勘驗徒衆，接引後學，兒孫相承，遂爲顯著之家風。「三玄門」者，即「體中玄」、「句中玄」、「玄中玄」是也，每一玄門有三要門，故稱「三玄三要」。「四料簡」者或稱「四賓主」，即「賓中賓」、「賓中主」、「主中賓」、「主中主」是也；或謂之「奪人不奪境」、「奪境不奪人」、「人境俱奪」、「人境俱不奪」。《傳燈錄．臨濟傳》云：「僧問，如何是第一句？師曰：『三要印開朱點窄，未容擬議主賓分。』曰：『如何是第二句？』師曰：『妙解豈容無著問，漚和爭負截流機。』曰：『如何是第三句？』師曰：『看取棚頭弄傀儡，抽牽全藉裏邊人。』師又曰：『夫一句語須具三玄門，一玄門須具三要，有權有用，汝等諸人作麼生會？』」

《古尊宿語錄卷第八．汝州首山念和尚語錄》（臨濟下第五代）云：「第一句薦得，堪與祖佛爲師；第二句薦得，堪與人天爲師；第三句薦得，自救不了。」

又慈明楚圓禪師（臨濟下第七代）因僧請益三玄三要頌：

「第一玄：三世諸佛擬何宣，垂慈夢裏生輕薄，端坐還成落斷邊。
第二玄：伶俐衲僧眼未明，石火電光知是鈍，揚眉瞬目涉關山。
第三玄：萬象森羅宇宙寬，雲散洞空山嶽靜，落地流水滿長川。
第一要：豈話聖凡妙，擬議涉長途，擡眸七顛倒。
第二要：峯頂敲犍召，神通自在來，多聞門外叫。
第三要：起倒令人笑，掌內握乾坤，千差都一照。」

關於四料簡方法，《臨濟錄》云：

「如禪宗見解，死活循然，參學之人，大須子細。如主客相見，便有言論往來，或應物現形，或全體作用，或把機權喜怒，或現半身，或乘師子，或乘象王。如有真正學人便喝，先拈出一箇膠盆子，善知識不辨是境，便上他境上作模作樣，便被學人又喝，前人不肯放下，此是膏肓之病不堪醫，喚作『賓看主』；或是善知識不拈出物，祇隨學人問處即奪，學人被奪，抵死不肯放，此是『主看賓』；或有學人，應一箇清淨境出善知識前，善知識辨得是境，把得拋向坑裏，學人言：『大好善知識。』知識即云：『咄哉！不識好惡。』學人便禮拜，此喚作『主看主』；或有學人，披枷帶鎖出善知識前，知識更與安一重枷鎖，學人歡喜，彼此不辨，喚爲『賓看賓』。山僧如是所舉，皆是辨魔揀異，知其邪正。」又云：「有時奪人不奪境，有時奪境不奪人，有時人境俱奪，有時人境俱不奪。」時有僧問：『如何是奪人不奪境？』師云：『煦日發生鋪地錦，嬰孩垂髮白如絲。』僧云：『如何是奪境不奪人？』師云：『王令已行天下徧，將軍塞外絕煙塵。』僧云：『如何是人境兩俱奪？』師云：『并汾絕信，獨處一方。』僧云：『如何是人境俱不奪？』師云：『王登寶殿，野老謳歌。』」又云：「如諸方學人來，山僧此間作三種根器斷。如中下根器來，我便與奪其境，而不除其法；或中上根器來，我便與境法俱奪；如上上根器來，我便境法人俱不奪；如有出格見解人來，山僧此間便全體作用，不歷根器。」

臨濟應機多用喝，所謂入門便「喝」是也，蓋一喝之中，俱三玄三要、賓主作用。師曾云：「有時一喝如金剛王寶劍，有時一喝如踞地金毛師子，有時一喝如探竿影草，有時一喝不作一喝用，汝作麼生會？」當時會下參學之徒亦學師喝，師曰：「汝等總學我喝，我今問汝：『有一人從東堂出，一人從西堂出，兩人齊喝一聲，這裏分得賓主麼？汝且作麼生分？』若分不得，以後不得學老僧喝。」又臨濟下第五代首山念禪師一生舉揚宗乘，惟以三玄三要為事，曾云：「諸上座！不得盲喝亂喝，這裏尋常向你道，賓則始終賓，主則始終主，賓無二賓，主無二主，若有二賓二主，即是兩箇瞎漢。所以我若立時你須坐，我若坐時你須立，坐則共你坐，立則共你立。雖然如是，到這裏急著眼始得，若是眼孔定動，即千里萬里。何故如此？如隔窗看馬騎相似，擬議即没交涉。諸上座！既然於此留心，直須子細，不要掠虛好，他日異時賺著你在！」此臨濟宗家風之大概也。

溈仰宗有九十六圓相，家風較爲溫和，不若臨濟宗之猛烈。《人天眼目》云：「溈仰宗者，父慈子孝，上令下從。你欲喫飯，我便捧羹；你欲渡江，我便撐船；隔山見煙，便知是火；隔牆見角，便知是牛。」又法眼禪師〈十規論〉曰：「溈仰則方圓默契，如谷應韻，似關合符。」例如《傳燈錄》云：「溈山普請摘茶，溈山謂仰山曰：『終日摘茶，祇聞子聲，不見子形，請現本形相見。』仰山撼茶樹，溈云：『子祇得其用，不得其體。』仰山云：『未審和尚如何？』溈良久，仰山云：『和尚祇得其體，不得其用。』溈云：『放子二十棒。』仰曰：『和尚棒某甲喫，某甲棒教誰喫？』溈曰：『放汝二十棒。』」

又《寶峯真淨禪師住洞山語錄》云：「上堂，舉昔日鹽官常教僧看見性法門，聞大溈亦爾，密遣二僧往探之，既至座下，凡百提喝俱不識，乃生慢意。一日，會小釋迦（即仰山）曰：『你莫麤心。』小釋迦遂作一圓相，以手捧向前，二僧又不識，小釋迦云：『汝莫麤心。』便起去。師云：『小釋迦三昧，一僧不知，洞山門下，莫有知者麼？是甚麼三昧？』良久云：『打麵還他州土麥，唱歌須是帝鄉人。』」

雲門宗創始者文偃祖師，初參睦州發明心地，後參雪峯得其奧旨，遂嗣雪峯。睦州之風峻烈峭銳，而雪峯之風溫密玄奧，偃稟兩家之特長，住韶州雲門山，發揮獨妙之宗致，學徒常逾千人，嗣法者六十一人。雲門家風突急，常用「顧、鑑、咦」三字勘驗學人，謂之「抽顧頌」。又有「雲門八要」：一玄、二從、三真要、四奪、五惑、六過、七喪、八出。法眼禪師〈十規論〉稱雲門爲「函蓋截流」，謂其家風常有奔流突止之概。偃自有偈云：「雲門聳峻白雲低，水急游魚不敢棲。入戶已知來見解，何煩再舉轢中泥。」

又雲門門人德山圓明禪師有頌雲門三句語偈，茲錄後：

「函蓋乾坤：乾坤並萬象，地獄及天堂，物物皆真現，頭頭總不傷。

截斷衆流：堆山積嶽來，一一盡塵埃，更擬論玄妙，冰消瓦解摧。

隨波逐浪：辯口利舌問，高低總不虧，還如應病藥，診候在臨時。

三句外別置一問：當人如舉唱，三句豈能該？有問如何事，南嶽與天台。」

又智門祚禪師作雲門抽顧頌偈云：「雲門抽顧笑嘻嘻，擬議遭他顧鑑咦。任是張良多計策，到頭於此亦難施。」

法眼宗創始者清涼文益禪師，住金陵清涼寺，四方學者雲集，遂蔚爲一宗。法眼家風有「六相」及「四料簡」以接後學，「四料簡」即「聞聞」（放）、「聞不聞」（收）、「不聞聞」（明）、「不聞不聞」（闇）。

曹洞宗本應稱洞曹宗，乃洞山良价禪師暨其弟子曹山本寂禪師所創也。良价從雲巖禪師受心要，後住豫章之洞山普利院，唱「五位」以接學者，即「正中偏」、「偏中正」、「正中來」、「兼中至」、「兼中到」是也。又作〈寶鏡三昧歌〉，家風丕振。其入室弟子曹山本寂得其心傳，歷主撫州曹山崇壽院及荷玉山，大振洞門家風，激揚五位旨訣，法席繁興，世稱曹洞宗。法眼禪師〈十規論〉稱：「曹洞則敲唱爲用」，蓋其家風一敲一唱，回互綿密，較之峻急之機，頗異其趣。故古有「臨濟將軍，曹洞土民」之語，良以臨濟家風有如指揮百萬師旅之將軍，而曹洞家風則如經營細碎田地之農夫也。

有學僧問汾陽昭禪師：「如何是正中來？」師云：「旱地蓮花朵朵開。」學云：「開後如何？」師云：「金蕊銀絲承玉露，高僧不坐鳳凰臺。」問：「如何是正中偏？」師云：「玉兔就明初夜後，金雞須報五更前。」問：「如何是偏中正？」師云：「毫末成大樹，滴水作江河。」問：「如何是兼中至？」師云：「意氣不從天地得，英雄豈藉四時推。」問：「如何是兼中到？」師云：「玉女抛梭機軋軋，石人打鼓響鼕鼕。」師因僧請問，逐位頌出云：

正中來：金剛寶劍拂天開，一片神光橫世界，品輝朗耀絕塵埃。
正中偏：霹靂鋒機著眼看，石火電光猶是鈍，思量擬議隔千山。
偏中正：看取輪王行正令，七金千子總隨身，途中獨見覓金鏡。
兼中至：三歲金毛牙爪備，千邪百怪出頭來，哮吼一聲皆伏地。
兼中到：大顯無功休作造，木牛步步火中行，真箇法王妙中妙。

又慈明楚圓禪師五位頌云：

正中偏：半夜烏雞室裏鳴，海底燃燈光世界，石上栽花長枝靈。
偏中正：日落西山觀異影，分明影像顯宗乘，休把眉頭窺月井。
正中來：木馬生兒偏九垓，進退任行通鳥道，豈並巢居界內隈。

兼中至：彼彼丈夫全意氣，矛盾交互不傷鋒，展拓縱橫不相離。
兼中到：黑白已前休作造，須明露柱未生兒，莫認狂辭途路走。

以上乃曹洞家風之大概也。

古人評五家家風有「曹洞丁寧，臨濟勢勝，雲門突急，法眼巧便，潙仰回互」之語。又《白雲海會演禪師語錄》論五家家風云：「僧問：『如何是臨濟下事？』師云：『五逆聞雷。』學云：『如何是雲門下事？』師云：『紅旗閃爍。』學云：『如何是曹洞下事？』師云：『馳書不到家。』學云：『如何是潙仰下事？』師云：『斷碑橫古路。』僧禮拜。師云：『何不問法眼下事？』學云：『留與和尚。』師云：『巡人犯夜。』乃云：『會即是同一家，不會萬別千差，一半喫泥喫土，一半食麥食麻。或即降龍伏虎，或即攏蜆撈蝦，禾山唯解打鼓，祕魔一向擎扠，這箇一場戲笑，皆因微笑拈花。白雲隨隊骨董，順風撒土撒沙，若無這箇腸肚，如何衣錦還家？且道還家一句作麼生道？今日榮華人不識，十年前是一書生。』又上堂云：『達摩西來，事久多變，後代兒孫，門風無限。攪擾身心，一團麻線，白雲今日，都通截斷。大衆！一百單五近清明，上元定是正月半。』」

故知所謂家風者，不過祖師接引後學之權宜方便耳。家風雖因人而殊，而佛性則萬古不易，會者一以貫之，不會徒資紛擾。法眼宗流入高麗，雲門宗早已失傳，今惟溈仰、曹洞、臨濟三家尚存，然各家兒孫徒以源流宗譜相授受，記其名於譜上曰某代某禪師而已，若叩以家風旨奧，則茫然莫答也。故今之學者，但求能明心見性，便可了生脫死，續佛祖慧命，把臂偕行，何須更事分門別戶耶？

參禪法門

本來無佛無衆生
世界未曾見一人
究竟瞭解是這箇
自性還是自己生

禪的定義（什麼叫做禪）

禪字是「禪那」兩字的簡稱，禪那是印度語，舊譯「思惟修」，是思惟修習的意思。印度禪法成立很早，在釋迦佛以前，尼犍弗陀怛羅創立禪那，此教以苦行修練爲主，故名「禪那」，後來釋迦佛設六波羅蜜教綱，其第五波羅蜜便是「禪那」。其實「禪那」兩字不過是一種修練方法之通稱，釋迦佛所設種種言教，無論其爲大乘、小乘、空宗、有宗，皆以修「禪那」爲主要方法，甚至婆羅門外道各派亦均有其禪法，雖然同名「禪那」，而其性質內容各各不同。尼犍弗陀怛羅所修爲「十二淨法禪」，婆羅門仙人所修爲「非想非非想禪」，釋迦佛的弟子大乘修「六度禪」，小乘修「四諦十二緣起禪」。還有一種叫做教外別傳的「不立文字禪」，是釋迦佛傳給大迦葉，後來由菩提達摩傳入中國，此派祇重方法，不立文字理論，所以稱爲「禪宗」。禪宗在唐宋時極盛行，一直到現在還是很佔勢力，所以普通提到「參禪」兩字，多是指這一宗的方法。其實參禪並非禪宗所獨有的方法，自小乘「四諦十二因緣禪」，以至法相宗之「五重唯識禪」、天台宗之「三諦三觀禪」、華嚴宗之「十玄六相法界觀禪」、真言宗之「三密瑜伽禪」，各有其道理與方法，直接的或間接的、積極的或消極的，很不一致。照以上歷史看來，我們現在想給「禪」字下一箇確當的定義，實在頗爲困難。但是，本書所要闡明的就是菩提達摩所傳入中國的禪法，因此，我們祇有照禪宗的宗旨來給「禪」字下一箇假設的定義了。

普通一般對於禪字的概念，是由因到果的，就是從因位漸次修習以至證果成佛，是一種漸修的方法；禪宗的概念不是這樣，它是一種直截了當的「直示佛果」的方法，所謂「見則便見，擬思即差」。其實「果」已得到，則「因」同時便被解決了，所以叫做「頓悟禪」，「頓悟禪」的定義是「不立文字，直指人心，見性成佛」。

爲甚麼要不立文字，直指人心？文字是一種假名，須經過思想然後纔表現出來，所以祇能算是一種間接的東西，真心本體（即佛性，亦名自性）是最究極之實在，其境界非思想經驗所能達到，間接的文字語言自然無法描繪表現了。故釋迦佛曾曰：「我四十九年說法，未曾說著一字。」又曰：「修多羅教，如標月指，若復見月，了知所標，畢竟非月。」語言文字如指示月亮所在的手指，但此手指並非月亮，乃是間接的東西，間接的指示雖然亦是達到本體的一種方法，但終沒有直接指示的那樣直截，而且傳到後來，有的竟錯認手指便是月亮了，因此頓悟禪的直截方法便應著實際的要求而產生，並且大大的發展開來了。但不立文字並不是絕對鄙棄文字之意，文字智識之價值仍爲禪宗祖師們所重視，如菩提達摩以《楞伽經》印證後學。

相傳世尊在靈山會上拈花示衆，衆皆罔措，惟迦葉破顏微笑，世尊云：「吾有正法眼藏，涅槃妙心，實相無相，微妙法門，不立文字，教外別傳，付囑摩訶迦葉。」自來禪宗以此事爲以心傳心之直接方法的根據，但以前《大藏》所收的經論不記此事，隋唐的宗師亦無言此事者，宋王安石言此事出《大梵天王問佛決疑經》，此經藏於內府，外間不傳，所以有人疑心是捏造出來的，後來此經由內府流出，收入《續藏經》中，疑雲遂釋。但苟無論此事此經之有無，事實上菩提達摩所傳之禪法，確是以「不立文字，直指人心，見性成佛」爲宗旨的。此種直接表示佛性之方法，釋迦佛見諸應用者不祇一次，如「世尊示隨色摩尼珠問五方天王：『此珠作何色？』時五方天王互說異色。世尊藏珠，復擡手曰：『此珠作何色？』天王曰：『佛手中無珠，何處有色？』世尊曰：『汝何迷倒之甚？吾將世珠示之，便強說有青黃赤白色；吾將真珠示之，便總不知。』時五方天王悉自悟道。」（出《指月錄》）又，「世尊因外道問：『不問有言，不問無言。』世尊良久，外道歎曰：『世尊大慈大悲，開我迷雲，令我得入。』作禮而去。阿難問佛：『外道得何道理，稱讚而去？』世尊曰：『如世良馬，見鞭影而行。』」藏珠擡手及默然良久，皆是直示真心本體的方法，苟無論「拈花示衆」一則是否確有其事，但此種方法爲釋迦佛所常運用以接引後學，是没有懷疑的餘地的。

「不立文字」並不是絕對鄙棄文字之意，倘釋迦佛絕對鄙棄文字，則三部十二分教無從產生，倘達摩絕對鄙棄文字，則不會以《楞伽經》印證後學。四祖道信有法語，五祖弘忍提倡《金剛經》，六祖惠能自己雖不識字，但很重視文字學識之價值，教人須廣學多聞達諸佛理。《壇經．懺悔品》云：「五解脫知見香，自心既無所攀緣善惡，不可沈空守寂，即須廣學多聞，識自本心，達諸佛理，和光接物，無我無人，直至菩提，真性不易，名解脫知見香。」可見禪宗之不立文字，其主旨不過是表明直接方法與間接方法有其根本迥異之點而已。

禪法之產生乃人類自然之要求

原始人類渾噩冥頑，其般若智慧爲無明所遮蔽，其靈性全爲五蘊三毒所支配，度其野蠻之生活，但其本有之佛性圓滿自足，如蘊藏於地層中之寶貴鑛產，僅有待於開發而已。後來智識漸開，始則對外界現象發生種種驚詫與疑惑，遂產生追求宇宙祕奧而加以解釋之企圖；次乃反求自心，而欲追究其變幻不居之根源；最後乃欲藉其般若智慧之力，求能證入於最究極的本體之中，超越於輪迴生死之外，即所謂「明心見性成佛」是也。考查世界人類進化歷史，東西洋開化最早之各民族，其先人皆曾有此種要求，並各有寶貴之發明，然因其智慧環境之懸殊，故所採取之途徑不同，其所獲之結果遂不一致。有徘徊於感覺之境者，有超越感覺之境而未入本體者，惟釋迦佛運用其所自創之禪法，打破無始無明徹底證悟，入於無漏涅槃。當其豁然貫通證悟佛果之時，歎曰：「奇哉！無一衆生而不俱如來智慧德相，但以妄想顛倒執著而未證得。」可見佛性本來無所不在，一切衆生皆有佛性、皆可成佛，而禪法之產生乃人類欲達到成佛之自然要求。「如來」兩字的意思，是「本來如此」，因爲佛性與禪法本來便存在區宇之間，無所不徧，圓滿現成，妙用恆沙，故釋迦佛常以「如來」兩字代表佛性本體及其妙用，但惟有親切證入者，方能徹底明白此兩字之意思及禪法之真正價值。

禪學與形而上學之別

一般人每每誤解禪學即西洋哲學中之形而上學，其實不然，因爲形而上學是解釋萬有本體的學問，而「禪法」則是證入萬有本體的方法，形而上學雖然企圖解釋萬有本體，但因爲研究者自身始終没有證入本體，所以始終無法真正認識此本體而作徹底及完滿之解答。良因此本體實非思惟經驗之所能達，如《圓覺經》所言：「以有思惟心測度如來圓覺境界，如取螢火燒須彌山，終不能著。」又如六祖惠能所言：「諸三乘人不能測佛智者，患在度量也，饒伊盡思共推，轉加懸遠。」參禪方法始終没有正式介紹到西洋，故西洋學者對於超越經驗的實在問題，亦始終無法解決。有的學者如康德之流，遂以爲人的智識能力，僅能認識相對的感覺思惟之世界，對於絕對的超越的本體世界，無論如何努力，終不能認識之；有的竟認爲無復研究之必要，而移其力於科學方面；但大多數的學者，仍認哲學體系中不能缺少形而上學之研究，不過不復以超絕的本體爲其研究之對象，而卻以事物根本之原理爲其論究之問題而已，故此西洋哲學中可以說祇是相對的本體論，而没有絕對的本體論了。幾千年來西洋學者盡是向經驗思惟上做功夫，不但没有證入超越的本體，而且愈研究離去本體愈遠，其原因就是缺少一種可以證入本體的方法的緣故。參禪不是直覺，直覺仍不出腦神經作用，腦神經無法知道佛性。

在希臘古代，超驗本體的形而上學實未見於思想界，學者不過就經驗的物質之中選其最根本者，視為萬物之源而已。當希臘哲學家正在以思惟經驗追究萬物根源之時，釋迦佛已坐在雪山上經過四十九天的工夫，發明了直接證入超驗的本體的方法了，於此可見東西洋思想進度相差之巨。甚至經歷兩千餘年以迄於今日，西洋哲學家仍無此等發現，所以釋迦佛之禪法實人類思想史上一最大之發明，其價值實難以估計。釋迦佛發明禪法已數千年，中間因修此法而得證入本體（即見性成佛）者不可勝數，在中國方面，其見諸傳記（如《傳燈錄》、《指月錄》等書）確係證入本體者無慮數千人，此乃佛家所可誇耀於世界者。

欲解決本體問題惟有參禪

本體即最究極之實在，佛家名為「實相」，又名「真如」，又名「佛性」，名目繁多，其所包涵之意義與西洋哲學所謂本體者略有不同。欲求證入本體，捨參禪無他途，西洋哲學家對本體問題僅抱一種研究及認識之態度，佛家對於真如佛性則抱一種受用之態度，蓋參禪之人一旦證入本體，便是「見性成佛」，超出輪迴生死得大受用，學佛之最後目的在此。故佛教中無論任何宗、教派，皆以禪法爲根基，並視其方法之是否徹底（即能使人見性與否）而判其優劣。如小乘斷六根破我執，但結果落於法執；中乘知破我執之非，破法執而落於空執，皆未能入本體，不能見性成佛；大乘菩薩破空執（即無始無明），然後達於實相絕對之境。禪宗之方法即此最後之一種，而此方法乃不假其他經驗理論以達到，而是一種直接證入之方法，所謂直截根源、頓悟成佛是也，此方法究竟如是。

不立文字教外別傳之意義

《大梵天王問佛決疑經》云：「世尊在靈山會上拈花示衆，此時人天百萬悉皆罔措，獨有金色頭陀破顏微笑。世尊言：『吾有正法眼藏，涅槃妙心，實相無相，微妙法門，不立文字，教外別傳，付囑大迦葉。』」《碧巖錄》第一則評唱云：「達摩遙觀此土有大乘根器，遂泛海得得而來，單傳心印，開示迷途，不立文字，直指人心，見性成佛。」文字者，依於腦筋思想，思想則依於一念無明，一念無明虛幻不實，故思想文字亦虛幻不實。虛幻不實者，名爲相對，相對則有生滅，不能表示無生滅之絶對，故文字無法表示絶對之佛性。釋迦佛雖曾利用文字言説以宣教，乃出於不得已，故喻如指月，隨説隨破。《涅槃經》云：「始從鹿野苑，終至跋提河，中間五十年，未曾説一字。」《金剛經》云：「若謂如來有所説法，則爲謗佛，是人不解我所説義。」意謂凡屬文字言説都無實義，相對不能表示絶對也。雖然，釋迦佛爲慈悲度生故，又不能不權爲利用文字言説，名爲方便，故當其説法時，常警告其聽衆勿執言説爲實，以免壅塞不通，墮入於相對窠臼之中而無以自拔。其於言説與實義也，則又嚴爲區別，不稍含混，用心良苦。

《楞伽經》云：「大慧！彼諸癡人作如是言：『義如言説，義説無異。所以者何？謂義無身故（無本體也），言説之外，更無餘義，惟止言説。』大慧！彼惡燒智，不知言説自性，不知言説生滅（相對者），義不生滅（絶對者）。大慧！一切言説墮於文字，義則不墮，離性非性故，無受生亦無身。大慧！如來不説墮文字法，文字有無不可得故，除不墮文字。大慧！若有説言如來墮文字法者，此則妄説，法離文字故。是故，大慧！我等諸佛及諸菩薩，不説一字，不答一字，所以者何？法離文字故（絶對本體中，文字不能存在）。非不饒益義説，言説者，衆生妄想故。大慧！若不説一切法者，教法則壞，教法壞者，則無諸佛、菩薩、緣覺、聲聞，若無者，誰説爲誰？是故，大慧菩薩摩訶薩，莫著言說，隨宜方便，廣說經法，以衆生希望煩惱不一故，我及諸佛爲彼種種異解衆生而說諸法，令離心意識故，不爲得自覺聖智處。」故知就佛性本體上言，文字言說雖無價值可言，然就說法度生上觀之，則仍以言說爲主要工具。迨靈山會上拈花示衆，迦葉領旨，始宣言有「不立文字，教外別傳」法門傳於大迦葉。此一法門乃直接表示佛性體用，使衆生不由文字而直接悟入真如本體者也。因諸大弟子受世尊薰陶已久，世尊知其根機已熟，故特示此微妙法門，使頓悟無生，直超佛地者歟。

思想、語言、文字同出於一念無明，一念未動時，空洞冥漠，無思想感覺，當然亦無語言文字，此一境界謂之無始無明境界。迨無始無明受刺激，一念已動，思想遂生，由思想而有語言，由語言而立文字。思想是無聲之語言，語言是有聲之思想，文字是有形之語言，語言是無形之文字，凡此三者，可以一「名」字統之。《攝大乘論》云：「名有二種：一言說名，二思惟名。」英哲羅素亦云：「思想爲內在之語言。」臨濟禪師云：「名句不自名句，還是汝目前昭昭靈靈鑑覺聞知照燭底，安一切名句。」然三者乃起於一念無明，一念無明有生有滅變幻無常，名句文字亦隨之變幻無常。無常是相對者，而佛性是絕對者，相對不能表示絕對，故絕對佛性祇有自修自證方能認知，不能用文字來表示，亦不能用腦筋來揣量。

《楞伽經》云：「第一義者（指絕對佛性），聖智自覺所得，非言說妄想覺境界，是故言說妄想不顯示第一義。言說者，生滅動搖輾轉因緣起，若輾轉因緣起者，彼不顯示第一義。」《解深密經》云：「我說勝義（指佛性），是諸聖內所自證；尋思所行（指思想度量），是諸異生輾轉所證。」又云：「勝義無相（指絕對）所行，尋思但行有相境界；勝義不可言說，尋思但行言說境界；勝義絕諸表示，尋思但行表示境界；勝義絕諸諍論，尋思但行諍論境界。」故知思想文字與真如佛性，實不能相及。

常人每遇事物之不能形容者，輒曰：「可以意會，不可言傳。」其實絕對佛性，雖欲意會亦不可得，況言傳乎？不獨佛性如此，即一至尋常之技藝，其妙處亦不可以言傳也。莊子云：「桓公讀書於堂上，輪扁斲輪於堂下，釋椎鑿而上問桓公：『敢問公之所讀者爲何言也？』公曰：『聖人之言。』曰：『聖人在乎？』公曰：『死矣。』輪扁曰：『然則君之所讀者，聖人之糟粕耳。』公曰：『寡人讀書，輪人安得議乎！有說則可，無說則死。』輪扁曰：『臣以臣之事觀之，斲輪徐則甘而不固矣，疾則苦而不入矣，不徐不疾，得於手而應於心。口不能言，有數存焉於其間，臣不能以喻臣之子，臣之子亦不能受之於臣，是以行年七十而老斲輪。』」於此可見，文字言說乃間接之又間接者，其所能表示者實極有限，況欲傳達絕對之本體耶？故佛曰：「不可說，不可說。」文殊菩薩讚淨名曰：「乃至無有言說，是真入不二法門者。」老子曰：「是以聖人處無爲之事，行不言之教。」孔子曰：「予欲無言。」子思曰：「夫子之文章，可得聞也，性與天道，不可得聞也。」列子曰：「以悟本性也，故不可告也。」儒道諸家實同具此種見地。

世尊爲救文字言說之窮，特於言教之外別傳更爲直接之方法，則拈花示衆是也。不獨拈花而已，即揚眉瞬目、謦欬瞻顧，無非接引後學使悟入絕對本體之方法。《楞伽經》云：「大慧！非一切刹土有言說，言說者，是作耳（唐譯云：「言說者，假安立耳。」）。或有佛刹瞻視顯法，或有作相，或有揚眉，或有動睛，或笑或欠，或謦欬，或念刹土，或動搖。大慧！如瞻視及香積世界，普賢如來國土但以瞻視令諸菩薩得無生法忍及諸勝三昧，是故非言說有性有一切性。大慧！見此世界蚊蚋蟲蟻，是等衆生，無有言說，而各辦事。」後來中土祖師之喝棒怒罵、豎拂舉指，皆從此出，並非憑空杜撰。或謂禪宗乃中土所特創，蓋未深究也。

雖然，文字方便不可偏廢，一切言教喻如指月。《圓覺經》云：「修多羅教，如標月指，若復見月，了知所標，畢竟非月。一切如來，種種言說，開示菩薩，亦復如是。」故知如來文字教法，皆自性海流出，欲令衆生循之以達絕對本體，離於有無二邊，非尋常文字語言可比也。《解深密經》云：「以離言法性，爲欲令他現等覺故，假立名相。」又云：「然無自性性，離諸文字自內所證，不可捨於言說文字而能宣說。」經云：「了法不在言，善入無言際，而能示言說，如響徧世界。」《華嚴經》云：「一切諸佛出妙音聲，爲衆生作佛事；一切諸佛寂寞無言，爲衆生作佛事。」故知佛之一語一默、一動一靜，無非引導衆生達於解脫之境，如醫師對症下藥，但能瘉疾便是良方，不必較其爲鹿茸、牛溲也。即素以不立文字爲本色之宗門祖師，如道信、惠能、道一、百丈、大珠、臨濟、雪峯、雪竇等，皆有法語著作行世，並未完全摒棄文字。

故知所謂「不立文字」者，乃指佛性中覓文字了不可得，修行者勿墮文字妄想致爲文字所縛耳。若徒以不立文字爲標榜，非佛祖本意也。《六祖壇經》云：「執空之人有謗經，直言不用文字，既云不用文字，人亦不合語言，祇此語言便是文字之相。又云直道不立文字，即此不立兩字亦是文字。見人所說，即便謗他言著文字，汝等須知，自迷猶可，又謗佛經，不要謗經，罪障無數。」《祖庭事苑．五》曰：

「傳法諸祖，初以三藏教乘兼行，後達摩祖師單傳心印，破執顯宗，所謂教外別傳，不立文字，直指人心，見性成佛。然不立文字，失意者多，往往謂摒棄文字，以默坐爲禪，斯實吾門之啞羊。且萬法紛然，何止文字不立者哉？殊不知道猶通也，豈拘執於一隅。故即文字，文字不可得，文字既爾，餘法亦然，所以爲見性成佛也，豈待遣而後已？」是故文字雖屬相對，倘能因指而見月，則文字未曾無功；倘能明心見性，入於一味一相之境，則文字當體即是實相，相對變爲絕對矣；倘執指以爲月，則文字未曾無累。三藏十二部經典，乃世尊所假立，亦世尊所否定，假立者爲度衆生，否定者爲免累衆生。能假立而不能否定，非佛也；能否定而不能假立，亦非佛也；惟其能假立又能否定，於是佛法乃圓融而無礙，純粹而無瑕。

佛嘗說：「無常、苦、空、無我。」隨而否定之。佛嘗說：「四諦、十二因緣。」隨而否定之。佛嘗說：「阿耨多羅三藐三菩提。」又隨而否定之，曰：「假也，非實也，不可得也。」夫如是而佛之說法乃無沾滯，導入於絕對而無餘。或有欲以經典法門議佛者，而不知所謂經典、所謂法門者，佛早已一一自加否定，隨說隨破，以至不留一字，無迹象之可尋，則尚何指摘之可加乎？故議佛謗佛者，有如揮拳以擊空，仰面而唾天，其不自污自弊者鮮矣！知乎此，然後可以學佛參禪。

宗、教之分

宗門、教門之分，始自中土，而源本於《楞伽經》。經云：「佛告大慧：一切聲聞緣覺菩薩，有二種通相，謂『宗通』及『說通』。大慧！『宗通』者，謂緣自得勝進相，遠離言說文字妄想，趣無漏界自覺地自相，遠離一切虛妄覺想，降伏一切外道衆魔，緣自覺趣光明揮發，是名『宗通相』。云何『說通相』？謂說九部種種教法，離異不異有無等相，以巧方便隨順衆生，如應說法，令得度脫，是名『說通相』。大慧！汝及餘菩薩，應當修學。」佛云「宗通」者，即自參自證之實踐禪法也；「說通」者，不離自性，不墮二邊，說法自在之教理也。一為直接，一為間接；一在心行，一憑口說。

世尊宣教利生之法，大略不出斯二途，其方法雖不同，其最後目標則一也。然細究之，宗不離教，教不離宗。自來宗門雖云：「不立文字，不重經典。」然世尊拈花示衆之後，隨即說：「我有正法眼藏，涅槃妙心，實相無相，微妙法門，不立文字，教外別傳，直指人心，見性成佛。」此八句即是語言，即是教理。至若初祖達摩以《楞伽經》傳慧可，五祖弘忍以《金剛經》授惠能，四祖有法語，六祖有《壇經》，此宗不離教之明證也。又如教典之中，《華嚴》、《涅槃》、《圓覺》、《楞嚴》、《金剛》、《楞伽》，皆直表宗旨，不離法身，此教不離宗之明證也。故〈證道歌〉云：「宗亦通，說亦通，定慧圓明不滯空。」末世衆生不明斯旨，先入爲主，鮮能貫通，各立門戶互爲傾軋，習宗者則執宗以非教，習教者則執教以輕宗，其實宗離教則墮於空疏，教離宗則流爲雜遝，宗教如車之兩輪，相輔而行，不可偏廢也。

宗門行者參禪用功，除親近善知識明白正當用功方法之外，仍須明白四乘境界之不同，與其用功方法之互異，方不至認小爲大，走入歧途，無法達到明心見性之目的。**欲明四乘，非廣閱經典教理不可，故六祖雖不識字而勸人「廣學多聞，識自本心，達諸佛理」，即此意也。**習教理者明白四乘之後，仍須真參實證，方能明心見性，倘不明心見性，雖一肚皮裝滿經典文字，下筆萬言，口若懸河，與佛性本體了不相干。甚至錯解佛意，肆意發揮，貽誤後學，如唐之圭峯、宋之永明，儱侗顢頇，令人寒心。

四乘大意

佛之一字，尚屬假名，況四乘乎？然世尊大悲救世，方便度生，因衆生之根器有淺深，故假設種種言教法門以爲之用，因時制宜，隨機設施，如良醫治病對症下藥，輕劑重劑因人而殊。故有羊鹿三車之譬、化城寶所之喻，其苦心孤詣，誠足轢轢萬古者也。

凡所謂法者，皆相對者也。相對之爲物，隨時空而貿遷，羌無實體，故世尊說法，隨說隨破。其始曾試爲衆生說真如法身妙理，玄奧幽微，衆皆散去，於是改說小乘法門，信者始集；迨其徒修小乘已熟，耽著禪味，獨善其身，佛乃訶之曰：「此非究竟，未離生死，應修中乘。」於是其徒乃改修中乘，達於我法皆空之境，而佛又訶之曰：「此仍非究竟，無始習氣未除，仍有生死，應修大乘。」於是其徒乃改修大乘之法。根機成熟，佛乃直示以最上乘法，豁然開悟，洞徹本心，無生無滅，不變不異，圓滿現成，不假雕斲，始知非心非佛非物，了無一法可得，所謂法門者無非空談，所謂四乘者盡是戲論，於是乃信佛所云「不說一字，不答一字」，非故弄玄虛也。茲將四乘境界略述如下：

小乘亦名聲聞乘，謂聞佛之聲教，悟四諦之理，斷見思之惑，而入於涅槃者也。乃佛道中最下根者所修。《勝鬘》寶窟云：「聲聞者，下根從教立名，聲者教也。」聲聞乘所修法門爲四諦，即苦集滅道是也，苦是受報之果，集是招果之因，滅是斷招果之因，道是得寂滅之果。換言之，修四諦者，即知苦、斷集、慕滅、修道是也，諦是審實之意。其修法乃將六根斷掉，澄心靜慮，乃至僅存一點淨念，此即小乘所達之境界，其果爲阿羅漢果。

小乘人修行，其動機在於厭生死煩惱，而求清淨寂滅，認爲靈性中本無苦惱，一切苦惱皆由六根招集起來，故欲得清淨寂滅之樂，祇有修道將六根停止，使不生招集作用，眼不見、耳不聞、鼻不嗅、舌不嘗、身不觸、意不想，六根既斷，六戶已扃，靈性中僅有清淨一念尚存，寂靜快樂，此即小乘所證之道果也。然六根雖暫斷，而清淨之一念未能放棄，非究竟也。

中乘亦名緣覺乘，謂觀因緣而悟解也，舊稱辟支佛，所證果爲辟支佛果。中乘所修法門爲十二因緣，即「無明」緣「行」，「行」緣「識」，「識」緣「名色」，「名色」緣「六入」，「六入」緣「觸」，「觸」緣「受」，「受」緣「愛」，「愛」緣「取」，「取」緣「有」，「有」緣「生」，「生」緣「老死」是也。此十二支包括過去、現在、未來，三世循環不息之因果。「無明」乃指一念無明，非無始無明也，亦曰「一念妄動性」，因不覺起了念頭，遂生出種種煩惱，造出種種善業惡業，謂之「行」。此兩支乃前世所作之因。「識」是業識，譬如中陰身被業牽動而來投胎；「名色」謂在胎中時，色身尚未成就，受想行識四陰祇有名目，未有色質；「六入」謂在胎中開張六塵所入之處，六根已完成；「觸」是出胎之後，六根觸於六塵；「受」是領受順逆等境界。此五支是今世所受之果。「愛」是對於塵境有所愛好；「取」是取著喜欣之事；「有」是「業」之意，今生造業必有將來之報應。此三支乃今世所作之因。「生」是隨所播種子再來受生；「老死」是既有生，必然有老有死，此二支是來世當受之果。此十二因緣之大概。

中乘修法者，觀此三世衆生盡爲十二因緣所支配，而十二因緣則依一念無明而起，認爲小乘未能破此一念，故非究竟，倘能將此一念斷掉，便可超出三世、了生脫死。故其用功方法在將一念無明打掃乾淨，達於空洞冥漠一無所有之境，自謂已證涅槃，誰知乃落於無始無明境界也。此境空無所有，亦名「空執」，冥頑不靈，與木石無異，況一念雖暫時停止，若受刺激仍能再起，故中乘所證非究竟也。

大乘亦名菩薩乘，梵語「摩訶衍」，所修爲六波羅蜜，亦名「六度」。六波羅蜜者，「布施」、「持戒」、「忍辱」、「精進」、「禪那」、「般若」是也。修大乘人名「菩提薩埵」，「菩提」譯爲覺，「薩埵」譯爲有情，即覺有情衆生之意也，簡稱「菩薩」。菩薩者，發菩提大心之衆生也，以菩提心爲體而自度，以大悲心爲用（運同體大悲）而度人，自他兼利，故稱大乘。《法華經．譬喻品》云：「若有衆生從佛世尊聞法信受，勤修精進，求一切智、佛智、自然智、無師智、如來知見力、無所畏，愍念安樂無量衆生，利益天人，度脫一切，是名大乘，菩薩求此乘，故名爲摩訶薩。」六度攝於戒、定、慧三學，而以禪那爲主要用功方法。修大乘人知一念無明之不可破，故利用一念無明以打破無始無明而見本源自性，乃擒賊先擒王之法也。

最上乘者亦名佛乘，乃明心見性之後，直示真如佛性，發揮絕對妙理，惟證與證乃能知之。故世尊拈花、迦葉微笑，迦葉擎拳、阿難合掌，以心印心，若合符契，不假言說，當面相呈，最高最極，無可復加，即最上乘禪也。

小乘斷六根、中乘斷一念無明、大乘斷無始無明、最上乘直示真如佛性，此四乘大意也。《六祖壇經》云：「法無四乘，人心自有等差。見聞轉誦是小乘；悟法解義是中乘；依法修行是大乘；萬法盡通，萬法俱備，一切不染，離諸法相，一無所得，名最上乘。」觀乎此，則四乘大意皎然矣。趙州和尚云：「佛之一字，我不喜聞。」又云：「老僧念佛一聲，漱口三日。」能明斯語，然後不爲四乘所縛。

參禪之目的

參禪之目的究在何耶?曰:「在明心見性。」明心見性之果究如何耶?曰:「洞徹本源,了生脫死,超出三界,不受後有,度己度人,普利羣生。」此乃人類最究極之目的也。然欲求明心見性,必先明白何謂心性?心性者,衆生本源自性是也,亦名「佛性」,或曰「真如」,或曰「如來」,禪宗謂之「本來面目」、「清淨法身」,唯識宗謂之「自心現量」、「圓成實性」,淨土宗謂之「法身淨土」、「常寂光淨土」,三論宗謂之「實相般若」,律宗謂之「本元自性」、「金剛寶戒」,天台宗謂之「自性實相」,華嚴宗謂之「一真法界」,真言宗謂之「淨菩提心」,名號雖繁,其體則一。《唯識論》曰:「『真』謂真實,顯非虛妄;『如』謂如常,表無變易,謂此真實於一切法,常如其性,故曰『真如』。」《維摩詰經》云:「夫如者,不二不異。」《金剛經》云:「如來者,無所從去,亦無所來。」然此之謂心性,乃指真心自性,非他家所指之心性也。尋常世俗所言之心,乃妄心也,無明也;今所欲明之心,乃最究極真實之心也,故名「真如」。

《華嚴經》發揮真如佛性之理尤詳,〈十迴向品〉云:「勤修一切出世間法,於諸世間無取無依，於深妙道正見牢固，離諸妄見了真實法。譬如真如，徧一切處，無有邊際……；譬如真如，真實爲性……；譬如真如，恆守本性，無有改變，……；譬如真如，以一切法，無性爲性……；譬如真如，無相爲相……；譬如真如，若有得者，終無退轉……；譬如真如，一切諸佛之所行處……；譬如真如，離境界相而爲境界……；譬如真如，能有安立……；譬如真如，性常隨順……；譬如真如，無能測量……；譬如真如，充滿一切……；譬如真如，常住無盡……；譬如真如，無有比對……；譬如真如，體性堅固……；譬如真如，不可破壞……；譬如真如，照明爲體……；譬如真如，無所不在……；譬如真如，偏一切時……；譬如真如，性常清淨……；譬如真如，於法無礙……；譬如真如，爲衆法眼……；譬如真如，性無勞倦……；譬如真如，體性甚深……；譬如真如，無有一物……；譬如真如，性非出現……；譬如真如，離衆垢翳……；譬如真如，性無與等……；譬如真如，體性寂靜……；譬如真如，無有根本……；譬如真如，體性無邊……；譬如真如，體性無著……；譬如真如，無有障礙……；譬如真如，非世所行……；譬如真如，體性無住……；譬如真如，性無所作……；譬如真如，體性安住……；譬如真如，與一切法，而共相應……；譬如真如，一切法中，性常平等……；譬如真如，不離諸法……，譬如真如，一切法中，畢竟無盡……，譬如真如，與一切法，無有相違……，譬如真如，普攝諸法……，譬如真如，與一切法，同其體性……，譬如真如，與一切法不相捨離……，譬如真如，無能映蔽……，譬如真如，不可動搖……，譬如真如，性無垢濁……，譬如真如，無有變易……，譬如真如，不可窮盡……，譬如真如，性常覺悟……，譬如真如，不可失壞……，譬如真如，能大照明……，譬如真如，不可言説……，譬如真如，持諸世間……，譬如真如，隨世言説……，譬如真如，徧一切法……，譬如真如，無有分別……，譬如真如，徧一切身……，譬如真如，體性無生……，譬如真如，無所不在……，譬如真如，徧在於夜……，譬如真如，徧在於晝……，譬如真如，徧在半月，以及一月……，譬如真如，徧在年歲……，譬如真如，徧成壞劫……，譬如真如，盡未來際……，譬如真如，徧住三世……，譬如真如，徧一切處……，譬如真如，住有無法……，譬如真如，體性清淨……，譬如真如，體性明潔……，譬如真如，體性無垢……，譬如真如，無我我所……，譬如真如，體性平等……，譬如真如，超諸數量……，譬如真如，平等安住……，譬如真如，徧住一切諸衆生界……，譬如真如，無有分別……，譬如真如，普住一切音聲智中……，譬如真如，永離世間……，譬如真如，體性廣大……，譬如真如，無有間息……，譬如真如，體性寬廣，徧一切法……，譬如真如，徧攝羣品……，譬如真如，無所取著……，譬如真如，體性不動……，譬如真如，是佛境界……，譬如真如，無能制伏……，譬如真如，非是可修，非不可修……，譬如真如，無有退捨……，譬如真如，普攝一切，世間言音……，譬如真如，於一切法，無所希求……，譬如真如，住一切地……，譬如真如，無有斷絕……，譬如真如，捨離諸漏……，譬如真如，無有少法，而能壞亂，令其少分，非是覺悟……，譬如真如，過去非始，未來非末，現在非異……，譬如真如，於三世中，無所分別……，譬如真如，成就一切，諸佛菩薩……，譬如真如，究竟清淨，不與一切，諸煩惱俱。」（第二十五之八）

此乃佛祖就其親證之真如佛性境界，用語言方便以昭示衆生，衆生聞之，或茫然不知所云，或約略知其大意，然不可遂謂已明心見性也。聞之而能瞭解謂之解悟，尚須自參自證親見其境，始可謂爲證悟，所證與佛無異，故名見性成佛。譬如黃山雁蕩之景，天下之奇觀也，然此景乃出之天然，非人力所創造，欲知此境必須親到親見。諸佛祖師不過先到此境，先見此境而已，吾人苟能篤信諸佛之所指示勇猛修持，終必有實到此境、實見此境之一日。迨已到已見之後，方知此境本爲古今人人之所共有，既非古佛所能創作，亦非今佛所能改造，此等奇景終古不改。凡曾親到此山者，其所見即無一不同，千萬年以前曾見此山者，所說如是，千萬年以後凡見此山者，所說亦必如是，決不能於實際增益分毫，亦決不能於實際減削分毫，以稍有增減，即非本然也。諸佛所傳之道亦猶是矣，佛性既無二、既不變，但能明心見性，則與諸佛無別。

雖然，欲見佛性必須真參實證，非徒能誦經說法，便謂明心見性也。譬若有人讀他人遊杭州西湖筆記，或聞人談三竺六橋之勝，雖彷彿得其景況，然不可遂謂曾遊杭州西湖也。若以耳聞夢想爲滿足，則終不見西湖矣。或有聞之興起，束裝往遊，親抵西湖，身歷其境，則知西湖之美，洵百聞不如一見也。明心見性亦然，每有聰挺之士，博覽經典妙能解悟，爲他人宣說口若懸河，而實不知真如佛性究爲何物，猶閱《西湖遊記》爲人述三竺六橋之勝，非不惟妙惟肖，而實未履其地，未親見其景也。倘遇曾履其地者以真景見詰，則且茫然無以爲答，此禪宗所以主張直指人心、不立文字也。

昔有太原孚上座，初在揚州光孝寺講《涅槃經》，有禪者阻雪，因往聽講。至「三因佛性，三德法身」，廣談妙身妙理，禪者失笑。師講罷，請禪者喫茶，白曰：「某甲素志狹劣，依文解義，適蒙見笑，且望見教。」禪者曰：「實笑座主不識法身。」孚曰：「如此解說，何處不是？」曰：「請座主更說一徧。」孚曰：「法身之理，猶若太虛，豎窮三際，橫亙十方，彌綸八極，包括二儀，隨緣赴感，靡不周徧。」禪者曰：「不道座主說的不是，祇是說得法身量邊事，實未識法身在。」孚曰：「既然如是，禪德當爲代說。」曰：「座主還信否？」孚曰：「焉敢不信！」禪者曰：「若如是，座主輟講旬日，於室內端然靜慮，收心攝念，善惡諸緣一時放卻。」孚一依所教，從初夜至五更，聞鼓角聲，急然契悟，便去叩門，禪者曰：「阿誰？」孚答曰：「某甲。」禪者咄曰：「教汝傳持大教，代佛說法，夜來爲甚麼醉酒臥街？」孚曰：「禪德！自來講經，將生身父母鼻孔扭捏，從今已去更不敢如是。」禪者曰：「且去，來日相見。」孚遂罷講。（出《指月錄》）

故知明心見性全靠自己真參實證，無人替代得來，不貴多聞但貴一見，由門入者不是家珍，他人說底與己無涉。昔香巖和尚在百丈禪師處，聰明靈利，問一答十，被潙山問：「父母未生時，試道一句看！」便爾茫然莫對。歸寮將平日看過文字，從頭要尋一句酬答竟不能得，乃自歎曰：「畫餅不可充饑！」屢乞潙山說破，潙山曰：「我說給汝，汝以後一定罵我，我說的是我的，終不干汝事。」香巖遂將平日所看言教燒卻，直過南陽，止於慧忠國師故居，參究多時。一日芟除草木，偶拋瓦礫，擊竹作聲，俄失笑間，忽然省悟，遽歸沐浴燒香，遙禮溈山曰：「和尚大慈，恩逾父母，當時若為我說破，何有今日之事！」（出《傳燈錄》）由此觀之，禪宗不立文字、惟重參證，之所以被尊為明心見性之良方，而能風靡一時，席捲中土者，豈偶然哉！

禪之類別

禪為佛門修行主要方法，大小乘各宗皆有專門禪法，外道邪師亦各有建立，紛紜雜遝，魚珠交錯。故研究宗門禪法者，必先明瞭各宗禪法，辨別其邪正真偽，然後方不至黑白不分，誤入歧途。昔人錯下一轉語，五百生墮野狐身，可不慎哉！茲將內外各家禪法，分為三類以敘述之：一、禪宗之禪。二、內學各宗之禪。三、外道之禪。現先述禪宗之禪。

最上乘禪　修行者證悟之後，胸中七通八達，隨拈一法皆是佛法，橫說豎說，不離真如，從自己胸襟流露而出，蓋天蓋地。自世尊拈花示衆，以至祖師之喝棒怒罵，無非直示真如，和盤托出，瞥然見者，不隔絲毫；其或沈吟，迢迢萬里。此即最上乘禪是也。

如來禪與祖師禪　如來禪是證悟佛性本體，祖師禪是發揮佛性妙用。古人有一事證明：香嚴和尚證道後，說一偈送潙山云：「一擊忘所知，更不假修持。動容揚古路，不墮悄然機。處處無蹤迹，聲色外威儀。諸方達道者，咸言上上機。」潙山聞得，謂仰山曰：「此子徹矣！」後仰山勘過，更令說偈，香嚴說云：「去年貧未是貧，今年貧始是貧；去年貧猶有卓錐之地，今年貧錐也無。」仰曰：「如來禪許師弟會，祖師禪未夢見在。」香嚴後有頌云：「我有一機，瞬目視伊，若人不會，別喚沙彌。」仰乃報潙山云：「且喜閑師弟會祖師禪也。」

禪那禪與般若禪　禪那禪乃修六度之第五度禪法，般若禪是已明心見性後所發揮者，如拈花示衆等是也。

一味禪與五味禪　打破無明窠臼，明心見性，頓超佛地，入不二境界，名一味禪。《瑯琊代醉篇三十二》曰：「有僧辭歸宗云：『往諸方學五味禪去。』歸宗云：『我這裏有一味禪，爲甚不學？』」《法華經．藥草喻品》云：「如來說法，一相一味。」《涅槃經》又云：「又解脫者，名爲一味。」一味禪者，指真如佛性之絕對不易也。五味禪者：一、外道禪。二、凡夫禪。三、小乘禪。四、大乘禪。五、最上乘禪。〈禪源諸詮集都序〉云：「禪則有淺有深，階級殊等，謂帶異計。欣上厭下而修者，是外道禪；正信因果亦以欣厭而修者，是凡夫禪；悟我空偏真之理而修者，是小乘禪；悟我法二空所顯理而修者，是大乘禪；若頓悟自心，本來清淨，元無煩惱，無漏智性，本自具足，此心即佛，畢竟無異，依此而修者，是最上乘禪（禪宗所修也）。」

三淨觀禪　一、奢摩他：不起雜念，單用寂靜一念往內直下看去，看到山窮水盡，因緣時至無明窠臼囫的打破，便可看見佛性。二、三摩鉢提：用意根統率五根往內看去，直至無始無明境界，不可放捨，百尺竿頭更進一步，無明一破便見佛性。三、禪那：六根互用，向內看去，功夫純熟觸著機緣，無始無明打破便可悟道。

《圓覺經》：「善男子！若諸眾生修奢摩他，先取至靜，不起思念，靜極便覺，如是初靜，從於一身至一世界，覺亦如是。善男子！如覺徧滿一世界者，一世界中有一眾生起一念者，皆悉能知，百千世界亦復如是，非彼所聞一切境界終不可取。善男子！若諸眾生修三摩鉢提，先當憶想十方如來，十方世界一切菩薩，依種種門漸次修行，勤苦三昧，廣發大願，自薰成種，非彼所聞一切境界終不可取。善男子！若諸衆生修於禪那，先取數門，心中了知生住滅念，分劑頭數，如是周偏四威儀中，分別念數無不了知，漸次增進，乃至得知百千世界一滴之雨，猶如目睹所受用物，非彼所聞一切境界終不可取。是名三觀，初首方便，若諸衆生偏修三種，勤行精進，即名如來出現於世。若後末世鈍根衆生，心欲求道，不得成就，由昔業障，當勤懺悔，常起希望，先斷憎愛，嫉妒諂曲，求勝上心，三種淨觀，隨學一事，此觀不得，復習彼觀，心不放捨，漸次求證。」

枯木禪　《五燈會元》云：「昔有婆子，供養一菴主，經二十年，常令一二八女子送飯給侍。一日令女子抱定，曰：『正恁麼時如何？』主曰：『枯木倚寒巖，三冬無煖氣。』女子舉似婆，婆曰：『我二十年祇供養得箇俗漢。』遂遣出，燒卻菴。」又唐石霜諸禪師會下有禪客坐而不臥者，天下謂之枯木衆。《宋高僧傳・十二・釋慶諸》曰：「如是二十年間，堂中老宿，長坐不臥，屹若樹杌，天下謂之石霜枯木衆是也。」枯木衆與枯木禪不同。

野狐禪　《五燈會元》載：百丈上堂，常有一老人聽法，隨衆散去。一日不去，丈乃問：「立於前者何人？」老人云：「某甲於過去迦葉佛時曾住此山，有學人問：『大修行底人還落因果否？』某甲答他道：『不落因果。』後五百生墮野狐身，今請和尚代某甲下一轉語，使脫野狐身。」丈曰：「不昧因果。」老人於言下大悟。

老婆禪 老婆者，以慈悲心，謂善智識誨導學人，親切叮嚀，有如老婆之愛其子女，故名老婆禪。海會演禪師上堂云：「近日太平院，禪和多聚散。參底老婆禪，喫底粈米飯。知事失照顧，主人少方便。雖然沒滋味，要且緩緩嚥。」

三關禪 普通謂破本參、破重關、破末後關爲透三關也。宗門直指人心，本無階級，一悟便悟，不悟便不悟，本參、重關、末後關之說乃僞造，非正法也。至於出自祖師公案者，有「黃龍三關」、「高峯三關」、「楞嚴三關」、「兜率三關」。「黃龍三關」如問學人：「人人盡有生緣，上座的生緣在何處？」正當問答交鋒，卻復伸手曰：「我手何似佛手？」又問諸方參請宗師所得，卻復垂腳曰：「我腳何似驢腳？」是爲「黃龍三關」。「高峯三關」如問學人：「大徹底人，本脫生死，因甚命根不斷？」又，「佛祖公案祇是一箇道理，因甚有明有不明？」又，「大修行人，當遵佛行，因甚不守毗尼？」是爲「高峯三關」。三關者，三轉語以勘驗學人也。又有巴陵三轉語、趙州三轉語，皆接引後學之出格語句也。

「楞嚴三關」見《佛祖統紀．十．慈雲傳》云：「慈雲法師遵式居天竺寺，有貴官注《楞嚴》求師印可，師烹烈燄謂之曰：『閣下留心佛法，誠爲希有，今先申三問，若答之契理，當爲流通，若其不合，皆付此火。』官許之。師曰：『眞精妙元，性淨明心，不知如何注釋？三四四三宛轉十二，流變三疊一十百千，爲是何義？二十五聖所證圓通，既云實無優劣，文殊何得獨取觀音？』其人罔措，師即舉付火中，於是楞嚴三關自茲而出。」

嬾融禪　又名牛頭禪，以牛頭山法融禪師爲祖之禪派也。初法融禪師入金陵牛頭山幽棲寺北巖石室枯坐，有百鳥銜花之祥。唐貞觀中，四祖道信聞之，往尋訪，因附法，自是法席大盛。法融下智巖、慧方、法持、智威、慧忠六世相付，慧忠下有惟則，則下有雲居智；又智威之門有玄素，素下有道欽，欽開徑山，受代宗之信仰，賜號國一；欽門有鳥窠道林，與白居易問答有名。牛頭門風雖一時振於唐代，而末遂不盛。宗密之〈中華傳心地禪門師資承襲圖〉曰：「牛頭宗之意，體諸法如夢，本來無事。」

蓮宗源流

本來無佛無衆生
世界未曾見一人
究竟瞭解是這箇
自性還是自己生

蓮宗史略

淨土宗亦名蓮宗，亦名彌陀教、他力教，發願念佛，藉佛力而得往生淨土之法門也。釋迦佛住世時，於舍衛國祇樹給孤獨園說《阿彌陀經》，於王舍城耆闍崛山中說《無量壽經》，又於王舍城爲韋提希說《觀無量壽佛經》，開示淨土往生法門，是爲本宗之起源。佛入滅後九百年，天親菩薩宗《無量壽經》，造〈願生論偈〉，示五念門修法，印土推爲宗師，故本宗以佛說三經及天親一論爲正依。

後漢時安息國沙門安世高始譯《無量壽經》，吳支謙譯《大阿彌陀經》，是爲蓮宗經典傳入我國之始（迨晉朝慧遠法師受念佛法門於佛圖澄，結蓮社於廬山）。然其初，法度未備，傳播未廣，修者尚寡。至晉永嘉四年，佛圖澄大師由印度來抵長安，提倡淨土修行法門，傳於道安法師，道安傳於慧遠法師。慧遠法師結蓮社於廬山東林寺，專修淨業，道俗皈依者極衆，有姓名可考者共得一百二十三人，類皆高僧雅士，而以蓮社十八賢爲最著。十八賢者：慧遠、慧永（慧遠弟子）、慧持（道安弟子）、道生（羅什弟子）、曇順（同上）、僧叡、曇恆、道昺、曇詵、道敬（以上五人慧遠弟子）、佛陀耶舍、佛陀跋陀羅、劉程之、張野、周續之、張詮、宗炳、雷次宗（以上五人慧遠門人）

等是也。以慧遠爲導師，故後世推爲中土開宗初祖。

又北魏永平元年，有天竺菩提流支法師者，來我國弘法，譯述甚富，亦傳淨土法門於此地，以授曇鸞法師。鸞著〈天親菩薩願生論偈註〉及〈略論安樂淨土義〉，大弘斯旨，推爲宗師。其後隋大業間，有道綽禪師在石壁玄中寺讀曇鸞碑文，大有所感，棄其宿習專修淨業，講《觀無量壽佛經》將二百席，著《安樂集》兩卷。唐貞觀時，有善導和尚者，親與綽師道場，乘受宗義，著《觀經疏》，闡明他力信心要旨，規定本宗行儀，於是蓮宗遂告大成。善公行願卓絕，誨人不倦，所居之地，屠肆無人過問，其感人之深、化被之廣，於斯可見也。迄今念佛法門，仍以善公之教爲本。

與善公同時，有慈愍三藏，曾親至印土求法，歸後專弘淨土，事迹不彰，影響未廣。接善導之法者，有懷感禪師，亦得念佛三昧，著《釋淨土羣疑論》七卷。玄宗時廬山有承遠法師者，弘專念之道，創彌陀寺，世稱彌陀和尚。承遠之弟子法照，代宗時爲國師，著有《五會法事讚》一卷、《大聖竹林寺記》一卷。德宗貞元中，少康法師深慕善導，專弘淨土之教，世稱後善導，著有《二十四讚》一卷、《瑞應刪傳》一卷。此外有新羅國人璟興法師著《無量壽經連義述文讚》三卷，元曉法師著《無量壽經宗要》一卷、《遊心安樂道》一卷，其《無量壽經》之解釋，與淨影、嘉祥之疏並稱，世號「無量壽經四大疏」。

釋迦佛所傳之淨土法門

釋迦牟尼佛說法四十九年，講經三百餘會，開示衆生悟入佛之知見，但以衆生根器不同，故所說法門有小乘、中乘、大乘、最上乘之別，無非方便衆生，自力修持之法。又爲方便衆生故，又恐凡夫障深慧淺，若修別樣法門，皆是豎出三界，恐一生或不能了脫生死，是以特地開出念佛一法，弘揚西方極樂世界，願人往生阿彌陀佛淨土。在王舍城耆闍崛山中，講《無量壽經》、《觀無量壽佛經》、《阿彌陀經》，最初勸父淨飯王並六萬釋種往生。

印度之淨土宗

天親菩薩造〈願生論偈〉提倡淨土。天親菩薩，梵名「婆藪槃豆」，意譯爲「天親」。北天竺富婁沙富羅國人，生後釋迦牟尼佛九百年。於薩婆多部出家，博學多聞，神才俊朗，戒行清高，無可爲儔。先學毗婆沙義已通，爲衆講說，日造一偈，以攝所說義，次第造六百餘偈，攝毗婆沙義盡，無能破者，即〈俱舍論偈〉是也。又作〈長行解偈〉，立薩婆多義，隨有僻處，以經部義破之，名爲《阿毗達摩俱舍論》。法師既徧通十八部義，妙解小乘，執小乘爲是，不信大乘，謂摩訶衍非佛所說。後得其兄無著菩薩誨誘，始信大乘，深悔前愆，欲割舌以謝罪。兄曰：「汝設割千舌，亦不能滅此罪。汝若欲滅罪，當以此舌解說大乘。」於是師乃廣造諸論以弘闡大乘，瑜珈宗基礎之立即其功績。復宗《無量壽經》，造〈願生論偈〉，示五念門修法，令衆生畢竟得生安樂國土。

五念門者：一、禮拜門。二、讚歎門。三、作願門。四、觀察門。五、迴向門。五念門乃用身、口、意、智、方便智等五業以修持，用身業禮拜，用口業讚歎，用意業作願，用智業觀察，用方便智業迴向。五念門功夫純熟，則漸次成就五種功德門，四入一出。五種功德門者：一、近門。二、大會衆門。三、宅門。四、屋門。五、園林遊戲門。入第一門者，以禮拜阿彌陀佛，爲生彼國故，得生安樂世界，是名入第一門。入第二門者，以讚歎阿彌陀佛，隨順名義稱如來名，依如來光明智相修行故，得入大會衆數，是名入第二門。入第三門者，以一心專念作願生彼，修奢摩他寂靜三昧行故，得入蓮花藏世界，名入第三門。入第四門者，以專念觀察彼妙莊嚴修毗婆舍那故，得到彼處，受用種種法味樂，是名入第四門。出第五門者，以大慈悲觀察一切苦惱衆生，示應化身，迴入生死園煩惱林中，遊戲神通，至教化地，以本願力迴向故，是名出第五門。菩薩入前四門，自利行成就；出第五門，迴向利益他行成就。菩薩如是修五門行，自利利他，速得成就阿耨多羅三藐三菩提。

〈願生論偈〉全名爲〈無量壽經優婆提舍願生偈〉，魏菩提留支譯，曇鸞法師之註，文暢義邃，洵足開人正智，起人正信，推爲蓮宗著述之巨擘，乃淨業學人之大導師，惜中國久已失傳。清末楊仁山居士求於東瀛，刻以流通。

淨土宗傳入中國

淨土宗經典傳入中國甚早，自後漢安世高譯《無量壽經》，支婁迦讖譯《無量清淨平等覺經》，吳支謙譯《大阿彌陀經》，以迄宋代，譯《無量壽經》者多至十二種，五存七缺。《無量壽經》稱阿彌陀佛之誓願較勝其他諸佛，故自法藏之因位及其四十八願，說明阿彌陀佛如來與其國土，次述願往生此國者之心得及其方法。又劉宋畺良耶舍、曇摩密多各譯《觀無量壽佛經》，此經以說往生極樂方法爲主，並說十六觀，又有依報、正報、假觀、真觀之區別。姚秦羅什譯《阿彌陀經》，此經專紀法藏比丘誓願之功能，言由其誓願所現之阿彌陀佛及其極樂國土之莊嚴，欲往生極樂者，其方法無他，即念佛而已。念佛者，單稱佛名，專心念佛之謂也。所謂執持名號，「若一日、若二日、若三日、若四日、若五日、若六日、若七日，一心不亂」是也。

中國蓮宗諸祖傳略

晉慧遠大師

師諱慧遠，姓賈，雁門樓煩人。幼而好學，博綜六經，尤善莊老。時道安法師建剎於太行恆山，師往歸之，聞講《般若經》，豁然開悟。因投簪受業，精思諷誦，以夜繼晝，安師常臨歎曰：「使道流東國者，其在遠乎？」年二十四，大善講貫。太元六年，至潯陽，見廬山閑曠，可以息心。時師同門慧永禪師，先居廬山西林，欲邀同止，而師學侶漫衆，西林隘不可處，永師乃謂請於刺史桓伊更爲建剎，號東林，時太元十一年也。於是乃造西方三聖像，建齋立社，鑿池種蓮，於水上立十二葉蓮花，因波隨轉，分刻晝夜，以爲行道之節。主張蓮宗，蓮風大扇，既而四方息心緇侶絕塵信士，聞風不期而至者凡百二十三人，共結蓮社，六時行道，一意西歸，令劉遺民著發願文，勒之石。

初是大教流行，江東經藏未備，道法無聞，師遣弟子法淨、法欽等，遠越葱嶺，曠歲來還，購諸梵本，並傳關中。其時此土未有泥洹常住之說，但言壽命長遠，師曰：「佛是至極無變，無變之理，豈有窮耶？」乃著《法性論》十四篇，以明泥洹常住之旨。什師見而歎曰：「邊方未見《大經》，便闇事理合。經言：『末代東方有護法菩薩。』欽哉仁者！善弘其道。」曇摩流支入秦，師遣弟子曇邕請於關中，出〈十誦律〉流傳晉國。及佛馱跋陀羅至，師即請出禪數諸經，所有經律出自廬山，幾至百卷。

師居東林三十餘年，迹不入俗，每送客，常以虎溪爲界。領衆六時行道，未嘗一日暫輟。深信切願，專志西方，澄心繫念，三睹聖相而沈厚不言。後義熙十二年七月晦夕，復睹聖相，既知時至，即語弟子法淨、惠寶曰：「吾始居此，十一年中三睹聖相，今復見之，當生淨土矣。」即自製遺戒。至期，端坐入寂，年八十三，即義熙十二年八月六日也。遺命弟子露骸於松林之下，即嶺爲墳，與土木同狀。弟子等不忍露骸，與潯陽太守阮保，奉全身建塔於西嶺。謝靈運及宗炳，各立碑以銘遺德。所著有《廬山集》十卷行世。唐宣宗大中二年，追諡「辯覺大師」。南唐昇元三年，追諡「正覺大師」。宋太宗太平興國三年，追諡「圓悟大師」，凝寂之塔。

按：遠師首創蓮社專弘淨業，學行專精品格超邁，其遺徒求經，聘梵師翻譯，對於正教之弘揚厥功甚偉。後世推為初祖，宜也。至若考尋血脈，則後世淨土傳承，出於北魏鸞師者為多，不可軒輕先後也。

北魏曇鸞大師

師號曇鸞，雁門人。少遊五台山，見神迹靈異，因發心出家。讀《大集經》，以其詞義深密，因爲註解，文言過半，便感氣疾，周行醫療。既而歎曰：「人命危脆，日夕無常。吾聞長年神仙，往往間出，得是法已，方崇佛教，不亦可乎？」遂往江南陶隱居所懇求仙術，隱居授以《仙經》十卷，欣然而還。至洛下，遇三藏菩提流支，鸞問曰：「佛法中頗有長生不死法，勝此《仙經》者乎？」流支曰：「此方何處有長生不死法？縱得長年，少時不死，卒歸輪轉，曷足貴乎？夫長生不死，吾佛道也。」乃以《十六觀經》授之，曰：「學此，則三界無復生，六道無復往，盈虛消息，禍福成敗，無得而至。其爲壽也，河沙劫量莫能比也，此吾金仙氏之長生也。」鸞大喜，遂焚《仙經》，而專修淨觀，自行化他，流布彌廣。

撰〈禮淨土十二偈〉、〈禮龍樹偈〉，又撰《安樂集》兩卷傳於世。魏主重之，號爲「神鸞」，敕住并州大寺，晚移汾州玄中寺。興和四年，一夕，室中見梵僧謂曰：「吾龍樹也，久居淨土，以汝同志，故來相見。」鸞自知時至，集衆教誡曰：「勞生役役，其止無日，地獄諸苦，不可不懼，九品淨業，不可不修。」因令弟子高聲唱佛，西向稽顙而寂。在寺者，俱見幡華幢蓋，自西而來，天樂盈空，良久乃已。事聞於朝，敕葬汾西文谷，建塔立碑。

按：蓮宗以三經一論為宗要，所謂論者，即天親菩薩所造〈往生論〉是也，鸞師為之註，直將彌陀誓願、天親衷懷，徹底圓彰，和盤托出。又著有〈略論安樂淨土義〉，詞簡義賅，誠蓮宗述著之巨擘。再傳至善導大師，蓮宗遂告大成，其功實與遠師媲美，影響後世尤大。鸞師雖未被推為祖，實不祧之祖也。

唐善導大師

師諱善導，不詳其所出（人皆稱善導和尚，云是阿彌陀佛化身，讚其淨行之偉也）。貞觀中，見西河綽禪師淨土九品道場，喜曰：「此真入佛之津要，修餘行業迂僻難成，唯此法門速超生死。」於是勤篤精苦，晝夜禮誦。旋至京師，激發四衆。每入室，長跪唱佛，非力竭不休，出則演說淨土法門，三十餘年未嘗睡眠。護持戒品纖毫不犯，好食供衆，粗惡自奉。所有嚫施用寫《阿彌陀經》十萬餘卷，畫淨土變相三百壁，修營塔寺，燃燈續明。道俗從其化者甚衆，有誦《彌陀經》十萬至五十萬徧者，有日課佛名自一萬至十萬者，其間得三昧生淨土者不可盡述。

或問：「念佛生淨土耶？」導曰：「如汝所念，遂汝所願。」乃自念一聲，有一光明從其口出，十至於百，光亦如之。其〈勸世偈〉曰：「漸漸雞皮鶴髮，看看行步龍鍾。假饒金玉滿堂，豈免衰殘病苦？任汝千般快樂，無常終是到來。唯有徑路修行，但念阿彌陀佛。」或問：「何故不令人作觀，直遣專稱名號耶？」答曰：「衆生障重，境細心麤，識颺神飛，觀難成就。是以大聖悲憐，直勸專稱名字，正由稱名易故，相續即生。若能念念相續，畢命爲期者，十即十生，百即百生。何以故？無外雜緣，得正念故，與佛本願相應故，不違教故，順佛語故。若捨專念，修雜業者，百中希得一二，千中希得三四。何以故？雜緣亂動，失正念故，與佛本願不相應故，與教相違故，不順佛語故，繫念不相續故，心不繫念報佛恩故，雖作業行，常與名利相應故，樂近雜緣，自障障他往生正行故。比見諸方道俗，解行不同，專雜有異，但使專意作者，十即十生；修雜不至心者，千中無一。願一切人等，善自思惟，行住坐臥，必須勵心克己，晝夜莫廢，畢命爲期。前念命終，後念即生，長時永劫，受無爲法樂，乃至成佛，豈不快哉？」

又作〈臨終正念文〉曰：「凡人臨終欲生淨土者，須是不得怕死。常念此身多苦，不淨惡業種種交纏，若得捨此穢身，超生淨土受無量快樂，解脫生死苦趣，乃是稱意之事，如脫弊衣，得換珍服，放下身心，莫生戀著。纔遇有病，便念無常，一心待死，須囑家人及問候人，來我前者爲我念佛，不得說眼前閑雜之話、家中長短之事，亦不須軟語安慰、祝願安樂，此皆虛華無益。若病重將終，親屬不得垂淚哭泣，及發嗟歎懊恨聲，惑亂心神失其正念，但教記取阿彌陀佛，守令氣盡。若得明解淨土之人，頻來策勵，極爲大幸。用此法者，決定往生，無疑慮也（多見世人平時念佛，發願求生甚是勤奉，及至臨終卻又怕死，都不說往生之事）。死門甚大，必須自家著力始得，一念差錯，歷劫受苦，誰人相代？思之！思之！」（師自念佛時，若有一光明自口出，所居之地屠肆無人過問。）

善導大師一日忽謂人曰：「吾將西歸。」乃登寺前柳樹，向西祝曰：「願佛接我，菩薩助我，令我不失正念，得生安養。」言已，投身而逝。高宗知其神異，賜寺額曰光明云。

按：善導大師不教人作觀，但教專稱名號，故理淺易修，愚夫愚婦皆能修持，最收普及之效。其教簡截明瞭，〈臨終正念文〉剴切指陳，可謂慈心太切矣。又創儀讚，淨土宗日益完備，實中興之祖也。有記其臨終登寺前柳樹投身而逝者，此其信徒之事，訛傳為師耳，蔣著《中國佛學史論》之甚詳，可參考也。

淨土經典舉要

《阿彌陀佛偈》一卷（第一譯）　※後漢・失譯

《後阿彌陀佛偈》一卷（第二譯）　※同上

以上二偈，單讚阿彌陀佛之德及其誓願。

《無量壽經》二卷　後漢・安世高譯

《無量清淨平等覺經》二卷　※後漢・支婁迦讖譯

《大阿彌陀經》二卷（內題《佛說阿彌陀三耶三佛薩樓佛檀過度人道經》）　※吳・支謙譯

《無量壽經》二卷　※曹魏・康僧鎧譯

《無量清淨平等覺經》二卷　曹魏・帛延譯

《無量壽經》二卷　西晉．竺法護譯
《無量壽至真等正覺經》一卷（一名《極樂佛土經》）　東晉．竺法力譯
《新無量壽經》二卷　東晉．佛陀跋陀羅譯
《新無量壽經》二卷　劉宋．曇摩密多譯
《新無量壽經》二卷　劉宋．寶雲譯
《新無量壽經》二卷（《大寶積經》中十七、八兩卷）　※唐．菩提流支譯
《大乘無量壽莊嚴經》三卷　※宋．法賢譯

以上《無量壽經》之譯本十二種，五存七缺（有※者現存），俱說阿彌陀如來之誓願，較他諸佛更爲方便，並述往生此國土者之心得及其方法。

《觀無量壽佛經》一卷（一名《無量壽觀經》）　※劉宋．畺良耶舍譯
《觀無量壽佛經》一卷　劉宋．曇摩密多譯

以上《觀無量壽佛經》譯本二種，俱說十六觀修法，乃應身別觀。

《阿彌陀經》一卷（又名《無量壽經》）　※姚秦．羅什譯
《小無量壽經》一卷　劉宋．求那跋陀羅譯
《稱讚淨土佛攝受經》一卷　※唐．玄奘譯

以上《阿彌陀經》異譯三種。

淨土法門

本來無佛無衆生
世界未曾見一人
究竟瞭解是這箇
自性還是自己生

淨土大意

淨土宗也叫做蓮宗，是以《阿彌陀經》、《無量壽經》、《觀無量壽佛經》和《往生淨土論》三經一論爲所依本典。主張心專念「彌陀」名號，託著彌陀底弘願，離掉現世界穢土，往生西方極樂世界淨土的。釋迦牟尼佛始說《無量壽經》以下的淨土三部經，開示他力本願的法門，是本宗底起源。佛入滅後九百年，天親菩薩造《往生淨土論》贊述三經要論，以弘通這宗。晉朝的慧遠大師在廬山建東林寺，專弘淨土法門，道俗皈依的極衆，共組織一箇蓮社，是在我國開宗之始。魏朝的曇鸞，從菩提留支那裏受《觀無量壽佛經》，因就專修淨業，著《往生論註》兩卷，被推爲中國本宗著述底巨擘。隋唐間有道綽禪師，在石壁玄中寺讀曇鸞底碑文，大有所感，拋棄素所從事的《涅槃經》之講說，專修淨業，著《安樂集》兩卷。唐貞觀時，善導和尚親遇道綽傳受宗義，著《觀經疏》，闡明他力信心底要旨；又作《法事讚》等諸書，定一宗所用底行儀，熱心化導道俗。他底門下有懷感禪師，也得念佛三昧，著《釋淨土羣疑論》開導有緣。繼者，有少康禪師出來，也能弘通這宗。

這宗以爲一切衆生所有的本源性地和十方諸佛沒有兩樣，雖然造了極重的惡業，受了無量的苦報，但是他的本性依舊毫沒有沾染的，祇消有一念迴光，如來便都能知見，用同體大悲來把他攝歸淨域。彌陀底光明是徧照十方念佛衆生的，但因爲衆生底淨眼還沒有開，所以不能知見。若是平素念佛的人，到了臨終的時候，意根、命根都已斷絕，後念還沒有起來，在這一刹那間佛便現在前面，便就超脫三界火宅了。衆生底品類雖然千差萬別，但是彌陀底願力是平等無二的，無論甚麼人，虔心稱念「彌陀」名號，一聲便能消滅八十億劫生死重罪，如果能夠淨念久久相繼，那其效益更不消說了。至於念佛，無論千句萬句，其實就是一句。念佛底心並不緣著過去，也並不是緣著未來，祇是緣著現前的一句，爲往生的正因，這就叫做「萬修萬人去」底方法。能夠積久純熟，能緣之心忽然脫去，做到了無念而念，念即無念，名理一心，那生品更高了。

教判

本宗判世尊一代的教爲聖道、淨土兩門。淨土是仰仗他力，以得往生淨土，在那裏證佛果的教，就是淨土三經（《無量壽經》、《觀無量壽佛經》、《阿彌陀經》）所說示的法義；聖道是依著自力修策之功，在此證悟佛果。聖道之教就是在淨土三經以外，所說示的八萬四千的教法，爲大小、頓漸、半滿之法。聖道之法是在此土起願修行，以期待證果的，雖然不能說一點沒有佛力加被，但大概是靠著自己自力的；淨土之法是要依託著此土的願行和佛的願力往生彼土，在淨妙之土行業圓滿，纔能到達於佛果的，雖然有一些兒自力心行，但大概是靠著佛願他力的。聖道之法因爲多須自力，所以難行，彷佛是陸路上的步行；淨土之法因爲多仰仗著他力，所以易行，彷佛是水路上的乘船。因此，聖道法可叫做難行道，淨土法可叫做易行道。

內因

本宗是託著《無量壽經》所說的彌陀本願，尤其是第十八願「設我得佛，十方衆生，至心信樂，欲生我國，乃至十念，若不生者，不取正覺」的誓願力。又《觀經》說的「令聲不絕，具足十念，稱南無阿彌陀佛」、「汝好持是語，持是語者，即是持無量壽佛名」，和《阿彌陀經》說的「執持名號，一日七日，一心不亂」的正說，以三心之安心、稱名之起行、四修之作業，成就往生底內因。由本願光明底外緣除滅業障，而感來迎之聖應，以期待報土往生之妙果。這樣是欲在於不退的國土，修悠悠的妙行，進趣於阿耨菩提之究竟果位的。以下先講安心。

安心　有總和別的兩種。總安心又分爲兩種：厭離穢土、欣求淨土之心和大菩提心即是。三界、六道、二十五有底境界，雖然苦樂萬般，但那爲有漏業感所成的，畢竟不能免於苦惡之穢土。至於西方淨土，是彌陀清淨業之所感，但受諸樂的妙土，所以不能不厭穢欣淨。又大菩提心是在往生淨土，以求佛因菩提，求佛果的人須發大菩提心，是佛門底通規，本宗自然亦應該這樣。善導大師在《觀經．玄義分》說：「各發無上的心。」就是爲此。在這裏，散善義、舉往相、還相底迴向心，也大概和一分菩提心相同。這菩提心不必定和能不能往生相關聯，如《觀經》下下品沒有這菩提心也得往生，但卻不能據此便說菩提心可以不用發的。

其次，別安心是有三心，這是本宗底要點。於《無量壽經》第十八願說：「至心信樂，欲生我國。」於《觀經》說：「發三種心，即便往生。何等爲三？一者至誠心，二者深心，三者迴向發願心。具三心者，必生彼國。」至誠心是真實心，是身、口、意三業皆離卻名利虛假之心的；深心是相信阿彌陀佛常以四十八大願業力攝取衆生，若無疑無慮，乘彼願力定得往生的；迴向發願心是把過去到今生，自己所作身、口、意三業之善根，和爲著他人所作善根而隨喜的，完全迴向於淨土，而願欲往生的心。具有這三心的人，其行必成，所以必定往生，但是其中如果缺掉一心，就不能得往生。

這三心的意義雖然是這樣的深廣，但在事實上，如果有真實無疑的念佛而欲往生的一心，三心自能具有的，具這一心的叫做橫具的三心。但是人性是不一樣的，像那有名利虛假底不至誠的人，有狐疑不決底不深心的人，有愚癡多情底不迴向的人，就不能不用這三心來逐漸加以對治，經這樣對治而成的叫做豎具底三心。雖然有橫豎底分別，但是已經具了祇是一箇，雖然祇是一箇，卻並非沒有深淺，所以往生起來就生出三輩九品底分別。往生那件事是沒有兩樣的，但是凡夫有名利虛假之心難於如實，又雖然一度發起三心，他底心還是不住地退轉無常，所以真有至於出離生死的行者，不能不爲精細的注意。

起行　如三箇安心已經具了，那所修的一切善根即完全是這往生淨土底善根。在《無量壽經》說：「乃至十念。」又說：「修諸功德，植諸德本。」在《觀經》說：「定善十三觀和散善三福九品。」在《阿彌陀經》示「一日、七日之一心不亂的稱名」，在天親底《淨土論》說「五念門」，善導示「正雜二行、助正二業、專雜二修」，在《文殊般若經》明「一行三昧」。這裏面，善導底「正雜和助正」之判綱羅最爲精審。正行是願生西方淨土，皈依彌陀一佛，專行淨土正依的三經所說的行，就是本來爲淨土往生之行的。雜行與此不同，乃是人天菩薩十方淨土之行，雖然並非正行，卻是欲把它來迴向於西方淨土而求往生的，就是正行以外的一切善根。

又正行有讀誦、觀察、禮拜、稱名、讚歎供養五種。讀誦是專心念誦淨土所正依的三經；觀察是專觀西方淨土底依正二報，如《觀經》「定善十三觀」就是；禮拜是一心禮拜彌陀如來；稱名是一心稱念彌陀名號；讚歎供養是一心讚歎彌陀底功德，並用香花供養。除了這五種正行之外，其餘一切善根都叫做雜行。又五種正行如果區別起來，就有正助二業，前三後一是助業，第四的稱名實是正定之業，因爲稱名是正對彌陀第十八願的，願中有「乃至十念」之語，即無論一念、十念都可往生的，所以是正定之業；前三後一因爲是勸勵策進這稱名方便，所以叫做助業，這就是同類底助業；如果修雜行能爲稱名底方便，也得稱爲助業，這叫做異類底助業。

以上正、雜二行雖然皆得往生，但其間卻大有得失。修這正行的叫做專修，修雜行的叫做雜修。從事於專修的，至心易成，百即百生；從事於雜修的，至心雜成，僅僅得百中一二、千中三五的往生。就是無論修怎樣的行業，不至心的是一千之中沒有一箇能成功的。又五念是禮拜、讚歎、作願、觀察、迴向，和五正行僅有開闔之別罷了。一行三昧是以定心爲主的，稱名專修之一法。以上所說，正行便是稱名，因爲一切行業雖然都能迴向而得往生，但大有難易之別，所以當專修易行的稱名。

作業　三心底安心雖已起了，十念底起行雖已定了，但因凡夫底意志怯弱容易退失，還須有策進的方法。這策進的方法，是有四修的作業：一、恭敬修。是對於彌陀如來及淨土底依正二報尊重恭敬，行住坐臥不背著西方，涕唾便利不向著西方，這或者叫做慇重修。二、無餘修。是一心全然向著西方，不雜修他事。三、無間修。是一心常繫念西方，不以餘行間斷，不以貪瞋等煩惱間雜行業。四、長時修。是以畢命爲期待，立誓不中止所修行底行業。

行儀　要使起行作業完全的緣故，有應該守的三種行儀，這三種行儀就是尋常、別時、臨終。尋常行儀，無論在何時何處，常繫心於西方，勵行稱名的一行。這是遵奉善導大師所說：「一心專念彌陀名號，行住坐臥，不問時節久近，念念不捨者。」別時行儀，是定一日、七日、十日、九十日等的時日，莊嚴了道場，清淨了衣服、飲食、潔齋三業，嚴肅威儀，修正助之業，這是依著《彌陀經》一日七日之說、《鼓音聲經》之十日之說、《般若三昧經》之九十日之說，以鞭撻凡夫懈怠之妄情的。臨終行儀，是在命終的時候，莊嚴了別室，安置了來迎的佛像，沐浴、淨衣、散華、燒香，目不注在佛像以外，耳不傾於法音之外，手執從佛像垂下的五色的絲，正念以求往生。因爲臨終的時候爲病所煎逼，每易失掉正念，而臨終的一念又勝於平生百年的緣故，看護的人應該切心注意助成正念。以上三種行儀雖然不是往生底必須條件，但如果能夠辦到總是需要的。如在平時勤修至誠，於臨終的時候靠著佛力底加護，必定能夠住於正念的，所以平時底勤行精進是不可懈怠的。

日課　欲使正定業的稱名相續不已，有定日課的必要。一念十念雖然都能成業，但是凡夫每有因懈怠之故而造罪退失的，所以不能不規定日課來防護。日課在於預定稱名底偏數誓必踐行，與其少不如多，凡夫的心歷緣對境，必定要起妄情的，所以必須愈多愈好，使得沒有暇空。念佛的聲音以能自己聽見爲度，至於記數底方法，雖然不必一定，不過普通都以數著念珠來記數的。

外緣

佛教底通規，以因緣和合而感勝果，安心起行底內因有了，但若沒有外緣，用甚麼來證往生底大果呢？所以必定有俟於外緣，就是彌陀願力。願力有兩種：總願和別願。總願有四宏誓願和三念願力，即大誓願力、三昧定力、本願功德力；別願即四十八願，就是善導所謂：「如《大經》說，一切善惡凡夫得生者，莫不皆乘阿彌陀佛大願業力爲增上緣。」凡夫往生底增上緣實全在於這別願，尤其第十八願爲念佛生因，而以若不生者不取正覺爲誓，行者如果安心起行，定可加以佛力而得往生；於十九願，不僅來迎念佛行者，凡發菩提心修諸功德，至心發願欲生淨土的，臨終無不來迎，尤其是念佛行者，能使諸邪業繫無能礙者；二十願，凡聞彌陀名號，繫念淨土，植衆德本，至心迴向，欲生極樂者，必定成遂的。這樣，以願力爲增上緣，使行者必定往生。

此外又有親、近、增上三緣，這在第十二願「願光明體」，在第十八願「願名號」，而名體不二不離，所以稱其名號而願往生的行者，必定在名體不二之上，有光明而有攝取不捨之益。善導大師分這益爲三緣：親緣、近緣、增上緣。親緣是念佛之行者和佛陀彼此間三業親昵而不捨離，如親子之間一般的；近緣是彌陀常接近護念念佛行者，如形影之不能相離；增上緣是佛之威神功德力能加念於行者，使消滅多劫的罪愆，除掉臨終的難障，使住於正念。這三緣就是彌陀本願之增上緣的相狀，是念佛行者特別的利益。

果報

本宗究竟的目的在於期望往生淨土，但是凡夫從無始以來至於今日今時，念念起惡做罪，是很有礙於往生的，便是一罪一惡之微，尚且要障礙往生，何況是多劫的罪愆呢？但是本宗底意思，以爲念佛諸行底功德，很能夠消滅罪惡，得到佛底迎接以往生淨土。念佛是本宗底本意，乘著這佛之本願的念佛，其得滅罪而成就淨業。雖然看當機如何而有遲速，但卻沒有一念不滅一分的罪的，就是下下品的惡機，尚且能以十念滅罪成就淨業；如在利根，一念就可以成的；至於鈍根，那或者要經多念了。

下下品的惡機，由十念得以成就淨業是有三箇緣故，就是在心、在緣、在決定。在心：是就能修之心而論的。造罪的人是依止於虛妄顛倒之心而造作的，念佛是聞佛之真實功德發起淨信而造作的，一箇是背馳於法性的虛妄心，一箇是隨順於實相的真實心，虛、實底力那箇强呢？譬如是千歲的闇室，一點燈來闇忽地破去。在緣：是就造作底對境而論的。造罪底對境在於虛妄之衆生，念佛底對境在於佛底真實功德，真妄亦非可同日而論的。在決定：爲十念念佛，在臨終而住於決定猛利之心，而造罪是在平生猶豫不定之時，定和不定底力是那箇强呢？這樣，因爲有上面三種的理由，臨終底十念尚且能滅八十億劫之重罪，何況平生之念佛？念念滅罪，那淨業必能成就的。

念佛儀式

如清閑勵志者，每日早晚盥手焚香，先誦《阿彌陀經》一卷，〈往生咒〉三徧（焚香之火切戒向竈內取），再能加誦《金剛經》、大懺悔文及一切大乘經典更好。

阿彌陀佛身金色，相好光明無等倫。
白毫宛轉五須彌，紺目澄清四大海。
光中化佛無數億，化菩薩眾亦無邊。
四十八願度眾生，九品咸令登彼岸。
南無西方極樂世界大慈大悲阿彌陀佛。（十徧）
南無阿彌陀佛。（或百聲千聲，以至萬聲，愈多愈好，但勿勉強）
南無觀世音菩薩。（十徧）
南無大勢至菩薩。（十徧）

南無清淨大海眾菩薩。（十徧）

發願迴向文

（慈雲懺主作，或念蓮池大師〈西方發願文〉亦可，面對西方虔心誦念）

弟子某某，一心皈命極樂世界阿彌陀佛，願以淨光照我，慈誓攝我。我今正念，稱如來名，為菩提道求生淨土。佛昔本誓，若有眾生，欲生我國，至心信樂，乃至十念，若不生者，不取正覺。以此念佛因緣，得入如來大誓海中，承佛慈力，眾罪消滅，淨因增長。若臨命終，自知時至，身無病苦，心不貪戀，意不顛倒，如入禪定，佛及聖眾，手執金臺，來迎接我，於一念頃，生極樂國，花開見佛，即聞佛乘，頓開佛慧，廣度眾生，滿菩提願。

我今稱念阿彌陀，真實功德佛名號。
惟願慈悲哀攝受，證知懺悔及所願。
往昔所造諸惡業，皆由無始貪瞋癡。
從身語意之所生，一切我今皆懺悔。
願我臨欲命終時，盡除一切諸障礙。

面見彼佛阿彌陀，即得往生極樂剎。
願以此功德，莊嚴佛淨土；上報四重恩，下濟三途苦；
若有見聞者，悉發菩提心；盡此一報身，同生極樂國。
十方三世一切佛，一切菩薩摩訶薩，摩訶般若波羅蜜。

十念法

（世事煩雜，不能如前奉持，可行此法，久久專切，亦得往生）

每日清晨服飾之後，面西正立合掌，連聲稱阿彌陀佛，盡一氣爲一念，如是十氣名爲十念，但隨氣之長短，不限佛數，氣極爲度。其聲不高不低，不緩不急，調停得中，連屬不斷，意在借氣束心，令心不散。念畢，亦必發願迴向：

願生西方淨土中，九品蓮華為父母。
花開見佛悟無生，不退菩薩為伴侶。

淨土之種類

淨土分爲兩種：一、報身淨土，即唯物淨土。二、法身淨土，即唯心淨土。

淨土分爲四種：一、凡聖同居土。二、方便有餘土。三、實報莊嚴土。四、常寂光淨土。

阿彌陀佛分爲兩種：一、極樂世界的報身阿彌陀佛。二、法身自性彌陀佛。

依報淨土（即分證淨土）——凡聖同居土、方便有餘土、實報莊嚴土——相對的——報身淨土、報身彌陀、西方極樂世界淨土、九品往生

正報淨土（即滿證淨土）——常寂光淨土——絕對的——法身淨土、自性彌陀、十方世界淨土、自心現量

自性法身淨土是偏滿十方，東西南北無所不在，即常寂光淨土。西方極樂世界淨土是報身淨土，是指定西方，是阿彌陀佛四十八大願淨報所感；又如東方滿月世界淨土，是藥師佛十二大願淨報所感；如我們這箇娑婆世界穢土，是我們共業所感。不論生西方極樂世界，或生東方滿月世界、娑婆世界，皆須再修行，直至明心

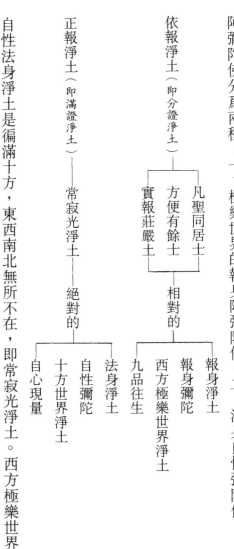

見性方生常寂光淨土，所以祇有常寂光淨土是最後的淨土、絕對的淨土，其餘皆是相對的淨土。不過生西方極樂世界及東方滿月世界之人，祇有清淨快樂沒有煩惱，而且是不退轉的，不論遲早一定可進入常寂光淨土；而穢土世界之人則受種種煩惱，而且容易退轉，生常寂光淨土自然較難。但是你如果行願堅強功夫卓絕，一悟即登佛地，則不必經過東西兩世界，直接便生常寂光淨土了。諸如禪宗各悟道祖師，皆是由穢土直登常寂光淨土，無須求生西方，便可證明。至若智者大師臨終發願求生西方、玄奘三藏臨終求生兜率天，可見並未直接證入常寂光淨土，故須多此一舉。但智者大師、玄奘三藏皆行願卓絕，其最後必能證常寂光淨土，則可斷言也。

四種念佛

一、持名念佛　出《阿彌陀經》。經云：「若有善男子、善女人，聞說阿彌陀佛，執持名號，若一日、若二日、若三日、若四日、若五日、若六日、若七日，一心不亂，專持名號，以稱名故，諸罪消滅，即是多善根福德因緣。其人臨命終時，阿彌陀佛與諸聖衆，現在其前，是人終時，心不顛倒，即得往生阿彌陀佛極樂國土。」

二、觀相念佛　觀相念佛，身對佛相，口念佛名，意觀想著阿彌陀佛的法相，不論紙畫、木刻、泥塑、銅鑄，供著那樣的法相就觀那樣的法相，身、口、意三業相應，阿彌陀佛身口意三密加持。

三、觀想念佛　觀想念佛，就是修十六妙觀：初日觀、二水觀、三地觀、四樹觀、五池觀、六總觀、七華座、八像觀、九佛身、十觀音、十一勢至、十二普觀、十三雜觀、十四上品三、十五中品三、十六下品三。

四、實相念佛　實相念佛，念南無阿彌陀佛，心中散亂，證凡聖同居土；念到一心不亂，證方便有餘土；念到身心兩忘，佛念皆空，一無所有，證實報莊嚴土，是爲分證，到此境界是無記憶空，不是自性彌陀；再提起一句阿彌陀佛名號，向無記憶空那裏，將第二句彌陀佛名號追第一句，將第三句追第二句，將第四句追第三句，如是次第二十、三十、四十、一百、二百句追下去念，無記憶空的無明一破，便見自性法身阿彌陀佛，證常寂光淨土，是爲滿證，即經中所説：「淨念相繼，得三摩地，證無生忍。」

此宗自永嘉四年，佛圖澄傳道安法師，由師之弟子廬山慧遠法師弘揚淨土，續光明善導和尚、般舟承遠大師、雲封法照國師、烏龍少康大師、昭慶省常法師、雲棲蓮池大師、梵天省庵法師，弘揚至今尤盛。

九品往生

一、上品上生　發三種心（至誠心、深心、迴向發願心），三種衆生，慈心不殺，具諸戒行，讀誦大乘方等經典，修行六念（念佛、法、僧、戒、天、施），迴向發願，一日至七日即得往生。

二、上品中生　不必受持讀誦方等經典，善解義趣，於第一義心不驚動，深信因果，不謗大乘。

三、上品下生　亦信因果，不謗大乘，但發無上道心，迴向往生，七日見佛。

四、中品上生　受持五戒，持八戒齋，修行諸戒，不造五逆，無衆過惡，迴向往生。

五、中品中生　一日一夜持八戒齋，一日一夜持沙彌戒，一日一夜持具足戒，威儀無缺，迴向往生。

六、中品下生　孝養父母，行世仁慈，命欲終時遇善知識爲說極樂事，發願迴向往生。

七、下品中生　作衆惡業，不誹謗方等經典，命欲終時遇善知識爲說大乘經典名字，迴向往生，七七日乃見觀世音及大勢至。

八、下品中生　毀犯五戒、八戒、具足戒、盜戒，不淨說法，應墮地獄，命欲終時遇善知識讚說淨土，迴向往生，六劫乃見觀世音及大勢至。

九、下品下生　作不善業，五逆十惡，具諸不善，應墮惡道，臨命終時遇善知識說法安慰，教令念佛，具足十念迴向往生，滿十二大劫乃見觀世音及大勢至（人間一百年為西方一晝夜，一千六百八十萬年為一小劫）。

持名念佛最要緊要記著：有行無願，決不往生；有願無行，願是虛設。生不生西方，就在你的願力；生在西方品位的高下，就在你的行力。每天念佛，不論念多念少一定要發願，念佛念完後即行發願，發願時即照我所編的白話，口中說一徧，不可默說須出聲，就同與人說話一樣，發願時並要至誠懇切：

「弟子某某現在發願求生淨土，持念我佛的聖號，將來臨終的時候，無論甚麼地方全不願意去，但求我佛、菩薩接引弟子往生西方極樂世界的淨土，並且願以這箇念佛的功德，普度衆生同生淨土。」

有漏淨土

依有漏心變作之淨土也，據《羣疑論》謂阿彌陀佛之淨土，雖由佛之無漏心變現而爲無漏，然凡夫之心爲有漏，故不得直生彼無漏之淨土，但於佛所變之無漏淨土上，由自己之有漏心，變作似無漏之淨土而往生。其中云：「申言之，即極樂土者，就佛之本土而論爲無漏之淨土，就凡夫之所變及受用而論，不免即爲有漏之淨土也。」此準於唯識家之法相而判之。

一句佛號

天親《往生論》云：「略說入一法句故。一法句者，謂清淨句；清淨句者，謂真實智慧無爲法身故。此清淨有二種應知。何等二種？一者器世間清淨，二者衆生世間清淨。」換言之，即是整箇相對宇宙清淨，由相對入於絕對，相對淨土變爲絕對淨土。

度眾生

《往生論》云：「菩薩巧方便迴向者，謂說禮拜等五種修行，所集一切功德善根，不求自身住持之樂，欲拔一切衆生苦故，作願攝取一切衆生，共同生彼安樂佛國，是名菩薩巧方便迴向成就。」

淨土果報

離二種譏嫌過應知。一者體，二者名。體有三種：一者二乘人，二者女人，三者諸根不具人。無此三過故，名離體譏嫌。名亦三種，非但無三體，乃至不聞二乘女人諸根不具三種名故，名離名譏嫌。

念佛號之力量

《觀無量壽佛經》有九品往生：「下品，下品生者，或有衆生作不善業、五逆十惡，是諸不善，如此愚人，以惡業……於念念中，除八十億劫生死之罪……是名下品下生者。」

難易二道

謂難行道與易行道也，龍樹所立之名目。初地至不退位有二道，自力修行勤苦而後漸達佛位之困難，以如陸路步行之苦，故稱之爲難行道；反之以信力方便之念佛，得速至佛位之他力道，恰如水道乘船，無何等苦痛而樂，是名易行道。（見《淨土十疑論》）

生西方後之修行情形

修行淨土法門者已生西方，並非成佛，仍須修行，但在西方所修之法門，並非念佛，乃聽講經及參禪。（出《大阿彌陀經》）

生疑城

修淨土者，信心不固，常自狐疑，死後生於疑城。疑城乃出《大阿彌陀經》，彌陀淨土之邊地，五百歲中不得見聞三寶，名爲「懈慢界」，亦曰「胎生」。邊地即疑城胎生，真門自力念佛人所生之處，懈慢爲懈慢界，要門諸行往生人所入之土。

西方淨土一生成佛

修淨土已生西方極樂世界，得彌陀教導，決定一生可以成佛。《阿彌陀經》云：「極樂國土，衆生生者，皆阿鞞跋致，其中多有一生補處，其數甚多，非是算數所能知之，但可以無量無邊阿僧祇說。」

行願之別

生在西方品位高下，全視自己行力；能否生西方，全視自己願力。每天念佛千萬聲，如不發願則不能生西方，祇能得福報；如每天祇念十百聲，發願生西仍能生西方。中峯禪師云：「有行無願，決不往生；有願無行，願是虛設。」信、願、行如鼎三足，缺一不可。

善導大師《觀經疏》云：「如經中說，但有其行，行即孤，亦無所至；但有其願，願即虛，亦無所至。要須願行相扶，所爲皆剋。」

弘揚淨土

一、西齋禪師淨土詩（見《西齋淨土詩》）。西齋禪師參禪未悟改修淨土，非悟後再修淨土也，其所作淨土詩皆非悟後語氣。

二、永明壽禪師及中峯禪師弘淨土。永明壽禪師悟道後兼弘淨土，非修淨土也（見《指月錄》）。中峯參高峯，明心見性後兼弘淨土以利益衆生，非修淨土也。人或誤其悟後再修淨土，非也。已明心見性，則一悟永悟無須再修。（見《中峯廣錄》）

三、《徹悟禪師語錄》（見《夢東禪師語錄》）。徹悟初參禪未悟，後改修淨土，其語錄皆是提倡淨土，其淨土詩及開示乃採古祖師禪語附會淨土者，崇淨土而謗禪宗。其實修禪修淨俱是釋迦佛所傳大乘法門，不可故爲軒輊，使後人生門戶之見也。

四、蓮池大師弘淨土。蓮池先修禪未悟改修淨土，雖弘淨土仍讚禪宗，其學行品格高超實不可多得。（見《雲棲法彙》）

五、智者大師。智者大師修止觀法門未明心見性，故臨終求生西方，非明心見性後再修淨土也。

大事因緣

《彌陀經》云：「如我今者稱讚諸佛不可思議功德，彼諸佛等亦稱讚我不可思議功德。而作是言：『釋迦牟尼佛能爲甚難希有之事，能於娑婆國土、五濁惡世、劫濁、見濁、煩惱濁、衆生濁、命濁中，得阿耨多羅三藐三菩提，爲諸衆生說是一切世間難信之法。』」

修淨土錯走路途　錯認自性彌陀

念佛之念從見聞覺知起，非從佛性起，念佛功夫純熟，一心不亂人法雙忘，已具精進功夫，乃入於無始無明境界，非見自性彌陀，不可錯認爲自性彌陀。

錯發願

念佛修淨土者，發願求生西方纔是正當，其餘如發願求生兜率天皆非正理。世俗之人或女者求來生爲男，男者求來生出家，或做大護法等等，皆是錯誤。有爲求家宅平安、人口清吉、功名富貴而念佛者，乃大錯。念佛最後目的在成佛度衆生。

錯念經典

修淨土以念佛為正，以念經為輔助，念經典應念佛說經典，不可念偽經。如《高王經》、《壽生經》、《妙沙經》、《血盆經》、《土地經》、《太陽經》、《解寃經》等，皆後人偽造，不可念。

錯求瑞相

誠心念佛，功夫純熟自生瑞相，不可用心著意强求。每見念佛者著意求瑞相，用腦筋過度，而發神經病，宜戒之。

請益

本來無佛無衆生
世界未曾見一人
究竟瞭解是這箇
自性還是自己生

參禪用功

問：「我參禪打坐的時候斷妄念，可是妄念愈斷愈多，譬如一碗水，動的時候泥土不大清楚，一澄下來泥土便清楚了，所以不斷妄念時妄念反少，一斷妄念愈斷愈多。我以前聽善知識告訴我，妄念斷盡便是佛性，何以愈斷愈多？要怎樣斷纔斷得盡？最多斷到五分鐘，妄念又起來了。釋迦佛說：『法亦是妄念。』爲甚麼佛不斷妄念，而要我們來斷妄念？兼且時間坐得久，頭會發痛，要怎麼樣用功纔合禪宗的修法？請師父慈悲指示。」

答：「你根本走錯了路途，起念滅念不是佛性，佛性是如如不動，不起妄念。我們見聞覺知，一念無明的妄念一動分爲兩方面，就是正念與不正念，不正念是妄，正念亦是妄，皆是見聞覺知作用，與佛性無干。如妄念從外面來，與你不相干，又何必去斷呢？如妄念從裏邊生出來的，譬如龍潭出水的水源，時時有水出來，斷了又生，生了又斷，無有了期。修行斷妄念，這箇道理實在講不通。古人云：『王道不外乎人情。』佛法亦不外乎人情。見聞覺知分兩方面：染緣、淨緣。一念無明的妄念一動，學佛修行爲善是正妄念，種種的邪思想是不正妄念，兩者都是染緣；心中清清淨淨、明明白白的，這箇是淨緣；淨緣斷了見聞覺知，覺知斷了，是空空洞洞、黑黑闇闇的無始無明。我們的佛性被無始無明遮障，要見佛性必定將無始無明打破方能見到，要打破無始無明必定要用妄念的六根。假如用眼根，便向空洞黑闇的無明窠臼看去，思想不要間斷，看來看去時候一到，囥的一聲無明一破，徧滿虛空、充塞宇宙的佛性便現出來了。看見佛性後，無量劫生死、善惡、是非和盤托出了，這時見聞覺知、六根、妄念統統都變爲佛性了。佛說法乃是佛念，不是妄念，未見佛性纔是妄念。馬祖說：『參禪不屬坐，坐則有著。』行住坐臥皆須用功，坐多了便會頭痛，你認見聞覺知業識爲佛性，則永不能明心見性。長沙岑禪師說：『學道之人不識真，祇因從來認識（編案：指見聞覺知）神。無始劫來生死本，癡人認作本來人。』」

問：「我修禪宗用功已多年，從前在終南山住的時候，最多我打坐的時候，身心完全忘卻、空空洞洞，最初能維持十分鐘，後來進至二十分鐘，身心空與虛空之空合相，身心空如鏡子一樣，虛空亦如鏡子一樣，好像以鏡照鏡。請問法師，這是不是明心見性的境界？」

答：「明心見性，一見永見，無窮無盡，不再迷失。你坐時所見境界不是佛性，乃六祖所說的『無記空』、禪宗說的『無明窠臼』。你以爲坐時得這境界是悟，起身時是迷，則忽迷忽悟，佛性亦有輪迴了！照你這樣用功，不是禪門用功的方法，這種境界是小乘外道的境界。你不要斷念，利用六根隨便那一根，向空空洞洞的境界看去，用功純熟機緣至時，無明窠臼囫的打破，便看見佛性了，這樣子用功纔合禪宗的方法。」

問：「緣在金山大徹堂中打坐用功，我用功的時候，不執著有，亦不執著無，若執著佛性是有，是法外生心；若執著佛性是無，則墮落因果。有無皆不執著，亦不斷念。合不合禪宗的用功？」

答：「你不執著有無，乃見聞覺知思想作用，與佛性了不相干，佛性乃如如不動。你要把不執著有無的一念放下，再下疑情看去，時候多了無始無明一破，便會見佛性。」

問：「六祖說的善惡不思量，就可以明心見性，我現在善惡不思量，爲甚麼不會明心見性？」

答：「六祖說：『善惡不思量，正與麼時，阿那箇是明上座本來面目？』六祖的意思是要他在善惡不思量的地方下疑情參究，便會見本來面目。你如果衹管善惡不思量，没有向前參究，那會明心見性？」

問：「佛性無生，佛性從甚麼地方來？佛性是從無生來，我們用功的時候，起念是衆生，將念頭斷了不生，便是無生的佛性。這樣用功合不合禪宗的修法？」

答：「佛性是如如不動的，本來無生故無滅，照你的解釋，則佛性變爲有生有滅了。照你這樣子用功，好像是老子的『天下萬物生於有，有生於無』、周濂溪的『無極生太極』，『無生有，有生無』是輪迴的，學佛是要超出輪迴，那會再輪迴流轉？這樣用功是小乘、二乘、理學家，不合禪宗的道理。你所說的無生，就是禪宗講的無明窠臼，你用念頭向無生的地方下疑情去看，單刀直入的將無始無明打破，便會見佛性。見佛性便是證無生法忍，無生法忍的解釋是佛性如如不動、不生不滅、萬象莊嚴、萬德圓滿，將宇宙萬物統統變爲佛性。」

問：「我年紀已老大，倘修參禪法門恐趕不及了，我現修念佛淨土法門，每天用功念佛爲正，讀誦大乘經典爲輔助。我不求今生來生得福報，我每天發願求生西方極樂世界淨土。我自問平生未嘗犯過大過，前生的過失我是不知道的，恐臨命終時八苦交加，昏迷失覺，能不能生西方？」

答：「修淨土法門，乃閑時修好以備臨時用的。譬比我們出門在外，我們很掛念父母，父母亦很掛念我們，我們要回家時，先打個電報回去，我們的父母便先把住屋收拾好，我們一到家便有地方安住。臨命終八苦交加，今生沒有過失，前生的過失可以將後報改爲現報，重報改爲輕報。念佛是因，生西方是果，閑時種下因，臨命終時自可得果，你不必怕，一定可以生西方的。」

問：「我在高旻寺住禪堂，有一天打坐的時候，身心妄念已斷盡，忽然看見一道白光，大概有二分鐘的時間白光才消散，後來眼光能看見隔牆的東西；有一次過河將鞋脫了涉水而渡，被水沖去五里遠沒有淹死，幸遇人救起；有一次有一石頭重六百斤，我兩手提起毫不費力；有一次打坐入定七天，不喫東西；又一次，是二十一日不喫飯。看見白光是不是悟道？這樣的境界算不算神通？」

答：「你現在眼睛能不能看見牆外的東西，能不能七天不喫飯，能不能抱起六百斤的石頭呢？」

云：「現在不能了。」

答：「我們參禪悟道是求明心見性了生脫死，佛性中本來具有五眼六通，不假外求。五眼六通的解釋，以前講開示時已說過，現在不必講。六祖所說的入定，是妙湛圓寂，體用如如，五陰本空，六塵非有，不出不入，不定不亂，禪性不住，離住禪寂，禪性無生，離生禪想，心如虛空，亦無虛空之量。（語見《壇經》）假如見性之後，自性是如如不動的，行住坐臥、穿衣喫飯，一切應酬都在定中。古時有一祕傳方法，每日喝蜂蜜水一杯，或喝鹽水一杯，可以七天不喫飯，你是佛子，何以學此外道邪魔？假是汝有此魔術，亦是佛所呵斥，顯異惑衆，誑騙世人，是佛法中賊。這話是出自《四分律》。況且你現在是不能做到的！你應將此種境界思想統統拋下東洋大海去，還是好好的用功。身心滅時不要斷思想，再往前看，機緣一至囫的一聲，無始無明打破，便會明心見性。佛性是大定，沒有出入，佛性是本來具足五眼六通，妙用無窮，不消往外求。」僧聽師言，感激流涕，禮謝而去。

問：「我們念佛求生西方極樂世界，西方怎麼會容納這麼多人，西方人念佛，又求生那箇世界？」

答：「西方極樂世界譬喻一學堂，阿彌陀佛譬喻是教授，在外面讀書成功的，就用不著進學堂。在外面讀書的人，譬如在娑婆世界明心見性，生常寂光淨土無所不在，用不著再生西方。假如在這娑婆世界未明心見性，怕臨終時墮落，故念佛求進西方學堂，得阿彌陀佛教導，明心見性就生常寂光淨土。這學堂的人一批已經成功畢業，另一批又進來，永遠不會容納不下來。東方人求生西方，在西方不念佛、聽經參禪，修到明心見性便是畢業，便是常寂光淨土。凡聖同居土、方便有餘土、實報莊嚴土，這三種淨土是報身淨土，是分證，指用的階級；常寂光淨土是法身淨土，是滿證，指明心見性，十方世界皆是淨土。西方淨土是依報淨土，阿彌陀佛是依報彌陀；常寂光淨土是正報淨土，本來佛性是自性彌陀。」

問：「我們學佛修行的宗旨，是在離苦得樂。我參禪用功是參玄關一竅，玄關一竅的修法，是將六根歸一念，一念觀想印堂，使心不散亂，功夫既深，將來死後可以生在天上，天上有一無極老母，我們依賴無極老母，得到萬分自在快樂。無極老母是能生天、生人、生萬物，與生西方依賴阿彌陀佛得快樂是一樣的修。玄關一竅心法是六祖傳下來的，請問法師這樣修是不是禪宗的道理？」

答：「你是人，應說人話，你若要學佛，應說佛話，天話、神話太過複雜。說天神最早的要算印度婆羅門，婆羅門教修冥想祈禱，亦是希望死後能生梵天；後來耶穌教亦是說上帝能創造天地萬物；回教亦說天上有箇阿拉真神，亦是能生天地萬物；老子《道德經》没有說過天上有神，後來漢朝張道陵纔創造天上有箇玉皇大帝；孔子向不談神怪。你說天上有無極老母，佛經、道經都没有此說，此是康熙年間四川的外道創造出來的。先天道說我們最初在天上，與無極老母在一處，是很快樂的，因爲六根動了，便墮落人間火宅，將六根收歸一念，說爲修玄關一竅，將來死後復生天上享受快樂。你最初生在天上，後來墮落人間，修道再生上天，六根再動又會再墮落人間，來來去去不是有輪迴嗎？說玄關一竅是六祖傳下來的更是亂話，佛家小乘還比它高尚。修玄關一竅的，把六賊關在肚裏，時候久了會發狂病，你千萬不要迷信它。先天道說五祖傳六祖，六祖永不傳，所以傳給居士。其實六祖不傳的是衣鉢，六祖門下明心見性的有百餘人，《傳燈錄》所載明心見性的祖師很多，並無玄關一竅的修法。生在西方之樂與生天之樂不同，生西方還要再用功，以至明心見性爲止，你還是老老實實修念佛法門，一定不會走錯路的。離苦得樂，苦樂是相對的，是腦筋的作用，甲說是樂，乙說是苦，真正的快樂，是絕對的佛性常樂我淨，佛性中覓苦樂了不可得，纔是真正快樂。」

問：「我用功時觀世界身心統統是假的、空的，我離開空與假，將念頭停在空假的中間。這樣用功合不合禪宗的修法？」

答：「這樣用功不合禪宗修法。你將念頭停在中間，中間不是佛性，你再將念頭停在中間的一念，單刀直入的往前看去，打破無明窠臼，纔能看見本來佛性，這樣纔是禪宗用功的方法。中因邊有，是相對的，佛性是絕對的。」

問：「我向來修唯識觀，我們阿賴耶識裏面所藏的智與識，我用白豆與黑豆譬比，白豆譬比智，黑豆譬比識，智的力量強，則將識變爲智；識的力量強，則將智變爲識。白豆多過黑豆，便是智的力量強；黑豆多過白豆，便是識的力量強。智薰識，識薰智，功夫用得多，便是白豆多於黑豆；功夫用得少，又覺黑豆多於白豆。這樣合不合禪宗的修法？」

答：「汝如此用功，永劫不能見佛性的。阿賴耶識所藏的智與識種子，無量劫以來就有的，就是你完全將識變爲智，此智不是佛性。佛性的法界體性智是沒有變遷的，不會受薰染的，你既然發願學佛，目的便在了生脫死不受後有，要見法界體性智纔是究竟的目的。法界體性智便是佛性，禪宗所言本來面目，要用前五識轉意識，意識轉末那識，末那識轉阿賴耶識，阿賴耶識轉菴末羅識（即白淨識，禪宗所說的無明窠臼），菴末羅識囫的一破，便可以看見法界體性智。法界體性智的妙用一轉，將阿賴耶識轉爲大圓鏡智，末那識轉爲平等性智，意識轉爲妙觀察智，前五識轉爲成所作智，這樣一轉則永久是智，不會再變爲識，這樣用功纔合正法。照你那樣修法，忽而智忽而識，輾轉反覆無有了期，那能達到究竟佛智境界？智的名字雖有五性，但其體不外佛性而已。」

問：「佛字是覺的意義，祇要我們的心中時時覺悟不迷，便是明心見性。這樣合不合禪宗的用功方法？」

答：「佛之覺義是大覺，是絕對的覺，迷悟了不可得；你說的覺乃是見聞覺知的覺，是腦筋作用，是相對的。你天天要覺是用腦筋來支持，這樣用功永不能明心見性。你用覺照的思想，單刀直入往前看去，時候久了無明窠臼一破，便可看見佛性。見佛性後，腦筋中之覺或迷皆變為佛性，故維摩詰居士說：『法離見聞覺知，若行見聞覺知，非求法也。』」

問：「我用功是行住坐臥、一切應酬皆不執著，譬如喫飯不要執著喫飯，穿衣不要執著穿衣，說話不要執著說話，一切應酬不要執著應酬，這樣就是得大解脫。佛說破執著，我這樣不執著是不是明心見性？合不合禪宗的道理？」

答：「佛說破執著，乃破小乘修四諦執著有，是化城不是寶所，鼓勵他修二乘；佛又破二乘，不執著修十二因緣，落空執，是暫時方便，未能見性，須修大乘六度，方能明心見性。佛說破執著，乃教小乘二乘不執著我執、法執、空執，並非要他腦筋裏不執著。你說的不執著，就是『執著不執著』，你不執著分別，怎麼會認得穿衣、說話、喫飯？總而言之，你所說的不執著，皆是見聞覺知作用。本來佛性，生死有無、種種名相，皆不能立足，這樣纔是真正的不執著。黃檗禪師說：『終日喫飯，未曾喫著一粒米；終日穿衣，未曾披著一根紗；終日走路，未曾踏著半寸地。』這樣子纔可以說得大解脫。要明心見性後，佛性將一切執著、不執著的思想，統統變爲佛性，纔能說出這種話。佛性纔是真正的不執著，見聞覺知是有執著的，祇要你明心見性後，一切行住坐臥皆是佛性妙用，你不必要它不執著，它自然是不執著。你將不執著的念頭不要斷了，下疑情單刀直入的往前看去，行住坐臥不要間斷，機緣成熟無明窠臼囫的破了，便看見本來佛性，看見佛性後便是得大解脫、不執著了。」

問：「我用功參禪，時時不離這箇，這箇是指話頭，如參『念佛是誰』，我一天行住坐臥不離這句『念佛是誰』，怎麼用功好幾年還不明心見性？」

答：「你這樣用功是念話頭，不是參話頭，話頭要向心內去參，不是口念便會明心見性。本來佛性，本來是佛，不會念佛，你用念話頭的思想，向本來是佛不會念佛的地方直往前看，行住坐臥不要間斷，一旦無明窠臼打破，便可明心見性。」

問：「我參禪用功時，參『萬法歸一，一歸何處』，將萬念收歸一心，此一念昭靈不昧，是不是明心見性？」

答：「萬念從見聞覺知生，你將萬念收歸一念，此一念亦是見聞覺知，與本來佛性了不相干。『萬法歸一，一歸何處』的意思，是佛性萬德圓滿無所不在，佛性妙用能將宇宙萬有統統變爲佛性，你要用『萬法歸一』的那一念再向前看，不要間斷，機緣一至無明窠臼一破，便可看見本來佛性。明心見性後，如人飲水，冷暖自知，你自家便知道。」

問：「我用功參禪的話頭是『講經的是誰』，我認爲講經說法是用妄念的六根講，聽亦是用妄念的六根聽，若將六根斷了，講的不會講，聽的不會聽，是不是明心見性？」

答：「六根從見聞覺知來的，六根永不能斷；如明心見性，則六根變爲我們的應身。六根斷了又會起，斷不了的。你不要斷六根，用斷六根的一念去參究本來面目，根本沒有六根，亦不用斷他，這樣用功纔合禪宗修法。照你那樣做法，是小乘方法，不能得究竟解脫。」

問：「我參『父母未生以前，如何是本來面目』的話頭，我覺得父母未生以前是清清淨淨的，因爲妄念纔來投胎，如將妄念斷了，便可回復以前清淨的本來面目。這樣合不合禪宗的道理？」

答：「父母未生以前不是本來面目，是中陰身，一念不覺纔來投胎出世，如本來面目會投胎，那就是佛性有輪迴、不究竟了。你將妄念斷了，到清清淨淨境界，你再起一念向這境界往前看去，看到山窮水盡，無明窠臼一破，便是本來面目。本來面目不起妄念，妄念從見聞覺知起，你若看見本來面目，則見聞覺知亦變為本來面目了，這樣纔叫做明心見性。」

問：「我用功是依《大般若經》，《大般若經》說：『見無所見即真見，知無所知即真知，一切智慧清淨，無二無別，無二分，無別斷故。』我照這樣用功，我認為行住坐臥、二六時中、一切應酬，見時不分別所見，知道不分別知道，心離知，思想不用斷盡，祇須不加分別。這樣是不是明心見性？合不合禪宗的道理？」

答：「你太過蠢笨了！《般若經》這幾句話，是明心見性過來人的話，從般若智慧中發揮出來的話。『見無所見即真見』，是說由佛性看見宇宙萬物皆是佛性，起心動念的思想統統是佛性；『一切智慧清淨，無二無別，無二分，無別斷故』，是指明心見性後，起心動念皆不離佛性；『一切無二無別，不斷妄念』，這話是明心見性纔能說的，經的意思是宇宙萬物皆是智慧，起心動念皆是智慧。經中說：『一切色無邊，般若亦無邊。』般若華言智慧。你那樣用功，分別與不分別皆是見聞覺知作用，與佛性不相干。若不分別，那能穿衣喫飯？照你這樣用功，萬劫不能見佛性。你將不分別的念頭，改爲今生定要見般若佛性，直往前進看去，因緣時至無明窠臼一破，你便可看見本來佛性的般若，便知道甚麼是『見無所見即真見，知無所知即真知』的道理。」

問：「我在終南山住了四十多年，我用功是已生是妄念，未生是佛性真心，我一天起念動念歷歷分明，我念不起是寂而常照，我一動念是照而常寂，亦是歷歷分明的。這樣用功合不合禪宗的修法？」

答：「你是多年上座老尊宿，汝這樣用功實是大錯。你將見聞覺知的業識認爲是佛性，佛性如如不動，那會起妄念？你不起念是寂而常照、歷歷分明的，起念是照而常寂，亦是歷歷分明的，這些作用與佛性了不相干。你是認賊爲子，佛所說：『如是等輩可爲憐愍。』你將歷歷分明的念頭，明白我們佛性被無明窠臼遮障，將念頭往無明窠臼看去，因緣時至無明窠臼一破，便見本來佛性。看見佛性之後，起念動念，寂而常照，照而常寂，皆是佛性，不消再加分別了。」

問：「古人云：『識取自心本來是佛，不假修持，不屬頓漸，萬德圓滿，體自如如。』我曾照這意思來用功，但使一念不起，便是本來佛性，不再假修持。這樣是不是明心見性？」

答：「古人所說的話，乃明心見性後的話，未悟以前，不能用思想來揣摩。你認一念不起，即是如如佛性，但一念不起乃是暫時的，並非佛性，你仍要起一正念，向不起念的地方直下看取，看到功夫純熟，無始無明囮的一破，便見如如佛性，便知自心本來是佛，不假修持、不屬頓漸、萬德圓滿的境界了。」

問：「我用功時晚上不倒單，到下半夜四點鐘一定要打瞌睡。白天用功，是照古人所說『不怕妄起，祇怕覺遲』的方法，時時刻刻照顧著念頭，念頭迷了便趕快把它提起。這樣用功合不合禪宗的方法？」

答：「妄念是見聞覺知起的，你要覺悟亦是用見聞覺知，所以迷和悟不外是見聞覺知的作用，不出見聞覺知的範圍，與佛性無干，本來佛性中是無所謂迷和覺的。你將『不怕妄起，祇怕覺遲』的念頭，迫著去看，看到山窮水盡，見到本來佛性，便明覺迷了不相干，起念滅念無非佛性作用了。不倒單對身體不好，還是睡熟一覺，精神好纔好用功。」

問：「我用功是照《楞嚴經》中所說：『知見立知，即無明本；知見無見，斯即涅槃。』我照這幾句話用功，以爲『知見立知』是我們印象在腦筋裏頭播下種子，便是無明根本；『知見無見』是我們的心好像一面鏡子一樣，東西印上去不會著迹，不要住，便是涅槃。」

答：「《楞嚴經》『知見立知，即無明本』，是說我們未明心見性，一切都是見聞覺知做主，一切知見建立皆是無明根本；『知見無見，斯是涅槃』，是說明心見性後，佛性做主，佛性做主，則將見聞覺知、一切知見皆變爲佛性。經云：『見無所見即真見，知無所見即真知。』你用功不住、不執著，你要不住、不執著，便是住、便是執著，祇要明心見性後，住、執著皆是佛性。除開木人，纔是不執著，所以執著不執著，與成佛無關，是外行話。你將不執著、不住的念頭，專一的直下看去，功夫一到，你看見了佛性，便會明白一切知見皆是佛性。」

問：「我覺得人生在世，做善事並不是要求好報，我做善事不存我相、人相、衆生相，這樣子算不算明心見性？」

答：「《華嚴經》云：『忘失菩提心，修諸善法，是爲魔業。』你做善事不望好報，不算明心見性。你單做善事，是人生應該的事，善得善報，不離因果。佛性中不見善惡，了不可得，要見佛性纔算是明心見性。你不求明心見性而專做善事，不能了生脫死，你將專做善事的念頭，迴光返照直下看去，看見本來佛性，纔算了生脫死。」

問：「我用功是《涅槃經》中所說：『諸行無常，是生滅法，生滅滅已，寂滅爲樂。』我用功的時候，覺得世界宇宙萬物皆是生生滅滅的，如將思想斷盡不起，則一切皆不生滅，便是寂滅爲樂。這樣用功合不合禪宗的方法？」

答：「『諸行無常，是生滅法』，是指未明心見性的人，一切皆由見聞覺知做主，佛性被無明遮障，所以纔有生生死死、死死生生的；『生滅滅已』，是說將無明窠臼打破，看見佛性；『寂滅爲樂』，是說看見佛性後，一切皆變爲佛性，不生不滅，不動不靜，無非佛性。照你那樣用功，一時是生滅，一時是寂滅，反覆輪迴無有了期，萬劫不能見佛性。你將滅念的念頭，仍起一正念向內直下看去，無明窠臼一破，便可看見寂滅的佛性，便知佛性是不生不滅的，這樣纔算禪宗的用功方法。」

問：「我用功是修迴光返照，我起念返照念，是從意根起的，清清楚楚的用意根去觀察，不要迷昧，便認得起念覺悟的地方，我們起念動念、是覺是迷，都看得清清楚楚的。這樣合不合禪宗的修法？」

答：「起念是見聞覺知起的，迴光返照亦是見聞覺知作用，你用意根觀察覺迷，無非見聞覺知範圍，佛性是如如不動的，覺迷與佛性了不相干。你將迴光返照覺迷的念頭直下看去，無明窠臼一破，便可看見佛性，便知覺迷了不相干。」

問：「我用功是將『妙有真空，真空妙有』兩句來用功，小乘人是落於有，二乘人是落空，我認爲佛性說是有又是空，說是空又是有，亦不能說是空，亦不能說是有，是非空非有的中道。這樣合不合禪宗的道理？」

答：「你這樣用功，萬劫不能見性。空、有是見聞覺知腦筋的作用，你這樣說法，是雙關不究竟的話，好像老子『恍兮惚兮，其中有精』的道理一樣。佛性是本來現成的，妙有真空、真空妙有於本來佛性了不相干，你認見聞覺知空有作用爲佛性。你將認妙有真空這一念直下看去，無明窠臼一破，一切皆是佛性，無所謂妙有真空。」

問：「我用功是照《華嚴經》中『一切法不生，一切法不滅，若能如是解，諸佛常現前』的道理來用功。我認爲宇宙萬象皆有生有滅的，若將思想斷了則不生不滅，便是佛性。這樣用功合不合禪宗的道理？」

答：「《華嚴經》所說的話是悟後的話，你若能見佛性，則諸佛與我無別。古人說：『非但我今獨達了，河沙諸佛體皆同。』你那樣子用功是錯誤的。思想斷是佛，思想起又是衆生，便是有輪迴，那樣用功是錯誤的。你不要斷念，起一正念向不生不滅的根源直下看去，無明窠臼一破，便見一切無非佛性，便是諸佛常現前了。」

問：「《楞嚴經》說：『若能轉物，即同如來。』我認爲宇宙人生統統被物所轉，所以有輪迴生滅，生滅是從妄念來，你若能轉妄念便能轉萬物，便是與如來一樣。我現在用功就是將最初起的一念，時時覺醒不讓它迷昧。這樣合不合禪宗的修行？」

答：「『若能轉物，即同如來』，這是悟後的話，佛性的光明一照，將見聞覺知、五蘊、六根、十二處、十八界、二十五有、三十七助道品、種種起心動念、塵勞門、山河大地、宇宙萬物，統統轉爲佛性了，經中纔說：『五蘊六塵皆是如來妙明真心。』宇宙山河皆是如來妙明真心。佛性纔能轉萬物，一轉便永久圓滿。你的轉物乃是用腦筋去轉，轉了又轉無有了期，不能見真如佛性。你可將轉萬物的念頭直下看去，無明窠臼一破，便見萬物與如來，無二亦無別。」

問：「『諸苦所因，貪欲爲本，若滅貪欲，便出苦輪。』我就是照這四句話來用功，貪欲是妄想來的，若將妄想斷盡便無貪欲，便可出苦輪了。我這樣用功合不合禪宗的道理？」

答：「這四句話是小乘用功的法門，因爲小乘人心中煩惱貪欲太多，所以佛告訴他們先除貪欲，這是化城不是寶所。你將滅貪欲的念不要斷它，直下看去，無明窠臼一破，看見佛性本體，便知佛性本來清淨，無有貪欲的。行菩薩道，欲望想衆生成佛，貪他衆生離苦海，這是正貪欲；貪名貪利的貪欲是不正貪欲。明心見性後，佛性本體一轉，貪欲亦是佛性。佛法中小乘與大乘是差之絲毫，隔之千里的，要照大乘的方法用功，纔能達到寶所。」

問：「佛教新宗之創立：我師　月老和尚所提出之各問題，如『佛性與靈性之分別』、『無始無明與一念無明之分別』、『大乘與中小乘之分別』、『眞妄之辨』等等，凡所解釋皆釋迦佛及歷代祖師思想之精華也。其數十年講經説法之重心，爲一人人可辦之、達到明心見性之修行法門，即『用六根任何一根打破無始無明見本來佛性』是也，此一法門乃釋迦佛在雪山四十九日所用之法門，亦即歷代祖師明心見性之法門也。自佛法入中國，睿聖之士聞道開悟，欲登佛地者不可指數，而明白指出修行法門，以我師爲第一人，其裨益來者，厥功偉矣！盱衡大乘各宗成立之過程，必以重要經典爲基礎，運用其思想組成一嚴密之系統，以修心用功爲經，以包羅法界萬象爲緯，互相統攝，圓融縝密，然後能爲教主臬，流傳於無窮，利益乎羣生。惟現傳大乘八宗，或系統完密而未能徹底（如天台宗），或教理透徹而組織空疏（如禪宗），現代人受科學之訓練，其腦筋已今非昔比，非簡單空疏之教理所能使其滿足。故欲弘揚佛教，使普及於全世界，非採集各宗之精華，配成完密整齊之系統創立『新宗』，無以達到此任務。大乘各宗中，其組織最爲完密、形成最爲整齊者，首推天台宗。天台宗以『一心三觀』爲修行法門，而以『三千三諦』包羅法界萬象，互相統攝，至爲縝密，故流傳至今仍能保持其地位。惟細加檢討，照天台宗方法以修，能否見性成佛，當屬疑問？其他各宗亦有所問題。禪宗悟道祖師，吾人確信其與佛平等無二，而文字尚且不立，何有系統組織之可言？古來參禪人士闇中摸索，白費功夫者十之八九，現代人腦筋不同，決不肯花無謂之代價。我師研究之心得乃屬於用功部份，其所形成之系統亦僅屬於修行法門，不肖擬繼承此思想之寶貴遺產，加以發揮擴大，使成爲『以修行爲經，以包羅萬象爲緯』之嚴密系統，則佛教『新宗』之成立，其或可庶幾也歟！」

答：「佛在世祇有四乘法門没有各宗，祇要修到明心見性就是了。」

問：「《心地觀經》裏面說：『三界之中，以心爲主，能觀心者，究竟解脫；不得觀者，永處纏縛。』我用功就是照這樣，我認爲三界是心爲主，故用觀心法門，解脫不能解脫全在妄念，我看妄念不起的時候，清清淨淨，祇有一心，這樣便是得解脫。我觀心的時候，就覺得已經解脫，但不觀的時候，就覺得有很多的纏縛，能多多的觀，便是多得解脫。這樣合不合禪宗的用功？」

答：「經中所說觀心，乃觀佛性真如妙心，觀的意思就是去修，修成纔能見，你那樣是觀見聞覺知，不是觀真如妙心。照你那樣觀的時候得解脫，不觀又是纏縛，循環反覆，歷萬劫不得其正解脫的。你將觀心解脫的一念向下直看，追著觀去，不單坐時觀，行住坐臥皆要觀，時候一到無明窠臼一破，看見本來佛性，永久得大解脫，不消再觀了。」

問：「我來求見佛性了脫生死！」

答：「佛性不假外求，假外求得的亦不是真，佛性要向內求，佛性本體現成沒有生死可了。你將向我求見佛性的一念，向你自家心內直下看去，因緣時至無明窠臼一破，便可看見佛性，如人飲水，冷暖自知，不消向外求。」

問：「我用功是『不怕起妄，祇怕覺遲』。體會現前之一念是覺是迷、知善知惡，將覺迷善惡之念斷了，是空無所有、心之本體。合禪宗的修法否？」

答：「不是，汝所問是王陽明的良知良能的學說。心中的覺迷，是對覺說迷，是相對的；佛性的大覺是絕對的，本來不迷，用不著去覺。絕對無輪迴生死，相對有輪迴生死。你所說的忽而迷忽而覺，有輪轉生死、爲善去惡，這樣不能見佛性，但可算你是箇好人。《華嚴經》中說：『忘失菩提心，修諸善法，是爲魔業。』」

再問：「如何方法纔能明心見性？」

答：「你將知覺知迷的念頭，向心之本體空無所有的地方直下看去，將空無所有看破，就可以見性。見佛性後，你所說的知覺知迷、知善知惡、起心動念一概都是佛性，見佛性以後譬如走路到家，以後就不用修了。」

問：「禪宗下轉語起於何時？」

答：「禪宗下轉語起於釋迦佛住世時。釋迦牟尼佛在靈山會上，拈梵天所獻的金波羅華以示八萬大衆，大衆惘然不能瞭解他的意思，大迦葉下一轉語，祇是大迦葉尊者怡然破顏微笑。世尊一日陞座，大衆雲集，迦葉下一轉語，迦葉白椎曰：『世尊說法竟。』下座。世尊一日陞座，大衆集定，文殊下一轉語，文殊白椎曰：『諦觀法王法，法王法如是。』世尊一日因文殊在門外立，乃曰：『文殊！何不入門來？』文殊下一轉語，文殊曰：『我不見一法在門外，何以教我入門？』」

問：「我用功是真空妙有，妙有真空，惺惺寂寂，寂寂惺惺，亦不執有，亦不執無，亦不執非有，亦不執非無，亦不起念，亦不斷念，似有非有，似無非無，起念動念不被外緣所轉。是禪宗的道理否？」

答：「不是，是老子的『道之爲物，惟恍惟惚，惚兮恍兮，其中有象；恍兮惚兮，其中有物；窈兮冥兮，其中有精』。不執有、不執無、不執非有、不執非無，是婆羅門的道理，完全是腦筋的作用，有生滅輪迴的，不是佛性。」

問：「怎樣用功纔合禪宗的道理？」

答：「汝將腦筋的作用一概取消，用一念直下看去，向非有非無的地方看去，將它打破可以見佛性，見性後你所問的一概是佛性。」

問：「我用功心中不執著一切相，不住一切相，對境無心。這樣用功是不是禪宗的道理？」

答：「不是，木頭人、石頭人根本就無人，根本就無相，根本就不執著一切相，對境無心，那麼怎麼不會成佛？你說的心中不執著一切相，就是執著一切相，不住一切相，就是執著一切相，對境無心，就是對境有心，你這些境界都是腦筋的分別，和明心見性是了不相干的。你若見到佛性，你所說的一概都是佛性；若未見佛性，所說的統統不是佛性。」

問：「怎麼樣用功纔合禪宗的道理？」

答：「你用眼根向內裏面去看，行住坐臥不要間斷，將無明窠臼打破，親見本來佛性，如人飲水，冷暖自知，以後執著、不執著，起心動念統統是佛性。」

問：「我用功是『前念已滅，後念不起，中間是』，叫做修『中道』。這樣是不是禪宗？」

答：「不是，你所說的是相對的，中因邊有，經中說的『中道』是代表佛性徧滿虛空中。《涅槃經》中說：『中道者，名爲佛性，不得第一義空，不行中道。』經中說的『中道』，是絕對的佛性，是悟後的話；你所說的『中道』是相對的，中因邊有，不是佛性。」

問：「怎樣用功纔合禪宗的道理？」

答：「你起一箇思想向空無所有、你說的中道那箇地方直下看去，行住坐臥不要間斷，無明窠臼的一破，親見本來佛性，就叫做得第一義空，就是行中道。這箇中道徧滿虛空，名爲佛性，以後再不用修了。」

問：「法師將來肉體死後，你去甚麼地方？」

答：「未見佛性，靈性作主，隨業流轉，古人云：『萬般將不去，唯有業隨身。』我已明心見佛性，佛性作主，我所在的叫常寂光法身淨土，亦名大般涅槃佛性。譬如太陽之光，虛空有多大，太陽的光充滿有多大，無所不在，永久無成壞。腦筋的見聞覺知、一念無明、眼耳鼻舌身意、起心動念，統統變爲佛性，佛性不來亦不去，不生亦不滅，徧滿虛空，充塞十方。」

問：「我用功是『知之一字，衆妙之門，知之一字，衆禍之門』。我現前之一念，一念悟念念悟，一念迷念念迷，一念佛念念佛。是禪宗的道理否？」

答：「不是，你所說的衆妙之門，是老子《道德經》的話，不是佛法。知悟知迷是相對的，知悟時忽而佛，知迷時忽而衆生，那麼成佛亦有輪迴。你所說的悟，是見聞覺知的靈性，不是佛性，佛性是絕對的，根本就沒有迷悟，用不著去知。」

問：「要怎樣用功纔合禪宗的修法？」

答：「你將知的一念，向空無所有無明窠臼那箇地方直下看去，無明看破得見本來佛性，如人飲水，冷暖自知，你的知悟知迷與不知，統統鎔化爲佛性。」

問：「我用功是放達不拘，一切不辨爲解脫，成佛做衆生、菩提煩惱、生死涅槃、是是非非，一概不辨爲解脫。這樣是不是禪宗的道理？」

答：「不是，你所說的是莊子《南華真經》的『呼我爲馬者，應之以馬；呼我爲牛者，應之以牛』的道理。你辨與不辨，對於佛性是了不相干的，你知道不辨就是辨。你不辨是佛，你辨是衆生，那麼忽而佛，忽而衆生。」

再問：「如何用功纔合禪宗的修法？」

答：「你將不辨的那一念，向空無所有的無明窠臼那箇地方直下看去，行住坐臥不要間斷，因緣時至囫的無明看破，親見本來佛性。未見佛性以前，見聞覺知靈性作主人，有生死輪迴；見佛性後，佛性作主人，無生死輪迴，佛性將靈性辨與不辨的思想，統統鎔化爲佛性。」

問：「我用功是放心，諸佛衆生、菩提涅槃、生死煩惱，一概放下不過問，心生種種法生，心放種種法滅。是合禪宗用功否？」

答：「不是，你說的『放心』是孟子的學說，不是佛法；放心一概是空無所有，不是佛性；放心是滅，不放心是生，是生滅法，佛性是不生不滅的。」

再問：「要怎樣用功纔合禪宗的修法？」

答：「你起一念向放心那箇地方直下看去，將空無所有的無明窠臼打破，親見本來佛性，以後放心不放心，一概都是佛性。」

問：「我將佛性比作一面鏡子，妄念比作灰塵，我們不能見佛性是被妄念遮障，我們慢慢的用功，斷一分妄念，見一分佛性，譬喻去一分灰塵，見一分鏡子，灰塵去盡鏡子光明出現，妄念斷盡佛性光明出現。是禪宗的道理否？」

答：「不是，如妄念從外邊來，與你不相干，又何必去斷？如妄念是從裏面生出來的，譬喻龍潭出水的水源，時時有水生出來的，斷了又生，是永久不能斷的。修行斷妄念，這箇道理實在不通。古人云：『王道不外乎人情。』佛法亦不外乎人情。你將鏡子譬喻佛性，被你比錯了，佛性不會起妄念，起妄念是見聞覺知腦筋的靈性，鏡子比見聞覺知靈性，不能比佛性。你說的道理是老子的道理，《道德經》中說：『道生一，一生二，二生三，三生萬物，萬物負陰而抱陽。』由陰陽萬物返歸三二一，返起又起返是有輪迴的。」

再問：「要怎樣用功纔合禪宗的道理？」

答：「汝不要斷妄念，用妄念直下看去，將無明窠臼看破，就可以明心見性。」

問：「我先斷妄念，妄念愈斷愈多，慢慢的妄念減少祇有一念，將此一念放下，身心空無所有，覓妄念了不可得。是禪宗的道理否？」

答：「不是，是老子的『無能生有』的道理，是莊子『坐忘』的道理，是二乘『斷一念無明』的道理，是陳白沙『清淨爲門戶，虛無爲基本』的道理，是叔本華『現象本體』的道理，是『生滅輪迴』的道理。如果妄念起是生，妄念斷是滅，妄念斷佛性出現，妄念起佛性不出現，斷妄念是佛，不斷妄念是衆生，不就忽而是佛，忽而是衆生了？」

再問：「要怎樣用功纔合禪宗的道理？」

答：「汝千萬不要斷妄念，用眼根的妄念向空無所有地方直下看去，行住坐臥不要間斷，因緣時至囫的一聲，將空無所有打破，方見本來的佛性無始無終。空無所有是無始有終，空無所有就是禪宗說的『無明窠臼』、經中說的『無始無明』、臨濟祖師說的『湛湛無明，黑闇深坑，實可怖畏』。見佛性後，六根、六塵、一切妄念皆變爲佛性，以後就不用修了。」

問：「法師將來身死後，弟子要不要念經念佛超度法師？」

答：「本來佛性徧滿虛空，就是法身淨土。假如未曾明心見性，念經念佛超度往生西方報身淨土，再修明心見性的法門，方能生常寂光法身淨土；我是明心見性，生法身淨土，我肉體死後，用不著念經念佛放燄口種種功德超度本來的佛性。見性是功，平等是德，千萬不用超度我的肉體，好比使用的物件，活在世用著它，死了放棄不用，千萬不要用世俗啼哭、開弔、穿孝服等方式來超度我。」

問：「世界上科學、哲學、唯心的、唯物的一切的學說，都可以用腦筋測度，請法師將佛性告知我們，我們也可以將佛性測度辯論。」

答：「佛法不比哲學，如周濂溪的『無極太極』、老子的『無能生有』、莊子的『坐忘』、陳白沙的『清淨爲門戶，虛無爲基本』、叔本華的『現象與本體』、小乘的『四諦』、中乘的『十二因緣』、婆羅門的四句『有，無，非有非無，亦有亦無』、孟子的『放心』，這些道理都可以用腦筋測度，當下就可以看見，統統都可以告訴你的。惟有佛法大乘的明心見性，祇能告訴你修的路子，要你自己去修到明心見性，然後你纔知道的。你沒有明心見性，我將佛性告知你，你也不知道的，一定要明心見性纔能知道的，否則我說的是我的，與你不相干。故《圓覺經》中說：『未出輪迴而辨圓覺，彼圓覺性即同流轉，若免輪迴無有是處；以有思惟心測度如來圓覺境界，如取螢火燒須彌山，終不能著；以輪迴心生輪迴見，入於如來大寂滅海，終不能至。』未曾明心見性，用腦筋測度解釋佛性，祇能解釋到經中說的『無始無明』、禪宗說的『無明窠臼』、六祖說的『無記空』、臨濟祖師說的『湛湛無明，黑闇深坑，實可怖畏』的境界。佛住世時明心見性和講經說法是在一齊的，不過我們中國的佛法，講經著書的多半不是明心見性的，明心見性的多半不講經著書。」

問：「生在極樂世界修行，是修參禪法門或是修念佛法門？」

答：「修念佛法門就是叫做轉經行道，因自己的年紀太大了，恐參禪達不到明心見性的目的壽命就完了，恐怕墮落，祇好求生在極樂世界再去修，故爾叫做轉經行道。修念佛法門目的在求生極樂世界，在西方不念佛，是專門修參禪法門，修到明心見性證法身淨土爲目的。如《大彌陀經》說：『有在地講經者，有在地聽經者，有在地參禪者。』」

問：「小乘斷六根、二乘斷一念無明，與外道斷妄念有甚麼分別？」

答：「小乘、二乘斷六根一念無明，不過是暫時斷，不是永久斷，人非木石，豈能永久斷？釋迦佛未曾說過永久斷，是暫時斷，外道斷妄念是永久斷。釋迦佛叫小乘、二乘人斷的不是佛性，不過是暫時設化城，要修大乘纔能明心見性的，見性後纔算入寶所，三乘的道理，即設化城引入寶所。」

問：「我父母的遺物，我想拿來變賣了，用這錢印經，將此功德度我的父母往生極樂世界，可以不可以？」

答：「可以的。從前宋時有蘇東坡，曾將父母遺物變賣後印經書，我將他的經過說給爾知：翰林學士蘇軾，乃捨其母遺簪珥，彩畫淨土佛像以薦父母之冥福，並作頌讚之曰：『佛以大圓覺，充滿河沙海，我以顛倒想，出沒死生中。云何以一念，得生往淨土？我造無始業，本往一念生。既從一念生，還從一念滅，生滅滅盡處，則我與佛同。如投水海中，如風中鼓橐，雖有大聖智，亦不能分別。願我先父母，與一切衆生，在處爲西方，所遇皆極樂，人人無量壽，無往亦無來。』

問：「我用功是照《華嚴經》裏邊說的：『若人欲知佛境界，當淨其意如虛空。』用功時迴光返照，將我意根打掃乾淨盡，一念不染，清淨如同虛空一樣，可是最多二十分鐘以後，思想又起染緣。我自己想，如果能多多用功，把時間拉長，便可得大定。這樣用功合不合禪宗的修法？」

答：「《華嚴經》這兩句話，乃明心見性後的話。諸佛境界乃佛性徧滿虛空，佛性光明一照，見聞覺知亦徧滿虛空。《圓覺經》說：『六根徧滿法界，見聞覺知徧滿法界，當知佛性徧滿法界。』你那樣用功乃認見聞覺知爲佛性，念淨時同虛空，念染時又不同虛空，佛性本體本來徧滿虛空，染淨是兩頭話，與佛性了不相干。你將淨意根的念頭直下看去，無始窠臼一破，便看見本來佛性徧滿虛空、無淨無染，然後再去看《華嚴經》，則經上的道理你統統都能瞭解。」

問：「『若人欲了知，三世一切佛，應觀法界性，一切唯心造。』我就是照這四句話來用功。『一切唯心造』就是十法界中皆是一心所造，這一念如覺悟不迷就是成佛了。打坐的時間覺悟十多分鐘，覺得妄念很多，並且有時小時候的事情統統會想起來。我總覺得用的功夫不夠，能再多多用功，使整天覺而不迷，便可明心見性。這樣用功與參禪方法合不合？」

答：「《華嚴經》所說：『應觀法界性，一切唯心造』。你要去用功打破無明窠臼見佛性，纔能成佛。你的所謂覺，乃是知覺的覺，不是佛性的大覺，跟佛性了不相干。你將知覺的一念，向你覺悟的地方直下看去，看到一無所有再往下看，因緣時至無明窠臼一破，一覺永覺，纔是大覺，纔知道法界性是甚麼。」

問：「我修法界觀：『理無礙、事無礙、事理無礙、事事無礙。』事礙、理礙、事理礙、事事礙，皆是由思想來的，我們如能事理融通，不執著一切，便是圓融無礙了，這樣用功便是法界觀。這樣用功與禪宗用功是否相同？」

答：「修法界觀是觀一真法界，一真法界即常寂光淨土，徧滿十方，就是佛性，能見一真法界，纔能得理事等四無礙；如果沒有見一真法界，用腦筋去辨別，就是做到不執著一切，還是不離腦筋範圍，不能見一真法界。參禪用功是打破無始無明，見本來佛性，便是見一真法界，所以要能見到一真法界，仍是先要打破無始無明的。」

念佛用功

問：「念阿彌陀佛一聲，念佛之念是正念？是妄念？如我解釋是妄念，一念一動皆是妄念。但妄念分爲兩種，即正念與不正念，正念也妄，不正念也妄。念佛之念是妄念的正念，參禪亦妄念之正念，若將一念無明斷了，等於死人一樣，根本就不能念佛，就不能參禪。因一念妄念起，就分爲眼、耳、鼻、舌、身、意六根，如念佛是舌根，參禪是意根。是否？」

答：「不錯。」

問：「有一人來問我念佛的淨土法門，是修頓教？是修漸教？是修大乘？是修中乘？是修小乘？我答云：『念佛的淨土法門，不是修頓教，不是修漸教，不是修大乘，不是修中乘，不是修小乘。念佛淨土法門是教我們修到淨土的一股路，如念阿彌陀佛到了西方淨土，見佛後聞說修的法門，然後再修明心見性的法門，如頓教、漸教、大乘、中乘、小乘，隨修一法，或由小到大，或由漸入頓。如念藥師佛到了東方淨土，見佛後聞法修行如同西方淨土，在東西方淨土明心見性後，即證法身常寂光淨土，偏滿十方無所不在。』是否？」

答：「如是。」

問：「祖師語錄中，自迦葉、阿難、馬鳴、龍樹、達摩、五祖、六祖、百丈、馬祖等千百人皆是證道的人，未曾說過我是某人化身、某人應世種種的神話，或說我死了生於東方西方。」

又問：「假如有一人證道後，發願生西方或東方否？」

答：「自古及今悟道的人，當下見自性，自性偏滿十方淨土，自性偏滿虛空，淨土亦偏滿虛空，東南西北、四維上下、十方世界都在自性之內，都在淨土之內，這箇淨土是指法身淨土，叫常寂光淨土。我今設一譬喻：喻如中國，北平如西方世界淨土，南京如東方世界淨土，西方東方之淨土叫做報身淨土，報身淨土者是私有的，如同娑婆世界是業報之穢土，痛苦甚多，西方東方及他方淨報之淨土無痛苦。淨報之淨土亦非法身真淨土，在淨報之淨土修到見性之後，自性法身始生法身淨土。法身淨土喻如太陽，太陽一照則十方世界皆見，故見性後則生東生西盡成兩頭話，兩不相干了。娑婆世界、東方西方、他方世界中，有見自性者，其所證的法身淨土乃是一般無二的。淨土分爲四種：常寂光淨土，如太陽之光，徧滿虛空，十方世界皆有，是真淨土，又叫法身淨土；凡聖同居土、方便有餘土、實報莊嚴土這三種淨土是報身淨土，是淨報報身得來，如同我們這箇娑婆世界，是業報得來的穢土一樣，我們這箇穢土是假的，那三箇報身淨土亦是假的，那三箇淨土東方西方十方世界皆有。四種者，一真三假。假如見自性後，則不受後有，所言某人化身、某人應世，乃是世俗謬說神話，一人說假，萬人傳真也。」

問：「祖師語錄參禪就參禪，並無又參禪又念佛之說，後人倒亂是非。如中峯禪師參高峯禪師，悟道後隨機說法，喜參禪者教彼參禪，喜念佛者亦隨機闡揚淨土，其本人並未修淨土，語在《中峯廣錄》中。如蓮池大師先修禪，因未悟，其臨終之遺囑言我實未悟，因到北京參徧融禪師後改修淨土，語在《雲棲法彙》。」

答：「以上之辨問不錯。」

問：「阿難是佛小弟，爲何仗佛的光明不能快得悟道？羅睺羅是佛的兒子，爲何仗佛的光明不能快得悟道？是否自度或佛度？」

又問：「在這箇世界修見佛性後，與在極樂世界修見佛性後，是一樣或是兩樣？」

答：「佛祇能開示你修行的法子，如古人云：『我說法要如彼天澤，汝學般若如下種子。』佛說經典、祖師開示，皆是法要，有種天不雨不生，天澤無種亦不生，是自度非佛度。我們在這箇世界見佛性，與極樂世界見佛性是一樣，非兩樣。」

問：「淨土世界但指西方有，東方及他方有沒有？」

又問：「他方有淨土，我們的世界有沒有淨土？」

又問：「西方見性，生不生淨土？西方淨土與在西方見性生的淨土有何差別？又修淨土，仗彌陀的力量開示指導，見《無量壽經》中，有參禪者、有聽講者，參禪聽講還是自修，彌陀佛無非是指導開示。如《無量壽經》中說，還有一日夜者、或七日七夜者、一劫七劫十二劫者，方能見佛聞法。人間一百年為西方一晝夜。」

又問：「如我的見解，在娑婆世界修行亦可說仗釋迦佛的經典、祖師的開示，阿彌陀佛、釋迦佛與悟道的祖師說的法無非教人明心見性，佛法是一樣不是兩樣的。在娑婆世界修行，假若未見佛性的，依《華嚴經》、祖師語錄中說，種下種子，如天下雨必定生長，發願來生生善知識家，早聞佛法明心見性。我今說一譬喻：如一母所生之子，有聰明、魯鈍，聰明者前生必是好人、讀書人，有宿根。古人云：

『書到今生讀已遲。』況種下佛法的種子？有夙根，來生決定不會迷昧。」

又問：「一千六百八十萬年爲一小劫，羅漢有入胎之迷，菩薩有出胎之迷。是否？」

答：「淨土分兩種，常寂光淨土是法身真淨土，充塞虛空，不分方向，不分彼此。至於西方東方及他方淨土爲報土，同居、方便、實報三種爲報身淨土，是假非真，在報土見性之後始生法身淨土。在西方修行仗阿彌陀佛的力量，如在此方修行仗釋迦佛的力量是一樣的，依《華嚴經》及祖師開示所言，照著去做便不錯。一千六百八十萬年是爲一小劫，但羅漢入胎迷，菩薩出胎迷，大乘經中無有，於理亦不合。」

問：「西方太好，我們去未免貪心太重。西方究竟有否？」

答：「因吾人生無非終日貪求好衣食住，西方種種勝過此地，我們一到心滿意足，種種貪求便無了，是戒我們不貪，非貪心。假如西方沒有，我們這箇娑婆世界也沒有。」

問：「西方淨土與《六祖壇經》所講淨土有何分別？西方淨土與維摩詰居士講的淨土有何分別？唯心淨土與唯物淨土有何分別？法身彌陀佛與報身彌陀佛有何分

別？依報淨土與正報淨土有何分別？」

答：「西方淨土是報身淨土，《壇經》所講乃法身淨土，維摩詰居士講的亦是法身淨土；唯心淨土亦法身淨土，唯物淨土乃報身淨土；法身彌陀佛指阿彌陀佛的自性，與諸佛自性及我們自性無異，報身彌陀佛指報身淨土的丈六金身；依報淨土是報身淨土，正報淨土是法身淨土。」

問：「我若用功，有時以眼根或意根去打破無始無明，將來若時機一至，便可破無明而見佛性。又有時修念佛，若用前法不能得因緣時至未得見性，即可以念佛生西。修行如此分兩方面，未知可否？」

答：「可。」

問：「生在西方還修不修？」

答：「還要修。《無量壽經》說：『有聽講經者，有參禪者。』在西方聽經參禪，由阿彌陀佛指導，亦如在此土修行由釋迦牟尼佛指導我們一樣，如佛涅槃後，有佛經典在、祖師語錄在。」

問：「修行明心見性證悟後，將來肉體死了，生東方淨土或西方淨土？如釋迦佛、達摩、六祖、百丈、臨濟、馬祖，古今證道人肉體死了，他們在甚麼地方？又在西方修行見性後，還生那一方？」

答：「見性後，自性徧滿十方充塞宇宙，既言十方，則東方西方皆在其內，自性所在之徧滿虛空，是常寂光淨土，即法身之真淨土；至於東方西方等乃報身淨土，即假淨土。報土者如我們娑婆世界穢報之不淨土，報土者有成住壞空，淨報穢報皆假，如西方淨土是阿彌陀佛四十八大願所成，如東方淨土是藥師佛十二大願所成，如我們娑婆穢土是我們衆生業力所成，有成必有壞，是相對的；常寂光淨土是絕對的，自性比太陽，太陽光明一照徧滿虛空，徧滿虛空比常寂光淨土，有自性即有常寂光淨土，有常寂光淨土即有自性，是一非二，是絕對的，不是相對的，無成無壞的。古今證道的人，見性後自性徧滿虛空，無所不在，還有甚麼地方分別？肉體死活與自性了不相干，在西方見性後，與在此土見性無二無別。」

問：「四種淨土？」

答：「一、常寂光淨土。二、實報莊嚴土。三、方便有餘土。四、凡聖同居土。常寂光淨土是法身淨土，即真淨土；其餘三種淨土是淨報所感，是假淨土。法身淨土徧十方，無方向；報身淨土不徧十方，有方向。」

問：「東方世界名琉璃滿月世界，佛名藥師佛。是否？出何經？彼處是否淨土？彼佛接引衆生往生否？假如接引，我們這箇世界有人發願往生否？」

答：「世界名滿月，佛名藥師，是出於《藥師經》。彼處是報身淨土，彼佛接引此土衆生往生，此土衆生亦有發願往生者。」

問：「釋迦佛、過去的祖師及我們一切衆生、阿彌陀佛、藥師佛的佛性，是一樣或是兩樣？」

答：「是一樣，不是兩樣。」

問：「參禪與念佛的分別？」

答：「《華嚴經》中說：『一切衆生皆有如來智慧德相，但以妄想執著迷昧不能證得。』故我佛如來說法四十九年，談經三百餘會，開示衆生悟入佛之知見，令衆生明白本有之自性。我佛如來爲一大事因緣出世，一大事者就是指令衆生明白本有之自性。經云：『惟此一事實，餘二則非真。』參禪者，親近善知識明白路徑，假如無善知識，看祖師悟道的書籍，照著去修就可以明白本有的自性；念佛者，在這箇世界不求明白自性，到淨土再去修，然後明白自性。」

問：「中峯禪師是否修淨土？」

答：「中峯禪師是參高峯禪師悟道，並未修淨土，能參禪者教參禪，願修淨土者教修淨土，其本人並未修淨土。語在《中峯廣錄》中。」

問：「有一僧人問我：『出家的人祇能修淨土，其餘的法門皆不能修；淨土容易，其餘法門難；淨土仗佛力，其餘仗自力。』我解釋云：『釋迦牟尼佛是大慈大悲的人，佛住世時何不教諸大弟子一概修淨土？其餘的法門就不用說，又何必費四十九年的功夫，說小乘、中乘、大乘？又何必苦口婆心的訶罵衆弟子，罵小乘人斷六根如墮地獄一樣，石壓生草、石去草還生？罵二乘人不肯迴小向大，說大乘戒，不發心修行、不爲衆生說法就是犯戒？如淨土三經《彌陀經》「舍利弗並未修淨土」、《無量壽經》「佛告阿難，阿難並未修淨土」。阿難悟道爲禪宗二祖，舍利弗智慧第一。《十六觀經》「韋提希夫人修淨土」，韋提希夫人是在家人，佛之千二百五十弟子，未有一人修淨土。如我見解，佛的法門很多，不能說淨土法門好，其餘法門不好。修淨土仗佛力，修他法亦仗佛力，淨土如見阿彌陀佛，阿彌陀佛指示我們，還是要我們自修自度；釋迦佛經典指示我們，亦是要我們自修自度，亦可說是仗佛力。不能執著此宗，毀謗他宗。如喜修淨土，則修淨土；如喜修他宗，修他宗亦好。出家方面，辭別父母，士、農、工、商不作，照古人說，要發心參訪修道尋善知識，明心見性，說法度生，則不辜負父母師長之恩；在家方面，應付士、農、工、商，時間不多，修淨土爲便利。假如出家人喜修淨土，不願修他宗亦可，不能執著此宗，毀謗他宗。古人云：「欲得不招無間業，莫謗如來正法輪。」斷學般若，罪過無邊。』」

答：「不錯。」

問：「生天與生西方的分別。如我解說，生西方有阿彌陀佛，是善知識教導我們明心見性；生天上没有善知識教我們明心見性，不如生人間，因有釋迦佛的經典、祖師的開示，可教我們明心見性，但天道在六道輪迴之内。如此見解是否？」

答：「不錯。」

問：「怎麼是參禪的法門？怎麼是念佛淨土的法門？」

答：「釋迦如來去雪山修道、四十九年說法，古今的祖師爲佛法不惜身命、古今的居士苦心研究，別無他事，就是要我們一切人識取本來自性，就是此一事，餘無他事；佛祖開示種種法門，亦是爲這一樁事，別無他事。故經云：『惟此一事實，餘二則非真。』參禪的法門，就是從前我對你講的，一念起分爲六根，隨便用一根打破無始無明見佛性，自性徧滿虛空，充塞十方，十方者即是常寂光淨土，是自性法身的真淨土。修此法門無層次無階級，一悟就悟，不悟就不悟。」

問：「參禪的人假如今生不悟，來生會墮落不墮落？臨命終時有無發願往生淨土者？」

答：「參禪的人假如今生不悟，他的般若種子是在的，來生不會墮落。譬如我們今生學佛的人，前生都是有點善根的，臨命終的時候，照《華嚴經》及祖師的開示中發願生善知識家，明心見性普度衆生。照我所見祖師的開示中，尚無參禪的人臨終發願生西方的，尚有未看見的也未可知。」

問：「生淨土法門如何？」

答：「假如我們在這箇世界沒有功夫參禪，如在家人，士、農、工、商事務很多，我們不求在這箇世界見自性，生在極樂世界再修見性的法門。如經中說：『西方淨土有聽阿彌陀佛說法者、聽講經者、在地參禪者。』」

問：「在這箇世界、在極樂世界，見自性是否一樣？」

答：「是一樣的。」

問：「方才所講的自性偏滿十方是法身淨土，與西方淨土有何分別？」

答：「自性法身淨土是偏滿十方，東西南北無所不在，即常寂光淨土；西方淨土是報身淨土，是指定西方，是阿彌陀佛四十八大願淨報所感；又如東方滿月世界淨土，是藥師佛十二大願淨報所感；如我們這箇娑婆世界穢土，是我們共業所感。不論在那箇世界見自性，法身淨土仍是一樣的，報身淨土則不一樣。」

問：「常齋念佛的人與五逆十惡的人，生在西方是否一樣？」

答：「有品級的，不是一樣。」

問：「一、有禪有淨土，猶如戴角虎。今世為人師，來生作佛祖。

二、有禪無淨土，十人九蹉路。陰境若現前，瞥爾隨他去。

三、無禪有淨土，萬修萬人去。面見阿彌陀，何愁不開悟。

四、無禪無淨土，銅牀並鐵柱。萬劫與千生，没箇人依怙。

如我解釋：

一、參禪明心見性後，自性與諸佛無二無別，自己已經到家，能參禪者教彼參禪，喜念佛者教彼念佛，不是見自性後還念佛，自性與諸佛已無別，還念誰？故有禪有淨土，指弘揚禪淨二宗而言，不是指又參禪又修淨土而言。如中峯國師，本人悟後弘揚禪宗，亦兼弘揚淨土。

二、參禪不明白，用功如法師所講，不著有，不著無，起念滅念，歷歷孤明一念，非空非有是知覺作用，妄念斷盡是無始無明，皆錯用功，故十人九蹉路，雖然錯，修的功德仍在。如人走路，一百里走了五十里，雖然未到，但已走之程不爲白費，來生菩提種子還在，不患墮落。

三、我們不求在此世界參禪見性，求生在淨土，見了阿彌陀佛，聽阿彌陀佛講經，自己參禪，然後明心見性，如《十六觀經》中所云。故但得見阿彌陀佛，何愁不開悟。

四、禪既不參，佛又不念，必定墮落，那有天生的釋迦，自然的彌勒？照我解釋，是否？」

答：「是的，不錯。」

問：「明心見性後，還念佛不念？或念阿彌陀佛或念藥師佛？照我解釋，自性與諸佛無二無別，自性就是佛，還念甚麼佛？自性徧滿十方，還有何處可生？是否？」

答：「不錯。」

問：「有人說，發願往生東方見藥師佛，聞法明心見性後，再回入娑婆世界普度衆生。假如在東方明心見性，證常寂光淨土不受後有，那裏還有輪迴投胎之事？如釋迦佛、阿難、馬鳴、龍樹及我國悟道者數千人，並無有言某人是從東方世界降生、某人從西方世界降生。唐朝有箇梵僧從空而至，見仰山和尚，師曰：『近離甚麼處？』曰：『西域。』師曰：『幾時離？』彼曰：『今早。』師曰：『何太遲生？』曰：『遊山翫水。』師曰：『神通遊戲則不無，闍黎佛法還須老僧始得。』曰：『特來東土禮文殊，卻遇小釋迦。』後人始號仰山曰『小釋迦』。此亦梵僧稱讚仰山之語，非謂仰山乃釋迦應世也。又有說蓮池大師是阿彌陀佛應世，《雲棲法彙》之中並無此說，都是後人附會的話。如唐朝時新羅國（即韓國）有箇僧人，俗姓金，法名喬覺，外國僧人普通皆一手杖錫一手托鉢，制度如此，來在中國住錫安徽九華山。因從前畫地藏王菩薩像，乃一手杖錫一手持鉢者，衆人既見此僧，以爲乃地藏王菩薩化身。該僧老時即在九華山圓寂，於是衆人皆附會其說，如是殊不可信。此等辯論，不知是否？」

答：「是。」

往生傳

本來無佛無衆生
世界未曾見一人
究竟瞭解是這箇
自性還是自己生

沙門往生類

遠祖師

晉慧遠，雁門樓煩人。博綜六經，尤善莊老。聞安法師講《般若經》，豁然大悟，因剃染事之。太元六年過潯陽，見廬山閑曠，可以息心，遂感山神現夢。一夕雷雨，材木自至，刺史桓伊乃爲建殿，名曰「神運」。以慧永先住西林，故遠所居號「東林」焉。遠在東林三十年，迹不入俗，剋志西方。高僧碩儒凡百四十人，共爲淨社，蓮漏六時，禪誦不輟，澄心繫想，三睹聖相而沈厚不言。後十九年，七月晦夕，於般若臺，方從定起，見阿彌陀佛身滿虛空，圓光之中無量化佛，觀音、勢至左右侍立，又見水流光明，分十四支洄注上下，演說妙法。佛言：「我以本願力故，來安慰汝。汝後七日，當生我國。」又見佛陀耶舍、慧持、慧永、劉遺民，在佛之側，揖曰：「師志在先，何來之晚耶？」既知時至，謂門人曰：「吾之居此，三睹聖相，今復再見，當生淨土必矣。」至期，端坐入寂，時義熙十二年八月六日也。

贊曰：「晉以前，淨土之旨雖聞於震旦，而弘闡力行俾家喻戶曉，則自遠師始。故萬代而下，淨業弟子推師為始祖。可謂釋迦再說西方，彌陀現身東土者也，厥功顧不偉歟！予昔遊盧山，酌虎溪之泉，瞻三笑之堂，徘徊十八賢之遺迹，見其規模弘遠，足稱萬僧之居。而殿閣塵埃，鐘鼓闃寂，寥寥然戶異其扃，室殊其爨矣，哲人云亡，芳躅無繼。嗟夫！」

慧永

晉慧永，河內人。年十二出家，既而與遠公同依安法師。太元初，駐錫廬山，刺史陶範捨宅爲西林以居之，絕志塵囂，標心安養。後義熙十年示疾，忽斂衣求屣欲起，衆驚問，答曰：「佛來迎我。」言訖而化，異香七日方滅。唐玄宗追諡「覺寂大師」。

贊曰：「永初入道，與遠師伯仲，而創淨社以為萬世法，亦遠祖而永宗矣。」

自後廬山十八大賢、百三十二諸往生輩，不能悉錄，姑載一二如左。

曇順

晉曇順，黃龍人。幼從羅什法師講釋羣經，什歎曰：「此子奇器也。」後入廬山修淨業。時寧蠻校尉劉遵孝，創寺江陵，延順經始，盛弘念佛三昧。宋元嘉二年，別衆坐逝，異香滿室焉。

僧叡

晉僧叡，冀州人。遊學諸方，遠歷天竺，還關中，從羅什法師禀受經義後，預廬山蓮社。宋元嘉十六年，忽告衆曰：「吾將行矣。」面西合掌而化。衆見叡榻前一金蓮花，倏爾而隱，五色香煙從其房出。

曇恒

晉曇恒，河東人。童儒依遠公出家，內外典籍無不貫通。自入廬山，專志念佛。義熙十四年，端坐合掌，厲聲念佛而化。

道昺

晉道昺，穎川人。幼師造公，通經律，言與行合，究心念佛三昧，日夜無間。義熙十四年，豫章太守王虔入山謁敬，請紹遠師之席，衆咸宗仰。元嘉二十二年，集衆念佛，就座而化。

贊曰：「言行合一，所謂心口二俱念佛者也。聽其言則是，稽其行則非，而欲冀往生，將誰欺乎？」

曇詵

晉曇詵，廣陵人。幼師公遠，勤修淨業，兼善講說，註《維摩詰經》行於世。元嘉十七年，趺坐念佛而化。

道敬

晉道敬，瑯琊人，祖凝之爲江州刺史，因從遠公出家。年十七，博通經論，日記萬言，篤志念佛，蚤（早）夜弗替。宋永初元年，謂衆曰：「先師見命，吾其行矣。」端坐唱佛而化。衆見光明滿室，彌時方滅。

贊曰：「沖年高才，鮮不自恃，而篤志念佛，非宿植淨因者乎？今沙彌略涉經論，我慢放逸，白首而無歸，不得已而談西方，晚矣！」

佛駄跋陀羅

晉佛駄跋陀羅，此云「覺賢」。迦維衛國人，甘露飯王之裔也。年十六，博學羣經，深達禪律。姚秦沙門智嚴至西域，要師達長安，演法東宮，與羅什法師上下論議。後以懸指海舶遭擯，入廬山預遠公蓮社，譯出《觀佛三昧》諸經。宋元嘉六年，念佛而化。

僧濟

晉僧濟，入廬山從遠公學，遠歎曰：「紹隆大法，其在爾乎？」後疾篤，誠期淨土，遠遺燭一枝曰：「汝可運心安養。」濟執燭憑几，停想無亂，又集衆誦《淨土經》。五更濟以燭授弟子元弼，令隨衆行道。頃之，覺自秉一燭，乘空而行，見阿彌陀佛，接置於掌，徧至十方，忽然而覺，且悲且慰，自省四大，了無疾苦。明夕，忽起立，自逆虛空，祇有所見。須臾還臥，容色愉悅，謂傍人曰：「無疾苦，吾行矣。」右脅而逝。時方炎暑，三日而體不變，異香郁然。

贊曰：「濟以聖師指示而生淨土，然則臨終助念，孰曰無功乎？而留龕溽暑，體發異香，梵行之精堅驗矣。」

慧恭

晉慧恭，豫章酆城人。與慧蘭、僧光等同學，蘭、光繫念淨土，臨終皆有奇應。又五年，恭病篤，雨淚叩頭，誓心安養，念不少間，見阿彌陀佛以金臺前迎，恭乘其上，又見蘭等於臺上光明中告曰：「長老受生，已居上品，吾等不勝喜慰，恨五濁淹延，相依之晚矣。」恭欣然奮迅而逝。

慧虔

晉慧虔，少出家，戒行精確。義熙年中，投山陰嘉祥寺，苦身率衆。後寢疾，屬想安養，祈誠觀音。北寺有淨嚴尼者，宿德篤行，夜夢觀音從西郭門入，清輝妙狀，光映日月，幢幡華蓋，七寶莊嚴。尼驚異作禮，問大士何往？答云：「往嘉祥迎虔公耳。」虔疾雖困，神色如常，侍者皆聞異香，泊然而化。

贊曰：「臨終見佛，或疑純是自己想心，今他人亦見之。何也？當知感應道交，不可思議，慎哉言乎！」

竺僧顯

晉竺僧顯，南遊江左。遇疾，屬緣西方，虔苦不替，見阿彌陀佛光照己身，所患皆愈，即起沐浴，爲傍人説所見，並陳誠因果，辭意剴切。明晨，端坐而化。

贊曰：「懈怠比丘，遇有疾則曰：『吾力且憊，待平復已，然後念佛。』不知念佛為度老病，有疾念佛，今正是時，而顯以念力。既愈其疾，復得往生。賢哉！」

慧通

晉慧通，從涼州慧紹禪師咨受禪法，祈心安養。微疾，於禪定中見一人形甚端嚴，語通云：「良時至矣。」俄而，阿彌陀佛光明燁然。定起，以告同學，安然而化，異香三日乃歇。

法琳

晉法琳，臨邛人。專精戒品，止成都靈建寺修淨業，常持《彌陀》、《觀音》二經，轉誦之時，輒見一偉貌沙門屹然在前。建武二年，寢疾，注念西方，禮懺不息，見諸賢聖皆集空中，合掌而逝。

贊曰：「琳誦經有沙門現前，蓋誠感耳，無足為異。其生西方，不係乎是？修淨業者，毋取相希慕焉。」

曇鑑

宋曇鑑，平生片善，迴向西方，誓願見佛。一日定中見阿彌陀佛，水灑其面，曰：「滌汝塵垢，清汝心念，汝之身口俱悉嚴淨。」又於瓶中出蓮花一枝授之。定起，乃與寺僧敍別。夜漸深，獨步廊下念佛，至五鼓，彌聲其厲。及明，弟子依常問訊，趺坐不動，就而視之，逝矣。

僧柔

齊僧柔，學方等諸經，惟以淨業爲懷。卒之日，見化佛千數，室內外俱聞異香，西向敬禮而化。

慧光

齊慧光，居洛陽，著《華嚴》、《涅槃》、《十地》等疏，妙盡權實之旨。一日有疾，見天衆來迎，光曰：「我所願歸安養而已。」已而，淨土化佛充滿虛空，光曰：「惟願我佛攝受，遂我本願。」即彈指謦咳，言氣俱盡。

贊曰：「天多欲樂，兼有女人，非解脫處。古謂：『假饒修到非非想，不若西方歸去來。』是以贊淨土者，謂上品即登彼岸，下生猶勝天宮。今光於命盡之際，而詳審堅固所願確然，可謂明且勇矣。」

慧進

齊慧進，居高座寺。誓誦《法華》，造經百部，願迴此業，得至安養。後聞空中告曰：「汝願已足，必得往生。」無病而逝。

道珍

梁道珍，住廬山修淨業。夢有人乘船海中，問之：「云往阿彌陀佛國？」珍乞隨行，船人云：「汝未營浴室及誦《彌陀經》，未可也。」覺而浴僧誦經，歷年不輟。忽房內池面，降白銀臺，因默記其事，書經函中。命盡之夕，半山以上如烈火千炬，交相輝映，邑人遙見，謂是諸王禮覲。及旦，乃聞珍卒。後檢經函，知珍瑞應，宜生淨土久矣。

贊曰：「遠公三觀聖相而不言，珍公池降銀臺而默記。古德之厚重類如此，彼淺丈夫者，纔有少異嘵嘵自鳴，小則失其所有，大則增其魔事矣。可弗慎諸！」

神鸞

後魏曇鸞，少遊五臺，感靈異出家。而性嗜長生，受陶隱君《仙經》十卷。後遇菩提流支，乃問曰：「佛有長生不死術乎？」支笑曰：「長生不死，吾佛道也。」乃授《十六觀經》曰：「學此三界無復生，六道無復往。其爲壽也，河沙劫量莫能比焉，此吾金仙氏之長生也。」鸞大喜，遂焚《仙經》而修淨業。寒暑疾痛，曾無少懈，魏王號爲「神鸞」。一夕，室中見梵僧謂曰：「吾龍樹也，久居淨土，以汝同志，故來相見。」鸞自知時至，集衆教誡曰：「勞生役役，其止無日，地獄諸苦不可以不懼，九品淨業不可以不修。」因令弟子高聲念佛，西方稽顙而終。衆聞天樂自西而來，良久乃已。

贊曰：「黃冠者言曰：『釋氏有死，神仙長生。』今支公謂佛有長生，仙無長生，此論痛快簡當，高出千古。鸞法師捨偽歸真，如脫敝屣，豈非宿有正因者哉！」

智者大師

隋智顗，號「智者大師」，穎川人。孩幼之時，見像即禮，逢僧必拜。年十八，出家於果願寺，後禮慧思禪師。弘法緣畢，在剡東石城寺，將入滅，謂弟子曰：「吾知命在此，不復前進，輟斤絕弦於今日矣。」唱《觀無量壽佛經》題竟，復曰：「四十八願，莊嚴淨土。華池寶樹，易往無人。火車相見，一念改悔者，尚得往生，況戒定慧薰修，聖行道力，功不唐捐矣！」智朗請云：「未審大師證入何位？沒此何生？」師曰：「吾不領衆，必淨六根；損己利人，但登五品。汝問何生者？吾諸師友，侍從觀音，皆來迎我。」言訖，唱三寶名，如入三昧。

贊曰：「大師道德崇重，一家教觀，萬代宗仰。而捨壽之際，惟西方是歸，乃至疏《觀經》、著《十疑論》，恒於此諄諄焉，意可知矣。或曰：『疏稱心觀為宗，淨土其非實歟？』噫！大師謂約心觀佛，不謂無佛，如其無佛，心觀何施？正報既然，依報亦爾，學台教者審之！」

法喜

隋法喜，常行方等懺法。忽一雉來索命，有神人訶曰：「法師當往生淨土，豈償汝命！」後於病中，發願以一生行業迴向西方，志心念佛，即見佛、菩薩來迎，端坐而化。

贊曰：「經稱：『假使百千劫，所作業不亡，因緣會遇時，果報還自受。』喜惡得以生淨土，不償雉命，良由一生淨土永絕輪迴，因緣何從而得會遇？若其忍悟無生，入塵利物，縱有報償，則所謂將頭臨白刃，一似斬春風者矣。豈與凡夫六道等耶！」

灌頂

隋灌頂，章安人，智者大師弟子也。日以念佛爲事。臨終室有異香，遺誡弟子竟，忽起合掌，稱阿彌陀佛二大士名，奄然而化。

慧成

隋慧成，居枝江。誦《彌陀經》，修西方觀，三十年常坐不臥。每入定，見淨土蓮臺寶樹。臨終之夕，人夢成坐蓮花，隱隱西去。

道喻

隋道喻，居開覺寺。念阿彌陀佛，日夜不廢，造像僅三寸。後於定中見佛，謂曰：「汝造我像，何太小耶？」喻曰：「心大即大，心小即小。」言訖，見佛身徧滿虛空，告曰：「汝當澡浴清淨，明星出時，我來迎汝。」至時，果見佛來迎，光明滿室，趺坐而化。

贊曰：「心大即大，心小即小；然則心穢即穢，心淨即淨。審矣！而喻見一佛徧室，前僧柔、慧光見多佛徧空。蓋一即多，多即一，非有優劣也。」

智舜

隋智舜，入廬山踵遠師淨業。大業初，講《觀經》畢，即示疾，見鸚鵡、孔雀念佛法僧，出微妙音，告弟子曰：「我今日往生矣。」安然而逝。

慧海

隋慧海，住江都安樂寺。善經論，精誠念佛。有僧道詮者，至自齊州，齎阿彌陀佛像，微妙工巧，世所未有。問之，則云：「此天竺雞頭摩寺五通菩薩，乘空往彼安樂世界圖繪而來。」海感慶逢遇，虔篤禮敬，乃睹神光燦燦，於是模寫懇苦，願生彼國。後微疾，夜忽起，依常面西禮竟，跏趺至曉而逝，儼然如生。

贊曰：「極樂世界過此十萬億佛土，亦非乘空所可到者。慧海之精誠感佛，彼道詮安知非淨土之賢聖乎？」

法智

隋法智，髫年出家。晚歲聞徑直之門莫如念佛，乃謂人曰：「我聞經言，犯一吉羅，歷一中劫地獄可信。」又言：「稱阿彌陀佛，滅八十億劫生死重罪，則未之信。」有明者示云：「汝大邪見！俱是佛言，何得不信？」遂於國清寺兜率臺晝夜精勤念佛。忽辭道俗云：「某生西方去也。」中夜，無疾而化。時有金色光明，照數百里，江上漁人謂是天曉，遲久方明，始知智之往生云。

贊曰：「佛云：『吾言如蜜，中邊皆甜，悉宜信受。』是故信少惡入地獄，而不信一念生西方，此誠可謂邪見矣。近世喜持咒者，見陀羅尼所說功德，能易山海役鬼神，滿種種求願，則躍然而信，見淨土所說功德，能直入聖階立超三界，則恬然不介意，其為邪見等耳。可慨也夫！」

善導和尚

唐善導。貞觀中，見西河綽禪師九品道場，喜曰：「此真入佛之津要，修餘行業迂僻難成，唯此法門速超生死。」於是勤篤精苦，晝夜禮誦，激發四衆。每入室，互跪念佛，非力竭不休；出則爲人演説淨土，三十餘年不暫睡眠。好食送廚，粗惡自奉，凡有䞋施，用寫《彌陀經》十萬卷，畫淨土變相三百壁，修營塔寺，燃燈續明。三衣缾鉢，不使人持，行不共衆，恐談世事。從其化者甚衆，有誦《彌陀經》十萬至五十萬徧者，有念佛日課萬聲至十萬聲者，得念佛三昧往生淨土者莫能記述。或問：「念佛生淨土耶？」師曰：「如汝所念，遂汝所願。」乃自念一聲，有一光明從其口出，十至於百，光亦如之。其〈勸世偈〉曰：「漸漸雞皮鶴髮，看看行步龍鍾。假饒金玉滿堂，豈免衰殘病苦？任汝千般快樂，無常終是到來。唯有徑路修行，但念阿彌陀佛。」一日忽謂人曰：「此身可厭，吾將西歸。」乃登柳樹，向西祝曰：「願佛接我，菩薩助我，我今不失正念，往生淨土。」言已，投身而逝。高宗皇帝知其事，賜寺額曰「光明」云。

贊曰：「善導和尚，世傳彌陀化身。觀其自行之精嚴，利生之廣博，萬代而下猶能感發人之信心，脫非彌陀，必觀音、普賢之儔也。猗歟大哉！」

智欽

唐智欽，專習禪業，又禮念萬五千佛名，乃至百徧。後於柳州阿育王塔前，燃一臂求生淨土。弟子僧護夜半見庭前光照異常，因問何人秉炬？凡三問，空中聲曰：「來迎欽禪師耳。」護急啓窗，見佛身光明，旛華寶蓋滿虛空中，欽隨佛冉冉而去。

贊曰：「燒身燒臂，大乘經中屢開，然此得忍大士所為，非初心境界也。求西方者，當學欽公之習禪禮佛，不必效其燃臂。若能用燃臂之精虔，勇猛以治其惡習，則所燃亦多矣。古云善學柳下惠，不其然歟！」

五會法師

唐法照，大曆一年，止衡州雲峯寺，慈忍戒定，爲時所宗。嘗於缽內睹五色雲，有梵刹曰大聖竹林寺。後詣五台，見異光，果得竹林寺。入講堂，則文殊在西，普賢在東，萬衆圍繞而爲說法，照作禮問曰：「末代凡夫，未審修何法門？」文殊告曰：「諸修行門，無如念佛，我以念佛得一切種智。」又問：「當云何念？」曰：「此世界西，有阿彌陀佛，彼佛願力不可思議，汝當繼念，毋令斷絕，決定往生。」後臘月朔，在華嚴院淨業道場，方憶二大士記我往生，乃一心念佛。忽見梵僧佛陀波利謂曰：「汝華臺已就，後三年華開矣。」至期，謂衆曰：「吾行矣。」端坐而逝。師嘗於湖東寺開「五會念佛」，感祥雲寶閣，睹阿彌陀佛及二菩薩身滿虛空。又於并州五會念佛，感代宗皇帝宮中聞念佛聲，遣使追尋，乃見師勸化之盛，遂詔入京，教宮人念佛，亦及五會，號「五會法師」。

贊曰：「感夢於前，睹境於後，其可信明矣。然則諸修行門，無如念佛，文殊口授也，顧不足信歟！三載之前，花臺預就，所謂信心纔起，蓮芷標名，隨其勤惰而或鮮或萎，又不足信歟。噫！冥現靈蹤，預符聖記，化行五會，音徹九重，豈非乘悲願而生者哉！」

臺岩康法師

唐少康，縉雲仙都人。十五，通《法華》、《楞嚴》。貞元中，因詣洛陽白馬寺，見殿中文字放光，探之，則善導和尚〈西方化導文〉也。師祝曰：「若於淨土有緣，當更放光。」言已，光明閃爍，師曰：「劫石可磨，我願無易矣。」遂至長安光明寺善導和尚影堂瞻禮。忽見遺像升空，謂曰：「汝依吾教，廣化有情，他日成功，必生安養。」乃適新定，乞錢誘小兒念佛，念佛一聲，與錢一文。年餘，凡少長貴賤，見師者皆稱阿彌陀佛，念佛之聲盈滿道路。又于烏龍山建淨土道場，每陞座，高聲唱佛，衆見一佛從其口出，十聲則有十佛。師曰：「汝見佛者，必得往生。」時衆數千，有不見者悲傷自責，因倍精進。後二十一年十月三日，囑道俗曰：「當於淨土起增進心，於閻浮提起厭離心，汝曹此時，見我光明，真我弟子。」遂放異光數道，寂然而逝。塔於臺岩，號「臺岩法師」。

贊曰：「或疑佛從口出，似涉怪異。噫！世尊逢醉象時，手五指端出金光獅子，其言曰：『我何有心於馭象哉？以我無量劫來修慈忍力，自然有獅子現焉，我亦不知也。』今康公現佛，亦無量劫來皈敬之所致耳，何怪之有？世有魔師，教人黑夜習坐，於香煙上注觀佛現，以為感應，較此邪正實霄壤焉！修淨業者不可不辨。」

自覺

唐自覺，住真州。常發願，願因觀音得見阿彌陀佛，於是鑄觀音像，高四十九尺。既成，祝願，夜三更忽有金光二道，阿彌陀佛自光中而下，二大士左右隨之，佛垂手摩覺頂曰：「守願勿易，利物爲先，寶池生處，任從汝願。」後十一年二月望夕，見一人形似天王，雲間現身謂覺曰：「安養之期至矣。」即於觀音像前趺坐而化。

王臣往生類

烏萇國王

烏萇國王，萬機之暇，篤信佛法。嘗謂侍臣曰：「朕爲國王，雖享福樂，不免無常。聞西方淨土，可以棲神，朕當發願求生彼國。」於是六時行道念佛。每供佛飯僧，王及夫人躬自行膳，三十年不廢。臨崩，容色愉悅，化佛來迎，祥瑞不一。

贊曰：「末世聞法信受，無位者多，有位者少，有位而極於尊貴者倍復少。所以者何？位彌高，則欲彌廣；欲彌廣，則染彌重，勢所然，鮮克免者。今也享南面之樂，不忘西方之歸，非宿植勝因，何以致此？雖然，自古及今，帝王之留神內典者奚不錄。曰：『茲傳淨土，意有所專主。』故不泛紀云。」

宋世子

宋魏世子，父子三人俱修西方，唯妻不修。女年十四，死七日，更生，啓母云：「兒見西方七寶池上，父兄三人已有蓮花，没當生彼，母獨無，是以暫歸相報，幸母留意。」母感女言，頓發信心，念佛不倦。後命終，亦生安養云。

贊曰：「始泛浮緣，終生樂國，信不信故也。經云：『惟除不信。』諒夫！」

劉遺民參軍

晉劉遺民，彭城人，漢楚元王之後。少孤，事母以孝聞。自負其才，不侶流俗。初爲府參軍，即隱去。謝安、劉裕交薦，不就，旌其號曰「遺民」。入廬山頂遠公蓮社，著〈念佛三昧詩〉以表專志，嘗於定中見佛光照地，皆作金色。居十五年，又見阿彌陀佛玉毫光照，垂手慰接，遺民懇曰：「安得如來爲我摩頂，覆我以衣！」俄而，佛爲摩頂，引袈裟以被之。他日又見入七寶池，蓮花青白，其水湛然，一人項有圓光，胸出卍字，指池水曰：「八功德水，汝可飲之。」遺民飲水甚甘美，及寤，猶覺異香發於毛孔。乃告衆曰：「吾淨土之緣至矣。」對像焚香再拜，祝曰：「我以釋迦遺教，知有阿彌陀佛，應先供養釋迦如來，次供養阿彌陀佛。」復次，供養《妙法蓮華經》，願一切有情俱生淨土。言訖，面西合掌而逝。時義熙六年也。

贊曰：「《觀經》敘淨業正因，以孝養父母為第一，故知不孝之人，終日念佛，佛亦不喜。今遺民少盡孝養，而復深入三昧，屢感瑞徵，其往生品位高可知矣。在家修淨業者，此其為萬代師法。」

張野茂才

晉張野，居潯陽。兼通華梵，尤善屬文。舉茂才，屢徵散騎常侍，俱不就，入廬山蓮社修淨業。義熙十四年，與家人別，入室端坐而逝。

張抗學士

宋張抗，積善向佛，誓誦〈大悲陀羅尼〉十萬徧，求生淨土。年六十餘，寢疾，一心念佛，謂家人曰：「西方淨土祇在堂前，阿彌陀佛坐蓮花上，翁兒在金地禮佛。」言訖，念佛而逝。翁兒，抗孫也，三歲而亡。

贊曰：「心淨則西方觸目，心穢則地獄隨身。抗之淨心成就，堂前見佛，何疑乎？」

王仲回司士

宋王仲回，官光州司士參軍。問無爲子楊公曰：「經中教人求生淨土，而祖師云：『心是淨土，不必更求。』如何？」楊公答曰：「試自忖量，若在佛境，則無淨無穢，何用求生？若未出衆生境，安可不至心念佛，捨穢土而求生淨土乎？」司士感悟欣躍而去。後二年，楊公守丹陽，忽夢司士云：「向蒙指示，今已得生，特來致謝。」數日而訃至，言司士七日前預知時至，與宗黨言別而化，正感夢時也。

馬子雲縣尉

唐馬子雲，舉孝廉，爲涇邑尉。押租赴京，遭風舟溺，被繫，乃專心念佛，五年遇赦，入南陵山寺隱居。一日謂人曰：「吾一生精勤念佛，今西方業成，行且往生安養。」明日，沐浴新衣，端坐合掌，異香滿室，喜曰：「佛來迎我。」言已而逝。

贊曰：「身被繫，心念佛，終以赦免，即囚禁枷鎖，念觀音而得解脫者也。今五欲纏縛，豈非被繫？念佛一聲，滅八十億劫生死重罪，豈非赦書？而束手五欲，不知念佛，抱罪永劫，終無赦時。悲哉！」

賈純仁郡倅

宋賈純仁，霅川人，官郢州倅。潛心淨業，長齋念佛。因微疾，西向晏坐而逝，頂上白光圓相，異香滿室。

張迪助教

宋張迪，錢塘人，官助教。從圓淨律師受菩薩戒，咨問淨業法門，篤志修持，誓生安養。每念佛時，揚聲勇猛，至失音猶不已。一日謂圓淨曰：「定中見白色頻伽鳥飛舞於前。」又三年，西向端坐，念佛而化。

贊曰：「見頻伽，不見佛，何也？蓋是初時暫見，終當見佛耳。謂漸入佳境，非耶？」

王龍舒國學

宋王日休，龍舒人。端靜簡潔，博極經史。一日捐之曰：「是皆業習，非究竟法，吾其爲西方之歸。」自是精進念佛。年六十，布衣蔬食，日課千拜，夜分乃寢，作〈淨土文〉勸世。將卒，三日前徧別親識，有不復相見之語。至期，讀書罷，如常禮念，忽厲聲稱阿彌陀佛，唱言：「佛來迎我。」屹然立化，如植木矣。邦人有夢二青衣引公西行者，自是家家供事云。

贊曰：「龍舒勸發西方，最為激切懇到，非徒言之，亦允蹈之。至於臨終之際，殊勝奇特，照耀千古。嗚呼！豈非淨土聖賢，入塵垂手者耶？」

江公望司諫

宋江公望，釣臺人。官諫議，蔬食清修。述〈菩提文〉、〈念佛方便文〉以勸道俗。有子早亡，託夢云：「大人修道，功業已成。冥府有金字額，題云：『嚴州府江公望，身居言責，志慕苦空，躬事薰修，心無受染，動靜不違佛法，語默時契宗風，名已脫乎閻浮，身心歸於淨土。』」宣和末，知廣德軍。一旦，無疾，面西端坐而化。

贊曰：「或謂題額之事，死未必然。噫！永明常繪像於冥司矣，苟繞塔之僧不妄，何獨於公望而疑之？」

葛繁大夫

宋葛繁，澄江人。少登科第，官至朝散，凡公署私居，必營淨室，設佛像。嘗入室禮誦，舍利從空而下。平時以淨業普勸道俗，多服其化。有僧定中神遊淨土，見繁在焉。後無疾，面西端坐而化。

贊曰：「士大夫信佛者不無其人，然猶避世譏嫌，外護形迹。公署不忘設像，葛君其篤信不回者乎！坐脫往生，良非偶然矣。」

李秉中官

宋李秉，紹興中官也，領御藥院。初學禪於淨慈輝公，有省。晚閱龍舒〈淨土文〉，遂日課佛號，與閣元長美殿、長林師文等數十人，結淨會於傳法寺。忽有疾，夢阿彌陀佛以金圓光戴其首。越七日，又見金花滿房，乃囑別親屬，端坐結印而終。

胡闉宣義

宋胡闉，官宣義。平日雖信佛乘，而未諳淨土。年八十四病革，其子迎清照律師，乞垂誨示，照謂闉曰：「公知安身立命處否？」闉曰：「心淨則佛土淨。」照曰：「公自度平昔時中有雜念染污否？」闉曰：「既處世間，寧無雜念？」照曰：「如是則安得心淨土淨？」闉曰：「一稱佛名，云何能滅八十億生死重罪？」照曰：「阿彌陀佛以弘誓願，塵劫修行威德廣大，光明神力不可思議，是以一稱其名滅無量罪，猶如赫日消於霜雪。復何疑哉？」闉遂省悟，即日延僧念佛。次日照復至，闉曰：「師來何暮？二大士降臨已久。」照於是率衆厲聲念佛，闉乃合掌而逝。

贊曰：「闉往生得於清照，而致清照者，子也，其斯以為大孝歟。世有執小愛而破父母之齋戒者，誤亦甚矣。」

楊無爲提刑

宋楊傑，無爲州人，號「無爲子」。少年登科，官尚書主客郎，提點兩浙刑獄。尊崇佛法，明悟禪宗，謂衆生根有利鈍，易知易行，惟西方淨土，但能一心觀念，總攝散心，仗佛願力決生安養。嘗作〈天台十疑論序〉及〈彌陀寶閣記〉、〈安養三十贊〉、〈淨土決疑集序〉，弘闡西方教觀，接引未來。晚年繪彌陀六尊像，隨行觀念。將終之日，感佛來迎，端坐而化。辭世頌曰：「生亦無可戀，死亦無可捨。

太虛空中，之乎者也。將錯就錯，西方極樂。」

贊曰：「讀無為子頌，所謂參禪見性，而復以淨土為歸者也。至於將錯就錯一語，蘊機不少。嗚呼！安得人間才士，咸就此一錯耶！」

韋文晉觀察

唐韋文晉，立行孤潔。建淨業道場，普度含識。六月某日，忽面西跏趺，合掌念佛而化，異香內外皆聞。

文彥博潞公

宋文彥博，於京師與淨嚴法師，集十萬人爲淨土會。臨終，安然念佛而化。

馬玗侍郎

宋馬玗，厥祖忠肅公。守杭州日，慈雲懺主教令念佛，舉家宗奉。玗至心念佛二十五年。崇寧元年，小疾，易衣坐逝，有氣如青蓋出戶，騰空而去，家人皆夢玗往生上品。

鍾離少帥

宋鍾離瑾，提刑浙西日，遇慈雲懺主，遂篤信淨土。後知開封，出則盡瘁國事，入則不寐念佛。忽夜，促家人起，索浴更衣，坐逝。舉家見瑾乘青蓮，仙樂迎引西去。

閻邦榮承務

宋閻邦榮，池州人。二十年持〈往生咒〉念佛。將終，家人夢佛光迎榮。及曉，榮西向趺坐，忽起，行數步立化。

王衷朝散

宋王衷，嘉禾人。結社西湖，不問賢愚貴賤僧俗，但願往生者，普請入社。有〈勸修文〉行世。後無疾，西向坐化。

鍾離景融大夫

宋鍾離景融，官朝議大夫。常誦《觀經》，念佛不輟，掛冠結茅儀真東園側。嘗曰：「不識彌陀，彌陀更在西方外；識得彌陀，彌陀祇在自己家。」一夕，命僧妙應誦〈普賢行願品〉，炷香敬聽，兩手作印而化。

錢象祖郡守

宋錢象祖，號「止菴」。守金陵日，以淨土真修爲念。常於鄉州建接待十處，皆以淨土極樂等名之，創止菴僧寮，爲延僧談道之所。自左相辭歸，益進淨業。嘉定四年二月，微疾。書偈曰：「菡萏香從佛國來，琉璃地上絕塵埃。我心清淨超於彼，今日遙知一朵開。」後三日，僧有問疾者，公曰：「我不貪生不怖死，不生天不爲人，唯求生淨土耳。」言訖，跏趺而逝。後有人夢空中云：「錢丞相已生西方蓮宮，爲慈濟菩薩。」

梅汝能縣令

宋梅汝能，常熟人，仕至縣令。有志淨業，忽夢僧授紙百幅，鑿破爲二八字，以問東靈照師，曰：「二八十六也，豈《十六觀經》之謂乎？」適一僧以經與之，忽不見，由是誦經念佛，自名爲往生以見志。因邑中生公，造丈六彌陀像，乃施財百萬爲之飾，殿前池中，遂湧一雙白蓮，其花百葉。當年冬，無疾而終。

咎定國學諭

宋咎定國，號省齋，爲州學諭。常念佛，讀淨土諸經。每月三八，集僧俗諷經念佛。嘉定四年，夢青衣童告曰：「佛令召君，三日當生彼國。」至日，沐浴更衣，念佛坐化。

馮濟川諫議

宋馮楫，字濟川，遂寧人，由太學登科。初訪道禪林，晚年專崇淨業，作〈西方文〉、〈彌陀懺儀〉。後以給事中出師瀘南，率道俗作繫念會，及知邛州，於後廳設高座，望闕肅拜，著僧衣，登座謝官吏，橫拄杖按膝而化。

贊曰：「《傳燈錄》載公初參龍門遠，次參妙喜，各有證悟。臨終刻期陞座，拈拄杖按膝脫去，其自在顯赫，宛有宗門諸大老操略。然都不言念佛往生，何也？良由著述家，彼此立義，為門不同，各隨所重而已。彼重直指人心，自應專取了明心地而略淨土，如懷玉金臺再至、圓照蓮芷標名，皆不錄是也，此重指歸淨土。故詳其生平念佛，報盡往生，而了明心性自在其中，如所謂『既得見彌陀，何愁不開悟』是也。喻如重德，則顏子列德行之科，而不言政事；重才，則顏子具王佐之器，而不言德行，亦為門不同耳，淨業人願篤信無惑。」

王敏仲侍郎

宋王古，字敏仲，東都人。官禮部侍郎，慈仁愛物，深契禪宗，又悟淨土法門之勝，著《直指淨土決疑》三卷。平生精勤念佛，數珠未嘗去手，行住坐臥悉以西方淨觀爲佛事。有僧神遊淨土，見古與葛繁同在焉，往生有明驗矣。

吳信叟進士

宋吳子才，字信叟。致仕之後，預作一棺，夜臥其中，令童子擊棺而歌曰：「吳信叟，歸去來，三界無安不可住，西方淨土有蓮胎，歸去來。」自從而和之。後無疾而化。

白居易少傅

唐白居易，官中大夫太子少傅。捨宅爲香山寺，號香山居士。晚歲患風痺，出俸錢三萬，繪《西方極樂世界》一部，依正莊嚴，悉按《無量壽經》，靡不曲盡。頂禮發願，以偈贊曰：「極樂世界清淨土，無諸惡道及衆苦。願如我身老病者，同生無量壽佛所。」

贊曰：「人傳蓬萊有樂天名，樂天辭以偈曰：『海山不是吾歸處，歸即須歸兜率天。』今復捨兜率而求淨土，豈所謂披砂揀金，愈擇而愈精者耶？」

張掄都總

宋張掄，官浙西副都總管。期生淨土，刻勵念佛，闔門長幼靡不從化。鑿池栽蓮，日率妻子課佛萬徧。孝宗皇帝親書「蓮社」二字賜焉。

蘇軾學士

宋蘇軾，號東坡，官翰林學士。南遷日，畫彌陀像一軸，行且佩帶。人問之，答曰：「此軾生西方公據也。」母夫人程氏歿，以簪珥遺貲命工胡錫，繪彌陀像以薦往生。

贊曰：「老泉為薦先亡，曾於極樂院造六菩薩像，而子由往來法門亦甚密邇，蓋蘇氏之皈心三寶素矣。世有刻《西方公據》者，增以俚語，謂出自坡公，此誣也。具眼者，勿因偽而併棄其真。」

張無盡丞相

宋張商英。初以夫人向氏激發，留神內典，號無盡居士。嘗著〈發願文〉云：「思此世界，五濁亂心，無正觀力，無了因力，自性唯心，不能悟達，謹遵釋迦世尊金口之教，專念阿彌陀佛，求彼世尊，願力攝受，待報滿時往生極樂，如順水乘舟，不勞自力而至矣。」

贊曰：「無盡悟禪宗於兜率悅公，而拳拳乎安養是念，其為計審矣。自香山至此四公，雖西方瑞應史未詳錄，而據因以考果，不生西方，將奚生哉？」

尼俗往生類

尼大明

隋尼大明。每入室禮佛，先著淨衣，口含沈香，文帝后甚重之。將終之日，衆忽聞沈香滿室，俄而，光明如雲，隱隱向西沒焉。

贊曰：「一尼道《法華經》虔敬類是，後感報靈異，而二僧冥府誦經，致禮遇有殊，無怪其然矣。今時念佛，有幾人似明者乎？使人人如是念佛，而千不千生，萬不萬生者乎，弗信也！」

尼淨真

唐尼淨真，居長安積善寺。衲衣乞食，誦《金剛經》十萬徧，篤志念佛。一日，語弟子曰：「五月內，十度見佛，兩度見寶蓮花上童子遊戲，吾已得上品生。」言訖，跏趺而化，祥光滿菴。

尼悟性

宋尼悟性，居廬山念佛，虔願往生。忽聞空中音樂，謂左右曰：「我已得中品生，見同志念佛精進者，皆有蓮花待之，汝等好自努力。」言訖而逝。

贊曰：「上中品位，二尼能決諸己者何？一則內觀自行之淺深，二則外稽瑞應之勝劣耳。可誣也哉？」

尼能奉

宋尼能奉，錢塘人。專修淨業，嘗夢佛光照身，及聞空中善言開慰。一日無疾，告其徒曰：「吾往生時至。」少頃，聞奉念佛聲甚厲，奔往視之，則合掌面西，坐逝矣，異香滿室，樂音西邁。

尼法藏

唐尼法藏，居金陵，勤志念佛。夜見佛、菩薩來，光明照寺，奄然而化。

隋皇后

隋文帝后獨孤氏，雖處王宮，深厭女質。常念阿彌陀佛，以八月甲子命終。時永安宮北，種種音樂自然震響，異香滿室從空而至，帝問闍提斯那，是何祥瑞？對曰：「淨土有佛，號阿彌陀，皇后業高，超登彼國，故現斯瑞耳。」

贊曰：「捨宮中之貴寵，志淨土而往生，古有韋提，今見之矣。」

姚婆

唐姚婆，因范行婆者勸令念佛。後臨終見佛、菩薩來迎，告佛言：「未與范行婆別，請佛暫住空中。」范至，姚婆立化。

贊曰：「臨行別范，不背本也。佛在空中，順衆生也，卓立而逝亦奇矣。」

溫靜文妻

唐溫靜文妻，并州人。久患在牀，靜文勸令念佛。一日，忽睹淨土，告其夫曰：「我已見佛，後月當去。」囑父母云：「今得隨佛往生，願專心念佛，他日西方相見耳。」言訖而逝。

胡長婆

宋胡長婆李氏，上虞人。夫喪後，日夜高聲念佛及誦《彌陀經》，凡十餘年。一日見有僧覆以緋蓋，曰：「汝十五日子時往生。」問師何人？曰：「是汝所念者。」婆遂會別諸親。至期，有異香光明，端坐而逝，七日焚化，齒如白玉，舌如紅蓮，睛如葡萄，皆精堅不壞，舍利不可數計。次日，焚處生一花，如白罌粟云。

贊曰：「諸根不壞，舍利無數，世譏女人五漏之體，無乃不可乎！」

鄭氏

宋鄭氏，錢塘人。日課《觀音經》，念佛不輟。後病中索浴，浴畢，西向坐，問家人云：「聞磬聲乎？淨土諸聖且至。」已而，合掌喜躍曰：「佛、菩薩來，觀音手執金臺，如來接我登座。」遂奄然而化。

陳氏媼

宋陳氏媼，錢塘人。從靈芝律師受菩薩戒，專心念佛，日課千拜，嘗有舍利散於經案。臨終見佛來迎，顧語旁人，未及半，已凝然不動矣。

黃氏

宋黃氏，明州人。早喪夫，因歸父舍，精修淨業。臨終見佛來迎，結印徐行，儼然立化。家人篩灰於地以驗生處，見蓮花一朵生灰中。

贊曰：「燒灰之說未考，但其見佛來迎，結印立化，高登蓮品必矣。」

王氏夫人

宋荊王夫人王氏，專修淨業，曉夕勤至，給侍之人無不則效，惟一妾懈慢，夫人責之，遂悔悟精進。忽無疾而逝，致夢他妾云：「蒙夫人誨，已生安養。」夫人未信也。俄而，夢與妾同遊寶池，見一華天衣飄揚，題曰「楊傑」；一華朝服而坐，題曰「馬玗」；復見金臺光明晃耀，妾指曰：「此夫人生處也。」既覺，彌加精進。年八十一，慶誕之晨，秉燭燃香，望觀音閣而立，左右方具儀獻壽，已立化矣。

贊曰：「集至此，女人立化蓋三人焉。金臺晃耀，亦上品之流矣。孰曰閨閣無人哉！」

馮氏夫人

宋廣平郡夫人馮氏。少多病，慈受深禪師教以齋戒念佛，諦信力行，十年不怠。忽厭世，人怪之，曰：「清淨界中，失念至此，支那緣盡，行即西歸，適我願兮，何怪之有？」臨終，氣絕復甦，謂家人曰：「吾已歸淨土，見佛境界，與《華嚴》、《十六觀經》所說不異。」已而長逝，三日後舉屍如生，異香芬馥。

王氏女

宋吉安王氏女，日誦《彌陀》、《金剛經》、《觀音》諸經，念佛求度。母死，既殮，惡血滴瀝，女發誓云：「若我孝心，願臭氣不作。」言訖，流血即止。父娶後室，與同修淨業。後得疾，請僧說淨土觀法，忽索衣，吉祥而臥，攬觀音手所執幡，寂然不動。母篩灰於地以驗受生，見灰中出蓮花數朵。

周氏

宋周氏妙聰，周元卿之女也。因感其母華臺往生之瑞，篤志念佛，期生安養。病中請僧行懺，自見其身著新淨衣，在樓閣上作禮念佛，謂家人曰：「勤修淨業，西方相待。」右脅西向而逝。

周行婆

宋周行婆，太平人。早年念佛，精專弗替。一夕，胡跪念佛，泊然而化，鄰人見數僧引婆騰空西去。

陸氏宜人

宋宜人陸氏，錢塘人，朝請王璵妻也。嘗誦《法華》，篤意淨土，禮懺一會，念佛萬聲，凡三十年。因微疾，忽聞天鼓自鳴，人方驚異，即面西端坐，雙手結印而逝。

贊曰：「結印而逝，不獨僧中有之，在女人亦屢見焉，皆心不散亂，身不放逸之祥徵也。嗚呼！為女人者，能倣此每日至誠禮懺一會，念佛萬聲，三十年不異其心，吾為伊保任決生淨土。」

龔氏

宋錢塘龔氏，晝夜念佛，誦《彌陀經》。後有疾，請清照律師指示，陳說未終，端坐而化。老妾于氏，亦念經不輟，一夕，夢龔氏告云：「我已生淨土，汝七日當生。」至期而逝。

朱氏

宋霅川朱氏，念佛三十年。忽斷食四十日，唯飲水念佛，夢三僧各執蓮花謂曰：「吾先爲汝種此花，今當往生。」既寤，請僧助念，端坐而逝。

項氏

宋項氏，名妙智，鄞縣人。寡居，二女悉令爲尼，精勤念佛。一日忽曰：「我欲坐脫，錯與作棺。」女曰：「佛用金棺，無嫌也。」母喜。俄而，異香滿室，西向結印，微笑而逝。

裴氏女

宋汾陽裴氏女，專志念佛。報盡日，索火焚香，言：「佛以蓮臺迎我，我當往生。」已而，天花飛墜，安坐而化。

附 錄

本來無佛無衆生
世界未曾見一人
究竟瞭解是這箇
自性還是自己生

博山和尚參禪警語

序

警乃醒覺之義，或云驚也。譬如有賊瞰巨室，主人張燈夜坐，堂皇之上，謦欬作聲，賊懼不能便；稍爾昏睡，則乘間而入，橐爲之傾。故嚴城擊柝刁斗鳴，輳卒有變而無虞，以其警備於機先也。

人有生死大患，迺萬劫不醒之長夢，況亦爲賊媒，日劫家寶？不有大覺之雄，痛語警醒，則終身醉夢了無悟日，非但睡時作不得主，即白晝開眼，魔語尤甚。故博山大師乘悲願力來，作大醫王，用一味伽陀偏療狂狷業病，故有示禪病警語五章，直截簡當，把參禪骨髓中病都說透過。其開示做功夫語最爲喫緊，真是禪門一種切要新書，亦救世之金丹九轉也。

夫禪也，假名無體，何有病乎？蓋參禪人多起執情謬解，被心意識哄殺，不向機境上求，便向學解中討，或被古人言句礙膺，或向死水裏浸殺，或坐在無事甲裏，不是靈利心死不得，便是癡著心轉不得，故命根難斷，生滅宛然，通身都是我病，非是禪有病也；甚則，成狂著魔，佛亦不可救，此名業病，亦非禪病也；假饒死得種種心，不肯做功夫與法身理相應，不曾踏著向上關棙，坐在飯籮裏，輕安自在，祇箇輕安，正是禪病故。

僧問古德：「如何是清淨法身？」德云：「無量大病源。」此語如栗棘蓬，吞吐誠難。古人從真參實悟中病過一番來，其垂手處自不亂，下針錐要箇絕氣息，識病癢底漢方肯診視。是以，識病乃能去病調己，然後調人，可謂三折肱爲良醫歟！

博山大師自來參究此道極是融通，凡有言句皆中肯綮，非故爲高妙玄著之談，使人不知，乃平日親證實履境界，見到、說到、行到、用到，其義理精明，辯才無礙，所以快說禪病如握秦宮玉鏡，照見羣僚肝膽，一毫隱諱不得。古今踞曲盝牀，稱善知識、說禪者，如師之妙罕儷。然禪病最難說，說亦不能盡。何哉？病即法身之病，法身無數病，寧有極善救。法身病者以病爲妙劑，以病爲家常飯，以病爲貼肉汗衫，在善葆之而已。古人於病假中遊戲而爲佛事，蓋看破法身無主，病自霍然。故洞山道：「老僧看時，不見有病，特由妄想執著，故禪病競生。」

昔佛說《楞嚴》「五蘊魔事及外道偏計」，即是今人禪病中事。然著即成魔，計則名外，不著不計亦未爲病。所以云：「不作勝心，名善境界；若作聖解，即受羣邪。」《法華》云：「有一導師，善知通塞險難道路，故能導彼衆人前至寶所。」

然則，大師此書，正末世舟杭（航），初心徑路，豈但有益於今日，亦有補於將來。決欲參禪做功夫求大悟門，肯細觀此書，大有相爲作略。能使疑情發不起處發起，病根點不破處點破；如披沙露寶，要渠自取；如開霧見天，使人不迷；截路中有出身之路，死句裏有活人之句，如圓珠盤，不滯一語，其妙用如此。人人知此用心，可以坐、睡見道，不費許多草鞋錢，直到大安樂田地，與佛祖同一鼻孔通風。有能以此自警者而警衆，復以此自愈者而愈人，亦名現在醫王，使祖師命脈流通，國脈與慧脈並固，庶不負大師垂示之方便願力云爾，是爲序！

萬曆辛亥歲孟秋月　信州弟子劉崇慶和南題

一、示初心做功夫警語

做功夫最初要發箇破生死心

堅硬看破世界、身心悉是假緣，無實主宰，若不發明本具底大理，則生死心不破，生死心既不破，無常殺鬼念念不停，卻如何排遣？將此一念作箇敲門瓦子，如坐在烈火燄中求出相似，亂行一步不得，停止一步不得，別生一念不得，望別人救不得；當恁麼時，祇須不顧猛火，不顧身命，不望人救，不生別念，不肯暫止，往前直奔，奔得出是好手。

做功夫貴在起疑情

何謂疑情？如生不知何來？不得不疑來處；死不知何去？不得不疑去處。生死關竅不破，則疑情頓發，結在眉睫上，放亦不下，趨亦不去，忽朝撲（原作「樸」）破疑團，「生死」二字是甚麼閑家具？噁！

古德云：「大疑大悟，小疑小悟，不疑不悟。」

做功夫把箇死字貼在額頭上

將血肉身心如死去一般，祇有要究明底這一念子，現前這一念子如倚天長劍，若觸其鋒者，了不可得，若淘滯磨鈍，則劍去久矣！

做功夫最怕耽著靜境，使人困於枯寂不覺不知

動境人厭，靜境多不生厭，良以行人一向處乎喧鬧之場，一與靜境相應，如食飴食蜜，如人倦久喜睡，安得自知耶？

外道使身心斷滅，化爲頑石，亦從靜境而入，良以歲久月深，枯之又枯，寂之又寂，墮於無知，與木石何異？吾人或處於靜境，祇要發明衣線下一段大事，不知在靜境始得，於大事中求其靜相了不可得，斯爲得也。

做功夫要中正勁挺，不近人情

苟循情應對，則功夫做不上，不但做不上，日久月深，則隨流俗阿師無疑也。

做功夫抬頭不見天，低頭不見地，看山不是山，見水不是水，行不知行，坐不知坐，千人萬人之中不見有一人，通身內外祇是一箇疑團，可謂「攪渾世界」疑團不破誓不休心，此爲功夫緊要。何謂「攪渾世界」？無量劫來本具的大理，沈沈寂寂未嘗動著，要在當人抖擻精神，天地旋轉，自有波翻浪湧一段受用。

做功夫不怕死不得活，祇怕活不得死

果與疑情廝結在一處，動境不待遣而自遣，妄心不待淨而自淨，六根門頭自然虛豁地，點著即到，呼著即應，何愁不活耶？功夫做得上，如挑千斤擔子，放亦不下，如覓要緊的失物相似，若覓不著誓不休心。其中但不可生執、生著、生計，執成病、著成魔、計成外。果得一心一意，如覓失物相似，則三種泮然沒交涉，所謂生心動念即乖法體矣。

做功夫舉起話頭時要歷歷明明，如貓鼠相似

古所謂「不斷黎奴誓不休」，不然則坐在鬼窟裏，昏昏沈沈過了一生，有何所益？

貓捕鼠睜開兩眼，四腳撐撐，祇要拿鼠到口始得，縱有雞犬在傍亦不暇顧。參禪者亦復如是，祇是憤然要明此理，縱八境交錯於前亦不暇顧。纔有別念，非但鼠，兼走卻貓兒。

做功夫一日要見一日功夫

若因因循循，百劫千生未有了的日子。博山當時插一枝香，見香了，便云：「功夫如前，無有損益。」一日幾枝香耶？一年若干許香耶？又云：「光景易過，時不待人，大事未明，何日是了？」由此痛惜更多加策勵。

做功夫不可在古人公案上卜度妄加解釋，縱一一領略得過，與自己沒交涉殊不知，古人一語一言如大火聚，近之不得，觸之不得，何況坐臥其中耶？更於其間分大、分小、論上、論下，不喪身失命者幾希！

此事不與教乘合，故久修習大乘業者不知不識，何況聲聞、緣覺諸小乘耶？三賢十聖豈不通教？說此一事，三乘膽戰，十地魂驚。等覺菩薩說法如雲如雨，度不可思議衆生，入無生法忍，尚喚作所知愚，與道全乖，又何況其餘耶？蓋此事從凡夫地頓同佛體，人所難信，信者器，不信非器。諸行人欲入斯宗乘者，悉從信而入，信之一字，有淺、有深、有邪、有正，不可不辨。淺者，凡入法門，誰云不信？但信法門，非信自心；深者，諸大乘菩薩尚不具信。如《華嚴疏》云：「見有能說法者，有所聽法衆，尚未入乎信門。」如云「即心即佛」，誰云不信及乎？問汝是佛耶？則支吾排遣，承當不下。《法華》云：「盡思共度量，不能測佛智。」何以有盡思度量之心？蓋信不具耳。

邪正者，自心即佛名正信，心外取法名邪信；即佛要究明自心，親履實踐，到不疑之地始名正信；如顢頇儱侗，猜三枚相似，但云心即佛，實不識自心，即名邪信。

古人摘桃便定，去鋤地便定，去作務時亦定，豈是坐久遏捺令心不起，然後爲定耶？若如此即名邪定，非禪者正意。

六祖云：「那伽常在定，無有不定時。」須徹見本體，方與此定相應。釋迦老子下兜率、降皇宮、入雪山、睹明星、開幻衆，未出此定。不然，則被動境漂溺，孰名爲定？

動境中求起處不可得，靜境中求起處不可得，動靜既無起處，將何爲境耶？會得此意，總是一箇定體，充塞彌亘，無餘蘊也。

做功夫不得沾著世法

佛法中尚沾著一點也不得，何況世法耶？若真正話頭現前，履冰不見寒，蹈火不見熱，荊棘林中橫身直過不見掛礙，始可在世法中橫行直撞。不然盡被境緣轉將去，欲得功夫成一片，驢年也未夢見在！

做功夫不可尋文逐句

記言記語不但無益，與功夫作障礙，真實功夫反成緣慮，欲得心行處絕，豈可得乎！

做工夫最怕比量

將心湊泊與道轉遠，做到彌勒下生去，管取没交涉。若是疑情頓發的漢子，逼塞虛空，不知有虛空的名字，如坐在銀山鐵壁之中，祇要得箇活路，若不得箇活路，如何得安穩去？但恁麼做去，時節到來，自有箇倒斷。

近時有等邪師教學者不在功夫上，又云：「古人未嘗做功夫。」此語最毒，迷誤後生，入地獄如箭射。大義禪師〈坐禪銘〉云：「切莫信道不須參，古聖孜孜為指南。雖然舊閣閑田地，一度贏來得也未。」若不須參究便云得理，此是天生彌勒、自然釋迦，此輩名為可憐愍者。蓋自己不曾參究，或見古人一問一答便領悟去，遂將「識情」解將去，便誑妄於人；或得一場熱病，叫苦連天，生平解的用不著；或到臨命終時，如螃蟹入湯鍋，手忙腳亂，悔之何及！

黃檗禪師云：「塵勞迥脫事非常，緊把繩頭做一場。不是一番寒徹骨，爭得梅花撲鼻香？」此語最親切。若將此偈時時警策，功夫自然做得上。如百里路程，行一步則少一步，不行祇住在這裏，縱說鄉里事業了了明明，終不到家，當得甚麼邊事？

做功夫最要緊是箇「切」字

「切」字最有力，不「切」則懈怠，爲懈怠生則放逸，縱意靡所不至；若用心真切，放逸、懈怠何由得生？當知「切」之一字，不愁不到古人田地，不愁生死心不破。捨此「切」字別求佛法，皆是癡狂外邊走，豈可以做功夫同日而語也！

「切」之一字，豈但離過，當下超善、惡、無記三性。一句話頭用心甚切則不思善，用心甚切則不思惡，用心甚切則不落無記，話頭切無掉舉，話頭切無昏沈，話頭現前則不落無記。

「切」之一字是最親切句，用心親切則無間隙，故魔不能入；用心親切不生計度，有無等則不落外道。

做功夫人行不知行，坐不知坐

謂話頭現前，疑情不破，尚不知有身心，何況行坐耶？

做功夫最怕思惟、作詩、作偈、作文賦等

詩偈成則名詩僧，文賦工則稱文字僧，與參禪沒交涉。凡遇著逆順境緣、動人念處，便當覺破，提起話頭，不隨境緣轉始得。或云「不打緊」，這三箇字最是誤人，學者不可不審。

做功夫人多怕落空

話頭現前那得空去？衹此怕落空的便空不去，何況話頭現前耶？

做功夫疑情破，如臨深淵，如履薄冰，毫釐失念喪身失命

爲疑情不破則大理不明，一口氣不來，又是一生被中陰牽引，未免隨業識去改頭換面，不覺不知。由此則疑上更添箇疑，提起話頭，不明決定要明，不破決定要破，譬如捉賊須是見贓始得。

做功夫不得將心待悟

如人行路，住在路上待到家，終不到家，祇須行到家；若將心待悟終不悟，祇須逼拶令悟。若大悟時如蓮花忽開，如大夢忽覺。良以夢不待覺，睡熟時自覺；華（花）不得開，時節到自開；悟不待悟，因緣會合時自悟。

余云：「因緣會合時，貴在話頭真切，逼拶令悟，非待悟耶！又悟時如披雲見天而廓落無依，天旋地轉又是一番境界。」

做功夫要緊、要正、要綿密、要融豁

何謂緊？人命在呼吸，大事未明，一口氣不來，前路茫茫，未知何往，不得不緊。古德云：「如麻繩著水，一步緊一步。」

何謂正？學人須具擇法眼，三千七百祖師大有樣子。若毫釐有差，則入邪徑。經云：「唯此一事實，餘二則非真。」

何謂綿密？眉毛與虛空廝結，針劄（扎）不入，水灑不濕，不容有毫釐間隙；若有毫釐間隙，則魔域乘隙而入。古德云：「一時不在，如同死人。」

何謂融豁？世界闊一丈，則古鏡闊一丈；古鏡闊一丈，則火爐闊一丈。決不拘執住在一處；捉定死蛇頭，亦不繫墜在兩頭，漭漭蕩蕩。古德云：「圓同太虛，無欠無餘。」真到融豁處，則內不見有身心，外不見有世界，始得箇入頭。緊而不正則枉用功，正而不緊則不能入，既入須（需）要綿密始得相應，既相應須（需）要融豁方爲化境。

做功夫著不得一絲毫別念

行住坐臥單單祇提起本參話頭，發起疑情，憤然要討箇下落；若有絲毫別念，古所謂「雜毒入心」，豈但傷身命，此傷乎慧命，學者不可不謹！

余云：「別念非但世間法，除究心之外，佛法中一切好事悉名別念；又豈但佛法中事，於心體上取之、捨之、執之、化之，悉別念矣！」

做功夫人多云做不上，即此做不上便做去

如人不識路便好尋路，不可云尋不著路便休耶。如尋著路的貴在行，直至到家乃可爾，不得站在路上不行，終無到家日子。

做功夫做到無可用心處、萬仞懸崖處、水窮山盡處、羅紋結角處，如老鼠入牛角，自有倒斷也

做功夫最怕的一箇伶俐心

伶俐心爲之藥忌，犯著些毫，雖真藥現前不能救耳！若真是箇參禪漢，眼如盲，耳如聾，心念纔起時，如撞著銀山鐵壁相似，如此則功夫始得相應耳。功夫做得真切，將身心與器界煉得如鐵橛子相似，祇待渠爆得斷卒得折，更要撮得聚始得。

做功夫不怕錯，祇怕不知非

縱然行在錯處，若肯一念知非，便是成佛作祖底基本、出生死底要路、破魔底利器也。釋迦大師於外道法一一證過，祇是不坐在窠臼裏，將「知非便捨」四箇字，從凡夫祇到大聖地位。此意豈但出世法，在世法中有失念處，祇消箇「知非便捨」便做得一箇淨白底好人；若抱定錯爲是，不肯知非，縱是活佛現前，救他不得。

做功夫不可避喧向寂

瞑目合眼坐在鬼窟裏作活計，古所謂「黑山下坐死水浸」，濟得甚麼邊事？衹須在境緣上做得去，始是得力處。一句話頭頓在眉睫上，行裏、坐裏、著衣喫飯裏、迎賓待客裏，衹要明這一句話頭落處，一朝洗面時摸著鼻孔，原來太近，便得箇省力。

做功夫最怕認「識神」為佛事

或揚眉、瞬目、搖頭、轉腦，將謂有多少奇特，若把「識神」當事，做外道奴也不得！

做功夫正要心行處滅，切不可將心湊泊、思惟、問答、機緣等

洞山云：「體妙失宗機，昧終始，便不堪共語也。」若大理徹時，一一三昧從自心中流出，思惟造作何啻霄壤也。

功夫不怕做不上，做不上要做上便是功夫。古德云：「無門解脫之門，無意道人之意。」貴在體悉箇入處，若做不上便打退鼓（一作「皷」），縱百劫千生其奈爾

何！

疑情發得起，放不下，便是上路，將「生死」二字貼在額頭上，如猛虎趕來，若不真走到家，必喪身失命，猶可住腳耶？

做功夫祇在一則公案上用心，不可一切公案上作解會

縱能解得，終是解，非悟耶。《法華經》云：「是法非思量分別之所能到。」《圓覺經》云：「以思惟心測度如來圓覺境界，如將螢火燒須彌山，終不能得。」洞山云：「擬將心意學玄宗，大似西行卻向東。」大凡穿鑿公案者，須皮下有血，識慚愧始得。

做功夫提起話頭祇是知癡情打不破，畢竟無第二念，決不可向經書上引證，牽動「識情」

「識情」一動，則妄念紛馳，欲得言語道斷、心行處滅，安可得乎？「道不可須臾離，可離非道也」；功夫不可須臾間斷，可間斷非功夫也。真正參究人，如火燒眉毛上，如救頭燃，何暇爲他事動念耶？古德云：「如一人與萬人敵，覿面那容

眨眼看。」此語做功夫最要，不可不知。

做功夫自己打未徹，祇可辨自己事，不可教人

如人未到京城，便爲他人說京城中事，非但瞞人，亦自瞞耳！

做功夫曉夕不敢自怠

如慈明大師夜欲將睡，用引錐刺之。又云：「古人爲道，不食不寢，余又何人耶？」古人畫一石灰圈，道理不明，腳步不出圈內；今人縱意肆情，遊蕩不羈，謂之活潑，大可笑耳！

功夫或得輕安，或有省發，不可便爲悟也。博山當時看船子和尚「沒蹤跡」句，一日因閱《傳燈》見趙州囑僧云：「三千里外逢人始得。」不覺打失布袋，如放下千斤擔子，自謂大悟。逮見寶方「如方木逗圓孔」，始具慚愧。若悟後不見善知識，縱得安逸，終是未了。寶方勉余偈云：「空拶空兮功莫大，有追有也德猶微。謗他迦葉安生理，得便宜處失便宜。」此是百尺竿頭進步句，衲僧輩不可不審。余嘗謂學者云：「我得寶方『不肯』兩箇字，受用不盡。」

做功夫不得作道理會，但硬硬參去，始發得起疑情

若作道理會，祇是乾爆爆底，豈但打不徹自己事，連疑情亦發不起。如人云：「器中盛底是何物？」實不是彼所指底物，彼以非爲是，便不能發疑；又不但不起疑，即以彼物爲此物，以此物爲彼物，如此謬解，若不開器親見一回，則終其身而不可辨也。

做功夫不可作無事會，但憤然要明此理

若作無事會，一生祇是箇無事人，衣線下一件大事終是不了。如人覓失物相似，若覓著始了；若覓不著便置在無事甲裏，無有覓意，縱然失物現前亦當面錯過，蓋無覓物意耳。

做功夫不可作擊石火電光會

若光影門頭，瞥有瞥無濟得甚事？要得親履實踐，親見一回始得。若真真得意，如青天白日之下見親生父母相似，世間之樂事更無過者。

做功夫不得向意根下卜度

思惟卜度使功夫不得成片，不能發得起疑情。「思惟卜度」四箇字障正信、障正行，兼障道眼，學者於彼如生冤家相似乃可耳。

做功夫不得向舉起處承當

若承當，正所謂瞞頇儱侗，與參究便不相應。祇須發起疑情，打教徹無承當處，亦無承當者，如空中樓閣七通八達。不然認賊爲子，認奴作郎。古德云：「莫將驢鞍橋，喚作阿爺下頷。」斯之謂也。

做功夫不得求人說破

若說破終是別人底，與自己没相干。如人問路到長安，但可指路不可更問長安事，彼一一說明長安事，終是彼見底，非問路者親見耶；若不力行，便求人說破，亦復如是。

做功夫不祇是念公案

念來念去有甚麼交涉？念到彌勒下生時亦沒交涉，何不念「阿彌陀佛」更有利益？不但教不必念，不妨一一舉起話頭。如看「無」字，便就「無」上起疑情；如看「柏樹子」，便就「柏樹子」起疑情；如看「一歸何處」，便就「一歸何處」起疑情。疑情發得起，盡十方世界是一箇疑團；不知有父母底身心，通身是箇疑團；不知有十方世界，非內、非外滾成一團；祇待彼如桶箍自爆，再見善知識，不待開口則大事了畢，始撫掌大笑。回觀念公案，大似鸚鵡學語，亦何預哉！

做功夫不可須臾失正念

若失了參究一念，必流入異端，忘忘不返。如人淨坐祇喜澄湛湛、純清絕點爲佛事，此喚作失正念，墮在澄湛中；或認定一箇能講、能譚、能動、能靜爲佛事，此喚作失正念，認「識神」；或將妄心遏捺，令妄心不起爲佛事，此喚作失正念，將妄心捺，妄心如石壓草；又如剝芭蕉葉，剝一重又一重，終無了底日子；或觀想身心如虛空，不起念如牆壁，此喚作失正念。玄沙云：「便擬凝心斂念，攝事歸空，即是落空亡，外道魂不散底死人。」總而言之，皆失正念。

做功夫疑情發得起，更要撲得破

若撲不破時，當確實正念，發大勇猛，「切」中更加箇「切」字始得。徑山云：「大丈夫漢，決欲究竟此一段大事因緣，一等打破面皮，性燥豎起脊梁骨，莫順人情，把自平昔所疑處貼在額頭上，常時一似欠人萬百貫錢，被人追索無物可償，生怕被人恥辱，無急得急、無忙得忙、無大得大底一件事，方有趣向分。」

二、評古德垂示警語

趙州云：「三十年不雜用心，除著衣喫飯是雜用心。」

評：非不用心，不雜用心耳。所謂置心一處，無事不辦。

趙州云：「汝但究理坐看三、二十年，若不會，截取老僧頭去。」

評：趙州著甚死急，雖然如是歲月長，討箇三、二十年不異心者也難得。

趙州云：「老僧十八歲更解破家蕩產。」又云：「我當時被十二時辰使，如今使得十二時。」

評：在家產上作活計，被十二時辰使，破得家產者，便使得十二時。忽有僧問：「如何是家產？」博山答云：「卸卻皮囊，即向汝道。」

趙州云：「你若一生不離叢林，不語五年、十年，無人喚你作啞漢，已後佛也不奈你何。」

評：不語即是不離用心。若不向衣線下究理，則太遠在。

天台韶國師云：「假饒答話揀辨如懸河，祇成得箇顛倒知見，若祇貴答話揀辨有甚麼難，但恐無益於人，翻成賺誤。」

評：今時人學得一肚皮尋常，問來答去，將佛法為戲具，非但無益，多成罪過。而今恣閑言閑語以當宗乘，看古人說話面皮厚多少？

國師云：「諸上座！從前所學、揀辨、問答、記持，說道理極多，爲甚麼疑心不息？聞古人方便特地不會，祇爲多虛少實。」

評：揀辨、記持皆屬緣慮生死根不斷，如何會得古人意？所以云：「微言滯於心首，返為緣慮之場。實際居於目前，翻為名相之境。」

國師云：「上座不知從腳根下一時覷破，看是甚麼道理？有多少法門與上座作疑求解，始知從前所學底事，祇是生死根源、陰界裏活計。所以古人道：『見聞不脫，如水裏月。』」

評：見聞緣慮誰人不有，要有大轉變始得。若不與功夫相應，從水晶宮裏穿下過來，終沒交涉。古德云：「知解入心，如油入麵，永無出期，不可不謹。」

紹嚴禪師云：「諸仁者！今日國主致請，祇圖諸仁者明心，此外別無道理。諸仁者還明心也未？莫不是語言譚笑時、凝然杜默時、參尋知識時、道伴商略時、觀山翫水時、耳目絕對時，是汝心否？如此所解，盡爲魔魅所著，豈曰明心？」

評：語不是默，不是見聞，不是離見聞，亦不是作麼生會，即今禪者莫亂統好。

嚴云：「更有一類人離身中妄想外，別認徧十方世界，含日月、包太虛，謂是本來真心，斯亦外道所計，非明心也。」

評：此喚作偏空外道，又安得身心一如身外無餘耶？即今禪和子不曾遇人，自作主宰，多落斯見。又諸仁者，要會麼心，無是者，亦無不是者，汝擬執認，其可得乎？

評：前二種是病，過在「執、認」二字上，此段是藥，但無「是非」、「執認」，病即愈矣！

瑞鹿禪師云：「大凡參學，未必學問話是參學，未必學揀話是參學，未必學代語是參學，未必學別語是參學，未必學捻破經論中奇特言語是參學，未必捻破祖師奇特言語是參學。若於如是等參學，任你七通八達，於佛法中倘無見處，喚作乾慧之徒。豈不聞聰明不敵生死，乾慧豈免苦輪？」

評：今時人類皆如是，正所謂「拋卻真金拾瓦礫」，不肯真實參究，咨口頭三昧。如香嚴問一答十，問十答百，豈不是通達於佛法中無有見處？父母未生前一句，子便不奈何。今時學語之流，且道濟得甚麼邊事？

瑞鹿禪師云：「若也參學，應須真實參學始得。行時行時參取，立時立時參取，坐時坐時參取，眠時眠時參取，語時語時參取，默時默時參取，一切作務時一切作務時參取，既向如是等時參，且道參箇甚麼人？參箇甚麼話？到這裏須自有箇明白處始得；若不如是，喚作造次之流，則無究竟之旨。」

評：要切究此參底語是甚麼語？參底人是甚麼人？若不究此語，不識此參底人，是謂空過，非參學也。

芭蕉云：「如人行次，忽遇前萬丈深坑，背後野火來逼，兩畔是荊棘林，若也向前則墮在坑塹，若也退後則野火燒身，轉側則被荊棘林礙，當與恁麼時，作麼生免得？若也免得，有出身之路；若免不得，墮身死漢。」

評：直須不顧危亡，始得箇徹頭；稍生疑議，則喪身失命。芭蕉此語最為功夫緊要，學者多求知解，墮在玄奧窠臼裏，不向這裏留意，是謂空過一生。

雲門云：「有一般掠虛漢，食人涎唾，記得一堆一擔骨董，到處馳騁，驢脣馬嘴，誇我解問，十轉五轉，饒你從朝問到夜，論劫恁麼還曾夢見麼？」

評：雲門當時正罵十者一、二人而已，今時紛紛皆是，何曾向衣下體究？設若坐片嚮之時，不是昏沈，便是散亂，蓋為一肚子落索，吐不去割不斷；若是箇伶俐的漢，纔聞恁麼舉，具大慚愧始得。

雲門示衆云：「諸兄弟！切莫容易過時，大須仔細，古人大有葛藤相爲處。祇如雪峯道：『盡大地是汝自己。』夾山道：『百草頭上薦取老僧，鬧市裏識取天子。』洛浦云：『一塵纔起，大地全取；一毛頭獅子，全身總是。』汝把取翻覆思量看，日久歲深，自然有箇入處。」

評：此三段語牽你入門，要你肯入，不然盡在鬼窟裏作活計。你若入得門，自然怗怗底，不見有山河大地，不見有自己，薦與不薦是兩頭話。

雲門云：「光不透脫，有兩般病：一切處不明，面前有物是。又透得一切法空，隱隱地似有箇物相似，亦是光不透脫。又法身亦有兩般病：得到法身爲法執不忘，己見猶存，坐在法身邊是一。直饒透得法身去，放過即不可，仔細點檢將來，有甚麼氣息？亦是病。」

評：此病全在境量上作活計，不曾坐斷，不曾透脫，不曾得轉身吐氣，這裏若別生異念，則成魔作怪有分在。

玄沙云：「夫學般若菩薩須具大根器，有大智慧始得；若有智慧，即今便出脫得去。」

評：大根器者，一聞千悟，得大總持，說箇出脫字，早是方便之辭也。何以故？從來不曾繫縛故。

玄沙云：「若是根機遲鈍，直須勤苦，日夜忘疲，無眠失食，如喪考妣相似，恁麼急切，盡一生去，更得人荷挾，剋骨究實，不妨易得搆去。且況如今誰是堪任學底人？」

評：盡大地人都堪任，惟除無知不具信根者，縱是釋迦佛放光動地，其奈爾何？

玄沙云：「仁者！莫祇是記言記語，恰以念〈陀羅尼〉相似，蹋（踏）步向前來，口裏哆哆啝啝，被人把住詰問著没去處，便瞋道：『和尚不爲我答話！』恁麼學事大苦，知麼？」

評：記言記語者，謂之雜毒入心，礙正知見。世間讀書人記文字多，便不能融化，何況究出世法，肯食他人涎唾耶？

玄沙云：「有一般坐繩牀和尚，稱善知識，問著，搖身、動手、點眼、吐舌、瞪視。」

評：此等之流，通身是魔，通身是病，到臘月三十日未免鬧去在。

玄沙云：「更有一般說昭昭靈靈、靈臺智性、能見能聞，向五蘊身田裏作主宰，恁麼爲善知識，大賺人！知麼？我今問汝，汝若認昭昭靈靈是汝真實，爲甚麼瞌睡時又不成昭昭靈靈？若瞌睡時不是，爲甚麼有昭昭時汝還會麼？這箇喚作認賊爲子，是生死根妄想緣氣。」

評：此是弄精魂漢。瞌睡時既做不得主，生死到來作麼生？折合一生胡亂做去，豈但哄人，皆自哄耳！

玄沙云：「汝今欲得出他五蘊田主宰，但識取汝祕密金剛體，古人向汝道：『圓成正徧，徧周沙界。』」

評：祕密金剛體，即圓成正徧，徧周沙界，分明向汝道，須是全身拶入始得。

玄沙云：「佛道閑曠，無有程途，無門解脫之門，無意道人之意，不在三際，故不可升（別作「昇」）沈，建立乖真，非屬造化。」

評：若會得此意，不費纖毫功行立地成佛，還多了箇「成」字。

玄沙云：「動則起生死之本，靜則醉昏沈之鄉，動靜雙泯即落空亡，動靜雙取顢頇佛性。」

評：行人多厭動取靜，靜久復思動；須剔起眉毛，打破動靜窠臼，始是道人用心也。

玄沙云：「必須對塵對境，如枯木寒灰，臨時應用不失其宜，鏡照諸像不亂光輝，鳥飛空中不雜空色。」

評：如枯木寒灰，蓋無心不失其宜，蓋應物豈與灰心泯智者同日而語哉！其不亂光輝，不雜空色云云，自彼於我何為。

玄沙云：「所以十方無影像，三界絕行縱（當作「踪」），不墮往來機，不住中間意。箇中纖毫道不盡，即爲魔王眷屬，句前句後是學人難處。所以，一句當天八萬門永絕生死。」

評：此語貴在「一句當天八萬門」，盡十方世界無纖毫空缺處，無纖毫影像，無纖毫行迹，可謂光爍爍、活潑潑，佛祖眾生沒處安著，「生死」二字是阿誰恁麼道？

玄沙云：「直饒如秋潭月影，靜夜鐘聲隨扣擊，以無虧觸波瀾而不散，猶是生死岸頭事。」

評：坐禪人萬一不到恁麼田地，到得尚是生死岸頭事，須是自尋箇活路始得。

玄沙云：「道人行處，如火銷冰，終不卻成冰，箭既離弦，無返回勢，所以牢籠不肯住，呼喚不回頭，古聖不安排，至今無處所。」

評：道人之心合當如是，但將此段細抹將來，自然省力，沾連些兒不得；若將識心湊泊，正所謂「因地不真，果招迂曲」。

玄沙云：「今時人不悟箇中道理，妄自涉事涉塵，處處染著，頭頭繫絆，縱悟則塵境紛紜，名相不實。」

評：處處染著，頭頭繫絆，祇是究心不切，命根不斷，不肯死去。真正參學人，如過蠱毒之鄉，水也不可沾著一滴，始得箇徹頭。

玄沙云：「便擬凝心斂念，攝事歸空，閉目藏睛，纔有念起旋旋破除，細想纔生即便遏捺，如此見解即是落空亡、外道魂不散底死人，冥冥漠漠，無覺無知，塞耳偷鈴，徒自欺誑。」

評：病在不起疑情，不究公案，不肯全身入理，祇是將識心遏捺，縱是澄澄湛湛，畢竟命根不斷，終不是做功夫人。

玄沙云：「仁者！莫祇長戀生死愛網，被善惡業拘將去，無自由分，饒汝鍊得身心同虛空去，饒汝到精明湛不搖處，不出『識陰』，古人喚作如急流水，流急不覺，妄爲恬靜。」

評：「識心」不斷，縱鍊得身心如虛空，終被惡業牽引去。精明湛不搖處，正是「識陰」，如何免得生死？總而言之，不究徹大理，悉是虛妄。

玄沙云：「恁麼修行，盡出他輪迴不得，依前被輪迴去，所以道諸行無常。直是三乘功果，如是可畏，若無道眼，亦不究竟。」

評：總收上數段法語，皆非究竟。三乘行人縱行六度萬行，皆生滅法，於實際理地，且喜沒交涉。

徑山云：「今時有一種外道，自眼不明，祇管教人死獦狚地休去歇去，若如此休歇，到千佛出世，也休歇不得，轉使心頭迷悶耳。」

評：不肯起疑情，則命根不斷；命根既不斷，休亦不去，歇亦不得，即此「休歇」二字便是生死根本，縱百劫千生，終無了底日子。

徑山云：「又一等人教人隨緣，管帶忘情默照，照來照去，帶來帶去，轉加迷悶，無有了期。」

評：既有能帶之心、所照之境，能所對立，非妄而何？若以妄心為參究，便於自心不得自在。祇須坐斷兩頭，能、所不立，則礙膺之物如桶底脫矣。

徑山云：「又一等人教人是事莫管，但祇恁麼歇去，歇得來，情念不生，到恁麼時，不是冥然無知，直是惺惺歷歷，這般底更是毒害，瞎卻人眼不是小事。」

評：祇饒到惺惺歷歷，此是對寂之法，非參究耶；若參究，直欲發明大事，既不如是，豈非毒害者哉！

徑山云：「不問久參先達，若要真箇靜，須是生死心破，不著做功夫，生死心破則自靜也。」

評：疑情發得起，則生死心凝結在一處，疑情破則生死心破，於此破處求其動相了不可得。

三、示疑情發不起警語

做功夫疑情發不起，便欲尋行數墨，檢討文字，廣求知解，將佛祖言教一串穿過，都作一箇印子，印定纔舉起，一則公案便作道理會去，於本參話頭上不能發起疑情，逢人難問者則不喜，此是生滅心，非禪也！

或隨聲應答，豎指擎拳，引筆疾書偈頌，開示使人參究，亦有意味自謂得大悟門。殊不知疑情發不起皆是「識心」使然，若肯一念知非，全身放下，見善知識求箇入路則可；不然，生滅心勝，久之則成魔著，殆不可救。

做功夫疑情發不起，於境緣上生厭離，喜到寂靜無人處坐去，便覺得力，便覺有意思，纔遇著些動處，心即不喜，此是生滅心，非禪也！

坐久則與靜境相應，冥然無知，絕對絕待，縱得禪定，凝心不動，與諸小乘何所異也？稍遇境緣則不自在，聞聲見色則生怕怖，由怕怖故魔得其便，由魔力故行諸不善，一生修行都無所益。皆是最初一善用心，不善起疑情，不肯見人，不肯信人，於靜謐處强作主宰，縱遇善知識不肯一念知非，千佛出世其奈爾何？

做功夫疑情發不起，將情識妄想心遏捺，令妄心不起到無起處，則澄澄湛湛，純清絕點，此識心根源終不能破，於澄湛絕點處都作箇功夫理會，纔遇人點著痛處，如水上捺葫蘆相似，此是生滅心，非禪也！

蓋爲最初不肯參話頭、起疑情，縱遏捺得身心不起，如石壓草，若死得識心成斷滅去，正是落空亡外道；若斷滅不去，逢境緣時即引起識心，於澄湛絕點處便作聖解，自謂得大悟門。縱則成狂，著則成魔，於世法中誑妄無知，便起深孽，退人信心，障菩提道。

做功夫疑情發不起，將身心器界悉皆空去，空到無管帶處、無依倚處，不見有身心，不見有世界，非內非外，總是一空，謂空便是禪，謂空得去便是佛，行也是空，坐也是空，空來空去，行住坐臥如在虛空中行，此是生滅心，非禪也！

不著則成頑空，冥然無知，著成魔，自謂大有悟門，殊不知與參禪没交涉。若真是箇參禪漢，發起疑情，一向話頭如倚長劍，觸其鋒者即喪身失命；若不如是，祇喚箇空無所知，非究竟耶！

做功夫疑情發不起，遂將識心揣摩，把古人公案胡亂穿鑿去，謂是全提，謂是半提，謂是向上，謂是向下，是君是臣，是兼帶語，是平實語，自謂見解人所不及。縱一一說得道理，與古人一口吐氣，此是生滅心，非禪也！殊不知古人一語一言如嚼綿絮團，使人吞不下、吐不出，豈肯與人生出幾多解路，引起人識心耶？若疑情發得起，全身拶入去，此解路識心不待你死去，自然怗怗地。

做功夫疑情發不起，將身心看破，純是假緣，其中自有一物往來，能動能靜，無形無相，於六根門頭放光動地，散則徧周沙界，取則不立纖塵，向這裏一認認定，不肯起疑情，不肯參究，便謂了事人，此是生滅心，非禪也！殊不知生死心不破，將此等爲快意，正是弄「識神」，一朝眼光落地便作不得主，隨「識神」牽引去，隨業受報去。若善業多，則生在人間、天上；到四相、五衰逼將來，便謂佛法無靈驗，由此謗法墮在地獄、餓鬼道中，出得頭來知是幾多劫數？以此觀之，參禪全要見人，若自作主宰總用不著。

做功夫疑情發不起，便認定箇眼能見、耳能聞、舌能譚、鼻能嗅、手能執、著腳能運奔是自己一靈真性，向這裏度量，謂是悟門。逢則瞪眼、側耳、手指、腳踢以為佛法，此是生滅心，非禪也！

古人喚作如發癇病相似，又云在曲盝牀上弄鬼眼睛相似，弄來弄去，弄到四大分散時則弄不去。更有一等惡見以此為奇特，遞代相傳受人供養，無慚無愧，逢人問法，則大喝一聲，大笑一場，殊不知從來未曾參究，命根未斷，縱行善事，都是魔業，非究竟耶！

做功夫疑情發不起，便欲做有為功行，或做解脫，或行苦行，冬不爐，夏不扇，人來乞衣便全身脫去甘心凍死，謂之解脫；人來乞食便自己不食甘心餓死，謂之解脫。更有種種不可具說，總而論之，怕是勝心所使，誑惑無知。

彼無知者，謂是活佛、謂是菩薩，盡其形命，承事供養，殊不知佛戒中謂之惡律儀業，雖是持戒，步步結罪。又有一等燒身、燃臂，禮佛求懺，謂之功課，於世法中亦是好事，參究分中當得甚麼事？古德云：「切莫向他機境上求。」

謂禮佛是機境，求懺是機境，佛法中一切好事悉機境也。不是教你不行此一切善事，但用心一處，此一切善事悉能助發滋培善根，他日道眼忽開，燒香、掃地皆佛事耳！

做功夫疑情發不起，便欲散誕去，便欲活潑去，逢人則自歌、自舞、自歡、自樂，或水邊林下吟詠、笑譚，或市井街坊橫行直撞，自謂是箇了事人，見善知識開叢林、立規矩、或坐禪、或念佛、或行一切善事，則撫掌大笑，生輕慢心、謗瀆心。自不能行道，障人行道；自不能諷經禮懺，障人諷經禮懺；自不能參禪，障人參禪；自不能開叢林，障人開叢林；自不能說法，障人說法。

凡有善知識出世，設幾箇難問，向人天衆前多答一句、多問一句，喝一聲、打一掌，善知識見彼做鬼戲相似，或不理會，他便向人道某善知識不會這箇道理。苦哉！苦哉！此是生滅心勝，久之則攝入魔道，造無窮深孽，受魔福盡，墮無間獄，雖是善因而招惡果，悲夫！

做功夫疑情發不起，覺得同衆人動止不便，太拘束、太煩紊，便欲向深山無人處住靜去，或向一間房屋裏住靜去。初則硬作主宰，閉目凝心，跏趺合掌，硬硬做去，或一年、二年、一月、兩月，不見下落；又有一等坐得三兩日便坐不住，或看書、或散誕、或作偈、作詩，或關門打睡，外現威儀，內成流俗。

更有一等惡少年，不識廉恥，不信因果，潛心貪欲，逢人則恣口肆意、誑妄無知。自言：「我曾見善知識來，我得上人法。」使無知者信受，與彼通好，或結為道友，或招為徒弟，上行下效，自不知非，不肯反省，不肯見人，妄自尊大，大妄語成，此輩名為可憐愍憫者。今時厭大衆，求私室，寧不寒心者哉！

若真正學道人慎勿萌此念，正好向衆人中參究，彼此警覺，縱不悟道，決不陷到這般田地，學者不可不警也！

四、示疑情發得起警語

做功夫疑情發得起，與法身理相應，見盡大地光皎皎地，無絲毫障礙，便欲承當箇事，不肯撒手，坐在法身量邊，由此命根不斷，於法身中似有見地，似有受用，殊不知全是子想，古人喚作「隔身句」，既命根不斷，通身是病，非禪也！

到這裏祇須全身拶入，承當箇大事，亦不知有承當者。古德云：「懸崖撒手，自肯承當；絕後再甦，欺君不得。」若命根不斷，全是生滅心；若命根斷去，不知轉身吐氣，喚作「墮身死漢」，非究竟耶！這些道理不難會，自是行者不肯見人，若遇善知識磕著痛處，當下知歸，其或未然，則伏屍萬里也。

做功夫疑情發得起，與法身理相應，攪渾世界得波翻浪湧一段受用，行人耽著此受用，推不向前，約不退後，由此不得全摋入，如貧人遇著座黃金山相似，了了明明，知得是金，不能隨手得用，古人喚作「守寶漢」。通身是病，非禪也！

到這裏祇須不顧危亡，始得與法相應。天童所謂：「善周法界渾成飯，鼻孔纍垂信飽參。」若不得鼻纍垂，如坐在飯籮邊餓殺、大海裏渴殺，濟得甚麼邊事？所以道：「悟後祇須見人。」如古德悟後見善知識大有樣子，若自承當箇事，不肯遇人抽釘拔楔，皆喚作自欺底漢耳！

做功夫疑情發得起，與法身理相應，看山不是山，見水不是水，盡大地逼塞塞地，無纖毫空缺處；忽生一箇度量心，似障了面前，障了身心，提亦不起，撲亦不破，提起似有，放下似無，開口吐氣不得，移身換步不得，正恁麼時亦不得。到這裏，通身是病，非禪也！

殊不知古人用心純一，疑情發得起，看山不是山，見水不是水，不生度量心，不起別念，硬硬逼拶去，忽朝打破疑團，通身是眼，看山依舊山，見水依舊水，山河大地從甚麼處得來？求纖毫悟迹了不可得。到恁麼田地，祇須見人，若不見人，枯木巖前岐路中更岐路，到此不蹉跎、不被枯木樁絆倒者，博山與他結箇同參。

做功夫疑情發得起，與法身理相應，便沈沈寂寂去、休去、歇去、一念萬年去，將疑情純置法身理中，不得受用，一向死去無回互、無管帶、沒氣息，全被死水裏浸殺，自謂之極則。通身是病，非禪也！

石霜會下如此用功者極多，縱坐脫立亡不得受用。若受得鉗錘、知得病痛、轉得身、吐得氣，便是人；若不知痛癢，雖會得法身句，祇饒坐斷十方，有甚用處？天童所謂：「坐斷十方猶點額，密移一步看飛龍。」古人大有警語，爲人處大有葛藤相委，悉自是人不肯打徹。欲學善知識在人叢馬踏之中，千自由百自在，得不難乎？

做功夫疑情發得起，與法身理相應，坐到湛不搖處，淨裸裸、赤灑灑，沒可把，便放身去，不識得轉位就機，向這裏强立主宰，滯在法身邊。通身是病，非禪也！

洞山云：「峯巒挺異，鶴不停機；靈木迢然，鳳無依倚。」當知「峯巒、靈木」四箇字太煞玄奧，不是乾爆爆地；「不停、無依」四箇字太煞活潑，不是死獦狚地。若不究到玄奧處，則不知入理之深；若不到活潑處，則不識旋機之妙。道人用心，用到無可用處，正好見人，打翻漆桶得箇徹處，豈可抱愚守株，滯在一隅，甘心做籠中之鶴、退毛之鳳哉！

做功夫疑情發得起，與法身理相應，面前隱隱地，似有箇物相似，將此隱隱地疑來疑去，樁定箇前境，便自謂入得法理身，見得法界性，不知此等揑目所成。通身是病，非禪也！

若真箇入理之人，世界闊一丈，古鏡闊一丈，横身當宇宙，求其根塵器界了不可得，又將何爲身？將何爲境？將何爲物？將何爲隱隱地？雲門亦指出此病，尚有多文。若明得此一種病，則下之三種病渙然冰釋矣！博山嘗謂學者曰：「法身中病最多，衹須大病一場，始識得病根。」假饒盡大地人，參禪未有一箇受法身病者，惟除盲、聾、瘖、啞者不在此限。

做功夫疑情發得起，與法身理相應，見古人道：「盡大地是沙門一隻眼，盡大地是自己一點靈光，盡大地在自己一點靈光裏。」又引教中道：「一塵中含無邊法界真理」，便向這裏領略去，不肯求進益，生不得，死不得，將此解路謂之悟門。通身是病，非禪也！

殊不知縱與理相應，若打不脫，全是理障，墮在法身邊，何況被解心牽引不能入理之深？這箇獼猴子捏不死，既死不去，又安得絕後再甦耶？當知最初發疑情便要與理相應，既與理相應，要得箇深入，既得箇深入，須向萬仞巖頭翻觔斗，打將下來，擺手出漳江，始是大人用心也。不然，盡是掠虛漢，非當家種草也。

做功夫疑情發得起，與法身理相應，行住坐臥如在日色裏，如在燈影裏，淡淡地沒滋味；或更全身放下，坐到水澄珠瑩之際，風清月白之時，正恁麼時，依、正報中都成一片境去，清清淨淨、伶伶俐俐，自謂之究竟，不得轉身、吐氣，不得入廛垂手，又不肯求人抉擇，或向淨白界中別生出異念，謂之悟門。通身是病，非禪也！

天童所謂：「清光照眼似迷家，明白轉身猶墮位。」良以清光照眼，豈非水澄珠瑩、風清月白乎？明白轉身更進得一步，衹消「似迷，墮位」四箇字一印印定，行人到此又作麼生？區處衹須有大轉變，拈一莖草作丈六金身用未爲分外，不然是釘樁搖櫓、漁父棲巢，喚作没血氣漢，打死千箇、萬箇有甚麼罪過？

做功夫疑情發得起，與法身理相應，於法身邊生奇特想，見光、見華、見種種異相，便作聖解，將此殊異之事眩惑於人，自謂得大悟門。殊不知通身是病，非禪也！

當知，此等殊異境像，或是自己妄心凝結而成，或是魔境乘隙而入，或是帝釋天人變化試現。妄心凝結者，如修淨土人，觀想不移念，忽見佛像、菩薩像等，如《十六觀經》中說，悉與淨土理合，非參禪要門。乘隙而入者，如《楞嚴經》中「五蘊」空時，行人心有所著，魔即隨意而現變化；試現者，如菩薩修行時，帝釋化身現無頭鬼、無五臟鬼，菩薩無怖畏心；復現美女身，菩薩無愛染心；復現帝釋身，禮拜云：「泰山可崩，海水可竭，彼上人者難動其心。」

故云：「野人伎倆有盡，老僧不見不聞無窮。」若真參學人，縱白刃交加於前，無暇動念，何況靜定中不實境相耶？既與理相應，則心外無境，能觀心所現境，又安在甚麼處？

做功夫疑情發得起，與法身理相應，覺得身心輕安，動轉施爲不相留礙，此是正偏道交，四大調適，瞥爾如是，非究竟耶！彼無知者，便放下疑情不肯參究，自謂得大悟門，殊不知命根不斷，縱能入理，全是識心，以識心卜度。通身是病，非禪也！

爲入理不深，轉身太早，雖有深知，不得實用，縱得活句，正好向水邊、林下保養含畜，切不可躁進，便欲爲人妄自尊大。當知最初用心，疑情發得起，結任一團時，祇待渠自己迸開始得受用，不然稍有理致便放下疑情，這裏定是死不去，定是打不徹，一生虛過，有參禪之名，無參禪之實。祇饒入廛垂手，不妨更見大善知識，彼善知識者是大醫王，能療重病，是大施主，能施如意。切不可生自足想，不欲見人，當知不肯見人，爲執己見，禪中大病無過此者。

五、示禪人參公案警語

示董巖蓮公禪者

通達虛空翻白浪，好把家私都破蕩。
有眼不見有耳聾，赤肉團中加痛棒。
從教白醭口邊生，佛法塵勞一坦平。
正念針鋒箚不入，面皮鐵鑄沒人情。
非禮莫教輕動步，舉止安庠要回互。
謾將知見妄疏親，拶碎疑團須妙悟。
不破疑團誓不休，放出溈山水牯牛。
一朝驀鼻穿歸也，迴地遮天這一頭。

示峯頂智建禪者參「無」字公案

狗子佛性無，當下絕親疏，如入千尋浪，惟求赤尾魚。
有角非關鯉，無鬚不是渠，有無俱勦絕，直探驪龍珠。

又如四面火，前方一線餘，退步即燒殺，橫趨亦喪軀。烈焰非停止，求生莫待徐，如入九重淵，如憑萬仞虛。用意切如此，管取發靈樞，更有前程路，水到自成渠。

示知白禪者參「乾屎橛」公案

如何是佛乾屎橛？大千世界一團銕。渾身坐在鐵團中，不得出時向誰說。白禮拜，復云莫禮拜。祇饒出得時，領取三十棒。

示智泌禪者參「一句話頭在甚處起」公案

一句話頭甚處起？滄海祇教乾到底。一句話頭甚處去？春風觸著珊瑚樹。不究去，祇究起。石陷崖崩聾兩耳，十二時中步不移。如在刃鋒求住止，祇須觔斗打將來。

靜陸平原方步武，男兒立志若如斯。
誰道搏龍併捋虎，有問臺山路若何？
遙指前村驀直去。

示心陽居士參「沒踪跡」公案

沒踪跡，莫藏身，豎起脊梁衹麼行，鐵壁銀山俱靠倒。
幾回歡喜，幾回瞋，藏身處，沒踪跡，休向虛空尋鳥跡。
放下娘生面皮，蒺藜傾出黃金汁。
返復看，不教多，管甚衆生與佛魔，衹教一口都吞盡，滴水翻成幾丈波。
行也參，坐也究，踢破指頭俱漏逗。倒騎鐵馬上須彌，一生不著隨人後。

示照監院看「萬法歸一」公案

萬法歸一，一歸何處？
豎起眉毛如大火聚，生與同生，死與同死，行與同行，住與同住。
頓起疑情，莫生怕怖，如臨大敵，不暇他顧。

逢逆順境須善回互，歸處不知肯隨他，務撞破鐵圍山，蹲踞寶藏庫。瞬目與揚眉，全機彰露布，青州布衫重七斤，門前依舊桃千樹。

示普週禪者參「念佛」公案

一句阿彌陀，如珠投濁水，珠投水自清，佛念妄即止。水自清，髭鬚可鑑絕纖塵，依稀識得娘生面，展似眉毛作麼生。妄即止，萬里澄潭不見底，碧玻璃上珊瑚枝，雪老冰枯祇這是。祇這是，念即空，三更初夜日通紅，寶池金地蓮花國，萬派全歸指顧中。指顧中，空此念，念空空念成一片，十萬程途當下知，根塵陰界摩尼殿。摩尼殿，光皎皎，佛法塵緣都照了，轉位旋機事若何。噫！生也不道，死也不道。

示觀如禪者看「父母未生前」公案

父母未生前，誰是本來面？放下鐵心肝，提起吹毛劍。
世法及塵緣，如蠓入猛焰，無量妙法門，參禪最靈驗。
單提句話頭，不墮諸方便，萬別與千差，都來融一念。
萬仞巖前，湛水渟渟，一帶晴空，閑雲片片。
到此，則心月孤圓，敢曰靈明顯現，光吞萬境境非光，卻笑澄江淨如練。
非如練，祇一線，更須入火重烹煉，穴細金針露鼻時。
蘇州布也，揚州絹。參！

示宗妙禪者以「千日期」參公案

善造道者千日功，趣向如吞栗棘蓬。
淨白界中纔一念，須彌山隔在其中。
一句話頭如鐵橛，佛法塵勞都屏絕。
昏沈散亂成團去，祇須切上重加切。
千日如同頃刻間，意路心思絕往還。
放開兩足超然上，烈火層水總是閑。

全身撈入無生國，妙出有無之軌則。
逼塞虛空不顧人，始知大地如漆黑。
翻身拄杖活如龍，透海穿山振古風。
此是日旋三昧力，法界毫端用不窮。
更有向上末後句，玄妙機微都不是。
不向如來行處行，男兒自有沖天志。

答六雪關主問參公案「行人話頭真切不落楞嚴五蘊魔外」

細觀《楞嚴》五十種魔事，不出一箇「看」字。如「色陰」明白銷落諸念。乃至是人則能超越劫濁。觀其所由，堅固妄想以爲其本，即此堅固妄想便不能融化，於妄想中精研，見希奇之事便作聖解，豈非著耶？如不作聖解，名善境界，不作即不著耳。

又五蘊中總以「妄想」二字結之最初，一著便不能破，即此「妄想」便是魔之根蔕（柢），其根本不除，挫其枝葉，令其不生可乎？甚乃利其虛明，食彼精氣，悉妄想牽合，非魔從外來，苟涉于慎護，正所謂雪上加霜，火上益油耳。

如「受陰」中虛明妄想。虛明亦妄想蓋，最初未到求心不有之地，非妄而何？

如「想陰」中融通妄想。〈最初章〉云：「心愛圓明。」即前妄根與境融通，便生愛著。〈十種悉〉云：「心愛等，蓋天魔從圓境中來，與愛心偶合，作無邊魔業，安可救也？」良以行人最先坐斷此一念，無心即無愛，無愛則「著」之一字何有耶？祇如〈第九章〉云：「心愛入滅，貪求深空等，悉是魔業。」亦最初妄心不破，正所謂蒸沙作飯，沙非飯本也。

如「行陰」中幽隱妄想。蓋「行陰」乃遷流不止爲性，故云生滅根元從此披露，爲「想陰」盡，徹見「行陰」中根元，悉是生滅，念念不停。行人不隨生滅遷流，故得凝明正心，爾時天魔不得其便。但於圓元中起計度，故窮其始末、有因、無因等，既有計度，亡正徧知，「計」之一字從幽隱中來。文云：「觀彼幽清，不能徹見源底也。」

如「識陰」中顛倒妄想。謂同分生機，倏然隳裂，六根虛靜，無復馳逸。虛靜爲不馳逸，不馳逸爲「行陰」盡耳，「行陰」既盡，見聞通鄰互用清淨。故云：「窮諸行空，尚依識元，乃至精妙未圓，便生勝解。」

此十種悉以「識心」而生勝解，既作勝解，違遠圓通，生諸種類矣，禪門中善用心者俱不相涉。思大云：「十方諸佛被我一口吞盡，何處更有衆生可度？」此是佛祖位中留渠，不住邪魔外種，其奈爾何？欲得不受其蝕，但全身入理，不待遣、不待護，妄想念盡，則魔業自盡矣。古德云：「便好和根下一斧，免教節外又生枝。」

答「不執修證，不廢修證」問

吾宗門下，毋論利鈍賢愚，但以「信」而入，既發起猛利心，如坐在鐵壁銀山祇求迸出，諸妄想心悉不能入，「觀照」、「功行」安將寄乎？果得一念迸開，如披雲見天，如獲故物。

「觀照」、「功行」亦何所施？祇貴參究之念甚切，其參究亦涉于「功行」，但不以「功行」立名；如看破世緣，切究至道，亦涉于「觀照」，但不以「觀照」立名。如《圓覺》云：「惟除頓覺人，併法不隨順。」若以「觀照」爲事，則有能觀、能照之心，必有所觀、所照之境，能、所對立，非妄而何？所以禪宗云：「獨蹈大方，心外無境。」將十方世界洎父母、身心融成一箇，坐斷兩頭，始得箇入門；向上一路更須自看，不然，盡是鬼家活計，安可以修證同日而語耶？果顢頇不到此地，即名自欺，此輩名爲可憐愍者，寧堪齒錄也？

南嶽云：「修證即不無，汙染即不得。」即此「不汙染之修」，可謂圓修，還著得箇「修」字麼？即此「不汙染之證」，可謂圓證，還著得箇「證」字麼？如此，則終日修而無修，掃地、焚香悉無量之佛事，又安可廢？但不著修證耳。九地尚無功用行，況十地乎？乃至等覺，說法如雨如雲，猶被南泉呵斥，與道全乖，況十地？觀照與宗門而較，其優劣可乎？

六、示參禪偈十首

參禪須鐵漢，毋論期與限。咬定牙齒關，祇教大事辦。
猛火熱油鐺，虛空都煮爛。忽朝撲轉過，放下千斤祖。

參禪莫論久，不與塵緣偶。剔起兩莖眉，虛空顛倒走。
須彌碾成末，當下追本有。生鐵金汁流，始免從前咎。

參禪莫莽鹵，行誼要稽古。一條弦宜心，不遭歧路苦。

摎碎黃龍關，拈卻雲門普。這箇破落僧，從來不出戶。
參禪沒主宰，祇要心不改。萬彙及塵勞，旋坌誰俫倸。
堅硬可擎天，勇決堪抒海。雖然未徹頭，管取前程在。
參禪須審細，莫把工程計。有條便扳條，無條即扳例。
不親佛與祖，管甚經和偈。都來一口吞，心空始及第。
參禪發正信，信正魔宮震。片雪入紅爐，赤身遊白刃。
祇尋活路上，莫教死水浸。大散關忽開，倒騎毗盧印。
參禪休把玩，倏忽時光換。至理及玄奧，秦時鍍鑠鑽。
咄哉丈夫心，著手還自判。百年能幾何，莫待臨行亂。
參禪無巧拙，一念貴超越。識得指上影，直探天邊月。

劈開胸見心，刮去毛有血。分明舉似君，不會向誰說。

參禪須趁早，莫待年紀老。耳聵眼朦朧，朝在夕難保。

生平最樂事，到此都潦倒。佛法本無多，祇要今時了。

參禪莫治妄，治妄仍成障。譬欲得華鯨，管甚波濤漾。

至體絕纖塵，妄心是何狀。謹白參禪者，斯門真可尚。

禪關策進

雲棲袾宏輯

序

禪曷爲有關乎？道無內外、無出入，而人之爲道，也有迷悟。於是大知識關吏，不得不時其啓閉，愼其鎖鑰，嚴其勘覈，俾異言服私越度者，無所售其奸。而關之不易透，亦已久矣。予初出家，得一帙於坊間，曰《禪門佛祖綱目》，中所載，多古尊宿自敘其參學時，始之難入、中之做功夫經歷勞苦次第，與終之廓爾神悟，心愛之、慕之，願學焉。既而此書於他處更不再見，乃續閱《五燈》諸語錄雜傳，無論緇素，但實參實悟者，併入前帙，刪繁取要，滙之成編，易名曰《禪關策進》。居則置案，行則攜囊，一覽之，則心志激勵，神采煥發，勢自鞭逼前進。或曰：「是編也爲未過關者設也，已過關者長往矣，將安用之？」雖然，關之外有重關焉，託僞於雞聲，暫離於虎口，得少爲足，是爲增上慢人。水未窮，山未盡，警策在手，疾驅而長馳，破最後之幽關，徐而作罷，參齋未晚也。

萬曆二十八年歲次庚子孟春日雲棲袾宏識

前集二門

一、諸祖法語節要第一

諸祖法語，今不取向上玄談，唯取做功夫喫緊處。又節其要略，以便時時省覽，激勵身心。次二諸祖苦功，後集諸經引證，俱倣此。

筠州黃蘗運禪師示衆

預前若打不徹，臘月三十日到來，管取你熱亂。有般外道纔見人做功夫，便冷笑：「猶有這箇在！」我且問你，忽然臨命終時，你將何抵敵生死？須是閑時辦得下，忙時得用，多少省力！休待臨渴掘井，做手腳不迭，前路茫茫，胡鑽亂撞。苦哉！苦哉！平日祇學口頭三昧，說禪說道、呵佛罵祖，到這裏都用不著，祇管瞞人，爭知今日自瞞了也！勸你兄弟家，趁色力康健時，討取箇分曉，這些關棙子甚是容易，自是你不肯去下死志做功夫，祇管道難了又難。若是丈夫漢，看箇公案

「僧問趙州：『狗子還有佛性也無？』州云：『無。』」但二六時中看箇「無」字，晝參夜參，行住坐臥、著衣喫飯處、屙屎放尿處，心心相顧，猛著精彩，守箇「無」字，日久歲深打成一片，忽然心華頓發，悟佛祖之機，便不被天下老和尚舌頭瞞，便會開大口。達摩西來，無風起浪；世尊拈花，一場敗闕。到這裏，說甚閻羅老子，千聖尚不奈你何！不信道直有這般奇特。爲甚如此？事怕有心人。

評曰：此後代提公案看話頭之始也。然不必執定「無」字，或「無」字，或「萬法」，或「須彌山」、或「死了燒了」等、或「參究念佛」，隨守一則，以悟為期，所疑不同，悟則無二。

趙州諗禪師示衆

汝但究理坐看三二十年，若不會，截取老僧頭去！

老僧四十年不雜用心，除二時粥飯是雜用心處。

玄沙備禪師示衆

夫學般若菩薩，具大根器、有大智慧始得。若根機遲鈍，直須勤苦忍耐，日夜忘疲，如喪考妣相似，恁麼急切更得人荷挾剋骨究實，不妨亦得覯去。

鵝湖大義禪師垂誡

莫祇忘形與死心，此箇難醫病最深。直須提起吹毛利，要剖西來第一義。瞠卻眼兮剔起眉，反覆看渠渠是誰。若人靜坐不用功，何年及第悟心空？

永明壽禪師垂誡

學道之門別無奇特，祇要洗滌根塵下無量劫來業識種子，汝等但能消除情念，斷絕妄緣，對世間一切愛欲境界，心如木石相似，直饒未明道眼，自然成就淨身。若逢真正導師，切須勤心親近，假使參而未徹，學而未成，歷在耳根，永為道種，世世不落惡趣，生生不失人身，才出頭來，一聞千悟。

黃龍死心新禪師小參

諸上座！人身難得，佛法難聞，此身不向今生度，更向何生度此身？你諸人要參禪麼？須是放下著。放下箇甚麼？放下箇四大五蘊，放下無量劫來許多業識，向自己腳跟下推窮，看是甚麼道理？推來推去，忽然心華發明，照十方剎，可謂得之於心，應之於手。便能變大地作黃金，攪長河爲酥酪，豈不暢快平生？莫祇管冊子上念言念語、討禪討道，禪道不在冊子上。縱饒念得一大藏教、諸子百家，也祇是閑言語，臨死之時總用不著。

評曰：不可見恁麼說，便謗經毀法，蓋此語為著文字而不修行者戒也，非為不識一丁者立赤幟也。

東山演禪師送徒行腳

須將「生死」二字貼在額頭上，討取箇分曉，如祇隨羣作隊，打哄過日，他時閻老子打算飯錢，莫道我不曾說與你來。若是做功夫，須要時時檢討刻刻提撕，那裏是得力處、那裏是不得力處、那裏是打失處、那裏是不打失處。有一等纔上蒲團，便打瞌睡，及至醒來胡思亂想，纔下蒲團便說雜話，如此辦道，直至彌勒下生，也未得入手。須是猛著精彩，提箇話頭，晝參夜參，與他廝捱，不可坐在無事甲裏，又不可蒲團上死坐，若雜念轉鬥轉多，輕輕放下，下地走一遭，再上蒲團，開兩眼、揑兩拳，豎起脊梁，依前提起話頭，便覺清涼。如一鍋沸湯，攙一杓冷水相似，如此做功夫，定有到家時節。

佛迹頤菴眞禪師普說

信有十分，疑有十分；疑有十分，悟有十分。可將平生所見所聞、惡知惡解、奇言妙句、禪道佛法、貢高我慢等心，徹底傾瀉。祇就未明未了的公案上距定腳頭，竪起脊梁，無分晝夜，直得東西不辨，南北不分，如有氣的死人相似。心隨境化，觸著還知，自然念慮内忘，心識路絕，忽然打破髑髏，元來不從他得，那時豈不慶快平生者哉！

徑山大慧杲禪師答問

今時有自眼不明，祇管教人死獦狚地休去歇去，又教人隨緣管帶、忘情默照，又教人是事莫管，如是諸病，枉用功夫，無有了期。但祇存心一處，無有不得者，時節因緣到來，自然觸著磕著、噴地醒去。

把自家心識緣世間塵勞的，回來底在般若上，縱今生打未徹，臨命終時定不爲惡業所牽，來生出頭，定在般若中，見成受用，此是決定的事，無可疑者。

但自時時提撕，妄念起時，亦不必將心止遏，祇看箇話頭，行也提撕，坐也提撕，提撕來，提撕去，没滋味，那時便是好處，不得放捨。忽然心華發明，照十方剎，便能於一毛端，現寶王剎，坐微塵裏，轉大法輪。

評曰：師自云：「他人先定而後慧，某甲先慧而後定。」蓋話頭疑破，所謂休去歇去者，不期然而然矣。

蒙山異禪師示衆

某年二十，知有此事。至三十二，請益十七八員長老，問他做功夫，都無端的。後參皖山長老，教看「無」字，十二時中，要惺惺如貓捕鼠、如雞抱卵，無令間斷，未透徹時，如鼠咬棺材，不可移易，如此做去，定有發明時節。於是晝夜孜孜體究，經十八日，喫茶次，忽會得世尊拈花迦葉微笑，不勝歡喜。求決三四員長老，俱無一語，或教祇以海印三昧一印印定，餘俱莫管，便信此說。過了二載，景定五年六月，在四川重慶府患痢，晝夜百次，危劇瀕死，全不得力，海印三昧也用不得，從前解會的也用不得，有口說不得，有身動不得，有死而已，業緣境界俱時現前，怕怖慞惶，衆苦交逼。遂强作主宰，分付後事，高著蒲團，裝一鑪香，徐起坐定，默禱三寶龍天，悔過從前諸不善業，若大限當盡，願承般若力，正念托生，早早出家；若得病愈，便棄俗爲僧，早得悟明，廣度後學。作此願已，提個「無」字，迴光自看；未久之間，臟腑三四迴動，祇不管他；良久眼皮不動；又良久，不見有身，祇話頭不絕；至晚方起，病退一半；復坐至三更四點，諸病盡退，身心輕安。

八月至江陵落髮，一年起單行腳，途中炊飯，悟得功夫須是一氣做成，不可斷續。到黃龍歸堂，第一次睡魔來時，就座抖擻精神，輕輕敵退；第二次亦如是退；第三次睡魔重時，下地禮拜消遣，再上蒲團，規式已定，便趁此時，打併睡魔。初用枕短睡，後用臂，後不放倒身。過二三夜，日夜皆倦，腳下浮逼逼地，忽然眼前如黑雲開，自身如新浴出一般清快。心下疑團愈盛，不著用力，綿綿現前，一切聲色、五欲、八風皆不入得，清淨如銀盆盛雪相似，如秋空氣肅相似，卻思功夫雖好，無可抉擇。起單入浙，在路辛苦，功夫退失。至承天孤蟾和尚處歸堂，自誓未得悟明，斷不起單。月餘功夫復舊，其時徧身生瘡，亦不顧，捨命趁逐功夫，自然得力，又做得病中功夫。因赴齋出門，提話頭而行，不覺行過齋家，又做得動中功夫。到此卻似透水月華，急灘之上亂波之中，觸不散，蕩不失，活鱍鱍地。三月初六日，坐中正舉「無」字，首座入堂燒香，打香盒作聲，忽然囫地一聲，識得自己，捉敗趙州。遂頌云：「沒興路頭窮，踏翻波是水。超羣老趙州，面目祇如此。」

秋間臨安見雪巖、退耕、石坑、虛舟諸大老，舟勸往皖山。山問：「光明寂照徧河沙，豈不是張拙秀才語？」某開口，山便喝出。自此行坐飲食皆無意思，經六箇月。次年春，因出城回，上石梯子，忽然胸次疑礙冰釋，不知有身在路上行，乃見山。山又問前語，某便掀倒禪牀，卻將從前數則極誵訛公案一一曉了。諸仁者！參禪大須仔細，山僧若不得重慶一病，幾乎虛度。要緊在遇正知見人，所以古人朝參暮請，抉擇身心，孜孜切切，究明此事。

評曰：他人因病而退惰，此老帶病精修，終成大器，豈徒然哉！禪人病中，當以是痛自勉勵。

揚州素菴田大士示衆

近來篤志參禪者少，纔參箇話頭，便被昏散二魔纏縛，不知昏散與疑情正相對治。信心重則疑情必重，疑情重則昏散自無。

處州白雲無量滄禪師普說

二六時中，隨話頭而行，隨話頭而住，隨話頭而坐，隨話頭而臥，心如棘栗蓬相似，不被一切人我、無明、五欲、三毒等之所吞噉，行住坐臥通身是箇疑團，疑來疑去，終日獃樁樁地，聞聲睹色，管取囫地一聲去在。

四明用剛軟禪師答禪人書

做功夫須要起大疑情，汝功夫未有一月半月成片，若真疑現前，撼搖不動，自然不怕惑亂。祇管勇猛忿去，終日如獃的漢子相似，到恁麼時，不怕甕中走鼈。

袁州雪巖欽禪師普說

時不待人，轉眼便是來生，何不趁身强力健打教徹去、討教明白去？何幸又得在此名山大澤、神龍世界、祖師法窟，僧堂明淨，粥飯清潔，湯火穩便，若不向這裏打教徹討教明白去，是你自暴自棄，自甘陸沈，爲下劣愚癡之漢。若果是茫無所知，何不博問先知？凡遇五參，見曲彔牀上老漢橫說豎說，何不歷在耳根，反覆尋思，畢竟是箇甚麼道理？

山僧五歲出家，在上人侍下，見與賓客交談，便知有此事，便信得及，便學坐禪。十六爲僧，十八行腳。在雙林遠和尚會下打十方，從朝至暮，不出戶庭，縱入衆寮，至後架，袖手當胸，不左右顧，目前所視，不過三尺。初看「無」字，忽於念頭起處打一箇返觀，這一念當下冰冷，直是澄澄湛湛，不動不搖，過一日如彈指頃，都不聞鐘鼓之聲。

十九在靈隱掛搭，見處州來書，說欽禪你這功夫是死水，不濟事，動靜二相打作兩橛，參禪須是起疑情，小疑小悟，大疑大悟。被州說得著，便改了話頭，看箇「乾屎橛」，一味東疑西疑，橫看豎看，卻被昏散交攻，頃刻潔淨也不能得。移單過淨慈，結甲七箇兄弟坐禪，封被，脅不沾席。外有修上座，每日在蒲團上，如箇鐵橛子相似；地上行時，開兩眼，垂兩臂，亦如箇鐵橛子相似，要與親近說話，更不可得。因兩年不倒身，捱得昏困（睏），遂一放都放了。兩月後，從前整頓，得這一放十分精神，元來要究明此事，不睡也不得，須是到中夜熟睡一覺，方有精神。

一日廊下見修，方得親近，卻問：「去年要與你說話，祇管避我。如何？」修云：「真正辦道人，無翦爪之工，更與你說話在！」因問：「即今昏散打屏不去。」修道：「你自不猛烈，須是高著蒲團，豎起脊梁，盡渾身併作一箇話頭，更討甚昏散？」依修做功夫，不覺身心俱忘，清清三晝夜，兩眼不交睫，第三日午後，在三門下如坐而行，又撞見修，問：「你在此做甚麼？」答云：「辦道。」修云：「你喚甚麼作道？」遂不能對。轉加迷悶，即欲歸堂坐禪，又撞見首座道：「你但大開了眼，看是甚麼道理？」又被提這一句，衹欲歸堂，纔上蒲團，面前豁然一開，如地陷一般，是時呈似人不得，非世間一切相可喻。便下單尋修，修見，便道：「且喜！且喜！」握手門前柳堤上行一轉，俯仰天地間，森羅萬象，眼見耳聞，向來所厭、所棄之物，與無明煩惱，元來都是自己妙明真性中流出。

半月餘動相不生，可惜不遇大手眼尊宿，不合向這裏坐住，謂之見地不脫，礙正知見，每於睡著時打作兩橛。公案有義路者則理會得；如銀山鐵壁者卻又不會。雖在無準先師會下多年，入室陞座，無一語打著心下事，經教語錄上亦無一語可解，此病如是礙在胸中者十年。一日在天目佛殿上行，擡眼見一株古柏，觸目省發，向來所得境界、礙膺之物，撲然而散，如闇室中出在白日。從此不疑生、不疑死、不疑佛、不疑祖，始得見徑山老人立地處，好與三十拄杖。

天目高峯妙禪師示衆

此事祇要當人的有切心，纔有切心，真疑便起，疑來疑去，不疑自疑，從朝至暮，黏頭綴尾，打成一片，撼亦不動，趁亦不去，昭昭靈靈，常現在前，此便是得力時也，更須確其正念，愼無二心。至於行不知行，坐不知坐，寒熱饑渴，悉皆不知，此境界現前，即是到家消息。也巴得構、也撮得著，祇待時刻而已。卻不得見恁麼說，起一念精進心求之，又不得將心待之，又不得縱之棄之。但自堅凝正念，以悟爲則，當此之時，有八萬四千魔軍，在汝六根門頭伺候，一切奇異善惡等事隨汝心現，汝若瞥起毫釐著心，便墮他圈績、被他作主、受他指揮，口說魔話，身行魔事，般若正因從茲永絕，菩提種子不復生芽。但莫起心，如箇守屍鬼子，守來守去，疑團子欻然爆地一聲，管取驚天動地。

某甲十五出家，二十更衣入淨慈，立三年死限學禪。初參斷橋和尚，令參「生從何來，死從何去」，意分兩路，心不歸一。後見雪巖和尚，教看「無」字，又令每日上來一轉，如人行路，日日要見工程。因見說得有序，後竟不問做處，一入門，便問：「誰與你拖這死屍來？」一聲未絕，便打出。次後徑山歸堂。夢中忽憶「萬法歸一，一歸何處」？自此疑情頓發，直得東西不辨，南北不分。第六日隨衆閣上諷經，擡頭忽觀五祖演和尚真贊，末兩句云：「百年三萬六千朝，返覆元來是這漢。」日前拖死屍句子驀然打破，直得魂魄膽喪，絕後再甦，何啻放下百二十斤擔子，其時正二十四歲，滿三年限。次後被問：「日間浩浩，作得主麼？」答曰：「作得。」又問：「睡夢中作得主麼？」答云：「作得。」又問：「正睡著無夢時，主在何處？」於此無言可對，無理可伸。和尚囑云：「從今不要你學佛法，窮古窮今，祇饑來喫飯，睏來打眠，纔眠覺來，抖擻精神，我這一覺主人公畢竟在甚麼處安身立命？」自誓拌一生做箇癡獃漢，定要見這一著子明白。經及五年，一日睡覺，正疑此事，忽同宿道友推枕子落地作聲，驀然打破疑團，如在網羅中跳出，所有佛祖誵訛公案、古今差別因緣，無不了了。自此安邦定國，天下太平，一念無爲，十方坐斷。

評曰：前示眾，做功夫一段至為切要，學者宜書諸紳。其自敘中所云：「饑來喫飯，睏來打眠。」是發明以後事，莫錯會好！

鐵山瓊禪師普說

山僧十三歲知有佛法，十八出家，二十二爲僧。先到石霜，記得祥菴主教時時觀見鼻頭白，遂得清淨。後有僧自雪巖來，寫得巖〈坐禪箴〉看，我做功夫卻不曾從這裏過。因到雪巖，依彼所說做功夫，單提「無」字。至第四夜通身汗流，十分清爽，繼得歸堂，不與人說話，專一坐禪。後見妙高峯，教十二時中莫令有間，四更起來，便摸索話頭頓在面前，略覺睏睡，便起身下地，也是話頭，行時步步不離話頭，開單展鉢、拈匙放箸、隨衆等事，總不離話頭，日間夜間，亦復如是，打成片段，未有不發明者。依峯開示，做功夫果得成片。三月二十日，巖上堂云：「兄弟家，久在蒲團瞌睡，須下地走一遭，冷水盥漱，洗開兩眼，再上蒲團，豎起脊梁，壁立萬仞，單提話頭，如是用功，七日決定悟去。此是山僧四十年前已用之功。」某即依彼所說，便覺功夫異常；第二日，兩眼欲閉而不能閉；第三日，此身如在虛空中行；第四日，曾不知有世間事。其夜倚闌干少立，泯然無知，簡（檢）點話頭，又不打失，轉身上蒲團，忽覺從頭至足，如劈破髑髏相似，如萬丈井底被提在空中相似，此時無著歡喜處。舉似巖，巖云：「未在，更去做功夫！」求得法語，末後云：「紹隆佛祖向上事，腦後依前欠一槌。」心下道：「如何又欠一槌？」不信此語，又似有疑，終不能決。每日堆堆坐禪，將及半載。一日因頭痛煎藥，遇覺赤鼻問「那吒太子拆骨還父拆肉還母」話，記得被悟知客問不能對，忽然打破這疑團。

後到蒙山，山問：「參禪到甚麼處是畢功處？」遂不知頭。山教再做定力功夫洗蕩塵習。每遇入室下語，祇道欠在。一日晡時，坐至更盡，以定力挨拶，直造幽微，出定見山，說此境已，山問：「那箇是你本來面目？」正欲下語，山便閉門。自此功夫日有妙處，蓋以離巖太早，不曾做得細密功夫，幸遇本色宗匠，乃得到此，元來功夫做得緊峭則時時有悟入，步步有剝落。一日見壁上三祖〈信心銘〉云：「歸根得旨，隨照失宗。」又剝了一層。山云：「箇事如剝珠相似，愈剝愈光，愈明愈淨，剝一剝，勝他幾生功夫也。」但下語猶祇道欠在。一日定中忽觸著「欠」字，身心豁然，徹骨徹髓，如積雪卒然開霽，忍俊不禁，跳下地來，擒住山云：「我欠少箇甚麼？」山打三掌，某禮三拜。山云：「鐵山這一著子幾年，今日方了。」

暫時話頭不在，如同死人，一切境界逼迫臨身，但將話頭與之抵當，時時簡點話頭，動中靜中、得力不得力，又定中不可忘卻話頭，忘話頭則成邪定。不得將心待悟，不得文字上取解會，不得些少覺觸以爲了事，但教如癡如獃去，佛法世法打成一片，施爲舉措祇是尋常，惟改舊時行履處。古云：「大道從來不屬言，擬談玄妙隔天淵。直須能所俱忘卻，始可饑餐睏則眠。」

天目斷崖義禪師示眾

若要超凡入聖，永脫塵勞，直須去皮換骨，絕後再甦，如寒灰發焰，枯木重榮，豈可作容易想！我在先師會下多年，每被大棒，無一念遠離心，直至今日，觸著痛處，不覺淚流。豈似你等皺著些子苦味，便掉頭不顧。

天目中峯本禪師示眾

先師高峯和尚，教人惟以所參話頭蘊之於懷，行也如是參，坐也是如參，參到用力不及處、留意不得時，驀忽打脫，方知成佛其來舊矣。這一著字，是從上佛祖了生脫死之已驗三昧，惟貴信得及，久遠不退轉，更無有不獲其相應者。

看話頭做功夫最是立腳穩當、悟處親切，縱此生不悟，但信心不退，不隔一生兩生，便無不獲開悟者。或三十年、二十年，未即開悟，不須別求方便，但心不異緣，意絕諸妄，孜孜不捨，祇向所參話頭上立定腳頭，拌取生與同生，死與同死，誰管三生五生、十生百生，若不徹悟決定不休。有此正因，不患大事之不了明也。

病中做功夫，也不要你精進勇猛，也不要你撐眉努目，但要你心如木石，意若死灰，將四大幻身撇向他方世界之外，繇他病也得、活也得、死也得、有人看也得、無人看也得、香鮮也得、臭爛也得、醫得健來，活到一百二十歲也得，如或便死，被宿業牽入鑊湯爐炭裏也得，如是境界中都不動搖。但切切將箇沒滋味話頭，向藥爐邊枕頭上默默咨參，不得放捨。

評曰：此老千言萬語，祇教人看話頭，做真實功夫，以期正悟，諄切透快。千載而下，如耳提面命，具存全書，自應徧覽。

獅子峯天如則禪師普說

生不知來處，謂之生大；死不知去處，謂之死大。臘月三十日到來，祇落得手忙腳亂，何況前路茫茫，隨業受報，正是要緊事在，這箇是生死報境。若論生死業根，即今一念隨聲逐色，使得七顛八倒者便是。繇是佛祖運大慈悲，或教你參禪，或教你念佛，令汝掃除妄念，認取本來面目，做箇灑灑落落大解脫漢。而今不獲靈驗者，有三種病：第一、不遇真善知識指示。第二、不能痛將生死大事爲念，悠悠漾漾，不覺打在無事甲裏。第三、於世間虛名浮利，照不破、放不下，妄緣惡習上，坐不斷、擺不脫，境風扇動處，不覺和身輥入業海中，東飄西泊去。真正道流，豈肯恁麼？當信祖師道：「雜念紛飛，如何下手？」一個話頭，如鐵掃帚，轉掃轉多，轉多轉掃，掃不得，拌命掃，忽然掃破太虛空，萬別千差一路通。諸禪德！努力今生須了卻，莫教永劫受餘殃。又有自疑念佛與參禪不同，不知參禪祇圖識心見性，念佛者，悟自性彌陀唯心淨土，豈有二理？經云：「憶佛念佛，現前當來，必定見佛。」既曰現前見佛，則與參禪悟道有何異哉？答或問云：「但將阿彌陀佛四字做箇話頭，二六時中直下提撕，至於一念不生，不涉階梯，徑超佛地。」

智徹禪師淨土玄門

念佛一聲，或三五七聲，默默返問：「這一聲佛從何處起？又問這念佛的是誰？」有疑祇管疑去。若問處不親，疑情不切，再舉箇「畢竟這念佛的是誰」？於前一問，少問少疑，祇問「念佛是誰」？諦審諦問。

評曰：徑無前問，祇看這念佛的是誰亦得。

汝州香山無聞聰禪師普說

山僧初見獨翁和尚，令參「不是心，不是佛，不是物」。後同雲峯、月山等六人，立願互相究竟。次見淮西，教無能令提「無」字。次到長蘆，結伴煉磨。後遇淮上敬兄，問云：「爾六七年有甚見地？」某答：「每日祇是心下無一物。」敬云：「你這一絡索甚處出來？」某心裏似知不知，不敢開口。敬見我做處無省發，乃云：「你定中功夫不失，動處便失。」某被說著心驚，便問：「畢竟明此大事應作麼生？」敬云：「你不聞川老子道：『要知端的意，北斗面南看。』」說了便去。某被一問，直得行不知行，坐不知坐，五七日間，不提「無」字，倒祇看「要知端的意，北斗面南看」。忽到淨頭寮，在一木上與衆同坐，祇是疑情不解。有飯食頃，頓覺心中空亮輕清，見情想破裂，如剝皮相似，目前人物一切不見，猶如虛空，半時省來，通身汗流，便悟得北斗面南看。遂見敬，下語作頌：「都無滯礙，尚有向上一路，不得灑落。」後入香巖山中過夏，被蚊子齩，兩手不定，因念古人為法忘軀，何怖蚊子？盡情放下，齩定牙關，捏定拳頭，單提「無」字，忍之又忍，不覺身心歸寂，如一座屋倒卻四壁，體若虛空，無一物可當情。辰時一坐，未時出定，自知佛法不誤人，自是功夫不到，然雖見解明白，尚有微細隱密妄想未盡。又入光州山中習定六年，陸安山中又住六年，光州山中又住三年，方得穎脫。

評曰：古人如是勤辛，如是久遠，方得相應。今人以聰明情量剎那領會，而猶欲自附於頓悟，豈不謬哉！

獨峯和尚示衆

學道之士那裏是入手處？提箇話頭是入手處。

般若和尚示衆

兄弟家！三年五年做功夫無箇入處，將從前話頭抛卻，不知行到中途而廢，可惜前來許多心機。有志之士，看衆中柴乾水便、僧堂溫煖，發願三年不出門，決定有箇受用。有等纔做功夫，心地清淨，但見境物現前，便成四句，將謂是大了當人，口快舌便，誤了一生，三寸氣消，將何保任？佛子！若欲出離，參須直參，悟須實悟。或話頭綿密，無有間斷，不知有身，謂之人忘法未忘；有到此忘其本身，忽然記得，如在夢中跌下萬仞洪崖，祇顧救命，遂成風癲，到此須是緊提話頭，忽然連話頭都忘，謂之人法雙忘；驀地冷灰豆爆，始知張公喫酒李公醉，正好來般若門下喫棒。何以故？更須打破諸祖重關，徧參知識，得知一切淺深，卻向水邊林下保養聖胎，直待龍天推出，方可出來扶揚宗教，普度羣生。

雪庭和尚示衆

十二時中，一貧如洗，看箇「父母未生前，那箇是我本來面目」？不管得力不得力、昏散不昏散，衹管提撕去。

仰山古梅友禪師示衆

須要發勇猛心，立決定志，將平生悟得的、學得的一切佛法、四六文章、語言三昧，一掃掃向大洋海裏去，更莫舉著。把八萬四千微細念頭，一坐坐斷，卻將本參話頭一提提起，疑來疑去，拶來拶去，凝定身心討箇分曉，以悟爲則。不可向公案上卜度、經書上尋覓，直須卒地斷、爆地拆，方始到家；若是話頭提不起，連舉三徧，便覺有力；若身力疲倦，心識恛惶，卻輕輕下地打一轉，再上蒲團，將本參話如前挨拶。若纔上蒲團，便打瞌睡，開得眼來，胡思亂想，轉身下地，三三兩兩，交頭接耳、大語細話，記取一肚皮語錄經書，逞能舌辯，如此用心，臘月三十日到來，總用不著。

衢州傑峯愚禪師示五臺善講主

假饒文殊放金色光與汝摩頂，師子被你騎來，觀音現千手眼，鸚哥被你捉得，皆是逐色隨聲，於你自己有何利益？要明己躬大事，透脫生死牢關，先須截斷一切聖凡虛妄見解，十二時中，迴光返照，但看箇「不是心，不是物，不是佛」，是箇甚麼？切莫向外邊尋討。設有一毫佛法神通聖解如粟米粒大，皆爲自欺，總是謗佛謗法。直須參到脫體無依、纖毫不立處，著得隻眼，便見青州布衫、鎮州蘿蔔，皆是自家所用之物，更不須別求禪通聖解也。

靈隱瞎堂禪師對制

宋孝宗皇帝問：「如何免得生死？」對曰：「不悟大乘道，終不能免。」又問：「如何得悟？」對曰：「本有之性，以歲月磨之，無不悟者。」

大乘山普巖斷岸和尚示衆

萬法歸一，一歸何處？不得不看話頭，守空靜而坐；不得念話頭，無疑而坐。如有昏散，不用起念排遣，快便舉起話頭，抖擻身心，猛著精采；更不然，下地經行，覺昏散去，再上蒲團。忽爾不舉自舉，不疑自疑，行不知行，坐不知坐，惟有參情，孤孤迥迥，歷歷明明，是名斷煩惱處，亦名我喪處。雖然如是，未爲究竟，再加鞭策，看箇一歸何處？到這裏，提撕話頭無節次了也，惟有疑情，忘即舉之。直至返照心盡，是名法亡，始到無心處也。莫是究竟麼？古云：「莫謂無心云是道，無心猶隔一重關。」忽地遇聲遇色，磕著撞著，大笑一聲，轉身過來，便好道：「懷州牛喫禾，益州馬腹脹。」

古拙禪師示衆

諸大德何不起大精進，對三寶前，深發重願：若生死不明，祖關不透，誓不下山。向長連牀上，七尺單前，高掛缽囊，壁立千仞，盡此一生，做教徹去，若辦此心，決不相賺。如其發心不真，志不猛勵，這邊經冬，那邊過夏，今日前進，明日退後，久久摸索不著，便道般若無靈驗，卻向外邊記一肚、鈔一部，如臭糟瓶相似，聞者未免惡心嘔吐。直做到彌勒下生，有何干涉？苦哉！

太虛禪師示衆

如未了悟，須向蒲團上冷坐十年、二十年、三十年，看箇父母未生前面目。

楚石琦禪師示衆

兄弟！開口便道：「我是禪和。」及問他：「如何是禪？」便東覷西覷，口如扁擔相似，苦哉屈哉！喫著佛祖飯，不去理會本分事，爭持文言俗句，高聲大語，略無忌憚，全不識羞！有般底不去蒲團上究明父母未生以前本來面目，冷地裏學客春，指望求福，懺除業障，與道太遠在！凝心斂念，攝事歸空，念想纔生即便遏捺，如此見解，即是落空亡的外道、魂不返的死人；又有妄認能瞋能喜、能見能聞，認得明白了，便是一生參學事畢。我且問你：「無常到時，燒作一堆灰，這能瞋能喜、能見能聞的甚麼處去也？」恁麼參的，是藥汞銀禪，此銀非真，一煅便流。因問你：「尋常參箇甚麼？」答道：「有教參萬法歸一，一歸何處？又教我祇如此會，今日方知不是，就和尚請箇話頭。」我道：「古人公案有甚麼不是，汝眼本正，因師故邪。」累請不已，向道去參「狗子無佛性」話，忽然打破漆桶，卻來山僧手裏喫棒。

評曰：天如而下，皆元末及，國初尊宿，若傑峯、古拙、楚石，則身經二代者也。楚石為妙喜五世孫，而其見地如日光月明，機辯如雷烈風迅，直截根原，脫落枝葉，真無愧妙喜老人矣！天如以至今日，無匹休者，獨其語皆提持向上極則事，教初學人做功夫處絕少，僅得一二，錄如左。

高麗普濟禪師答李相國書

既曾於無字話提撕，不必改參也，況舉起別話頭時，曾參「無」字，必於「無」字有小熟因地，切莫移動，切莫改參，但於二六時中，四威儀內，舉起話頭，莫待幾時悟不悟，亦莫管有滋味無滋味，亦莫管得力不得力，拶到心思不及、意慮不行，即是諸佛祖放身命處。

評曰：此語錄，萬曆丁酉，福建許元真東征，得之朝鮮者，中國未有也。因錄其要而識之。

楚山琦禪師解制

諸大德！九十日中，還曾證悟也無？如其未悟，則此一冬又是虛喪了也。若是本色道流，以十方法界爲個圓覺期，莫論長期短期、百日千日、結制解制，但以舉起話頭爲始。若一年不悟，參一年；十年不悟，參十年；二十年不悟，參二十年；盡平生不悟，決定不移此志，直須要見箇真實究竟處，方是放參之日也。如未能言前契旨，但將一句阿彌陀佛置之懷抱，默默體究，常時鞭起疑情，這念佛的是誰？念念相續，心心無間，如人行路到水窮山盡處，自然有箇轉身的道理，囫地一聲，契入心體。

評曰：舉起話頭為進期，真實究竟為出期。當牢記取！

天眞毒峯善禪師示衆

果欲了脫生死，先須發大信心、立弘誓願：若不打破所參公案，洞見父母未生前面目，坐斷微細現行生死，誓不放捨本參話頭，遠離真善知識，貪逐名利，若故違此願，當墮惡道。發此大願，防護其心，方堪領受公案。或看「無」字，要緊在「因甚狗子無佛性」上著力；或看「萬法歸一」，要緊在「一歸何處」；或參究「念佛」，要緊的在「念佛的是誰」，迴光返照，深入疑情，若話頭不得力，還提前文，以至末句，使首尾一貫，方有頭緒，可致疑也。疑情不斷，切切用心，不覺舉步翻身，打個懸空觔斗，卻再來喫棒。

空谷隆禪師示衆

不可獃蠢蠢地念箇話頭，亦不可推詳計較，但時中憤然要明此事。忽爾懸崖撒手，打箇翻身，方見孤明歷歷，到此不可耽著，還有腦後一槌，極是難透，你且恁麼參去。不參自悟，上古或有之，自餘未有不從力參而得悟者。優曇和尚令提念佛的是誰，汝今不必用此等法，祇平常念去，但念不忘，忽然觸境遇緣，打著轉身一句，始知寂光淨土不離此處，阿彌陀佛不越自心。

評曰：但時中憤然要明此事，此句甚妙，該攝看話頭之法曲盡。

天奇和尚示衆

汝等從今發決定心，晝三夜三，舉定本參，看他是箇甚麼道理？務要討箇分曉。日久歲深，不煉昏沈，昏沈自退；不除散亂，散亂自絕。純一無雜，心念不生，忽然會得，如夢而醒，覆看從前，俱是虛幻，當體本來現成，萬象森羅全機獨露，於這大明國裏，也不枉爲人；向此法門，也不枉爲僧。卻來隨緣度日，豈不暢哉？豈不快哉？終日念佛，不知全是佛念，如不知，須看箇念佛的是誰，眼就看定，心就舉定，務要討箇下落。

評曰：毒峯、天奇，皆教參究念佛，空谷何故謂不必用此等法？蓋是隨機不同，任便無礙。

古音琴禪師示衆

坐中所見善惡，皆繇坐時不起觀察，不正思惟，但祇瞑目靜坐，心不精采，意順境流，半夢半醒，或貪著靜境爲樂，致見種種境界。夫正因做功夫者，當睡便睡，一覺一醒便起抖擻精神，挪挲眼目，齩住牙根，揑緊拳頭，直看話頭落在何處。切莫隨昏隨沈，絲毫外境不可采著。行住坐臥之中，一句彌陀莫斷。須信因深果深，直教不念自念，若能念念不空，管取念成一片，當念認得念人，彌陀與我同現。

異巖登禪師釋疑集

問：「學人參求知識，或令提箇話頭，或令疑箇話頭，同耶別耶？」答：「纔舉話頭，當下便疑，豈有二理？一念提起，疑情即現，覆去翻來，精研推究，功深力極，自得了悟。」

評曰：《釋疑集》中，此一段文最為精當，今人頗有滯此二端而不決者，蓋未曾實做功夫故也。

月心和尚示眾

憤起新鮮志氣，舉箇話頭。要於結末字上疑情永長，沈沈痛切。或杜口默參，或出聲追審，如失重物，務要親逢親得，日用中一切時一切處更無二念。

二、諸祖苦功節略第二

獨坐靜室

道安大師，獨坐靜室，十有二年，殫精搆思，乃得神悟。

評曰：此老竭精思乃得神悟，不是一味靜坐便了。

懸崖坐樹

靜琳禪師，棄講習禪。昏睡惑心，有懸崖，下望千仞，旁出一樹，以草藉之，趺坐其上，一心繫念，動經宵日，怖死既重，專精不二，後遂超悟。

草食木棲

通達禪師，入太白山，不齎糧粒，饑則食草，息則依樹，端坐思玄，五年不息。因以木打塊，塊破，廓然大悟。

評曰：饒汝草食樹棲，若不思玄，漫爾多載，異於深山野人者幾希！

衣不解帶

金光照禪師，十三出家，十九入洪陽山，依迦葉和尚，服勤三載，衣不解帶，寢不沾席。又在姑射山亦如是，豁然啓悟。

引錐自刺

慈明、谷泉、瑯琊三人，結伴參汾陽，時河東苦寒，衆人憚之，慈明志在於道，曉夕不忘，夜坐欲睡，引錐自刺。後嗣汾陽，道風大振，號「西河師子」。

闇室不忽

宏智禪師，初侍丹霞淳，因與僧徵詰公案，不覺大笑，淳責曰：「汝笑這一聲，失了多少好事，不見道：『暫時不在，如同死人。』」智再拜伏膺，後雖在闇室，未嘗敢忽。

評曰：論道而笑，古人尚呵，今世諦詼諧，捧腹無厭，丹霞見之，又當如何？

晚必涕泣

伊菴權禪師，用功甚銳，至晚必流涕曰：「今日又祇恁麼空過，未知來日功夫如何？」師在衆，不與人交一言。

三年力行

晦堂心禪師，自言初入道，自恃甚易，逮見黃龍先師，退思日用與理矛盾極多，遂力行之三年。祈寒溽暑，確志不移，方得事事如理。而今欬唾掉臂，也是祖師西來意。

圓枕警睡

喆侍者，睡以圓木爲枕，小睡，則枕轉覺而復起，率以爲常。或謂用心太過，答云：「我於般若緣分素薄，若不如此，恐爲妄習所牽。」

被雨不覺

全菴主，爲道猛烈，無食息暇。一日倚欄看狗子話，雨來不覺，衣濕方知。

誓不展被

佛燈珣禪師，依佛鑑。隨衆咨請，邈無所入，歎曰：「此生若不徹證，誓不展被。」於是四十九日，祇靠露柱立地，如喪考妣，乃得大悟。

擲書不顧

鐵面昺禪師，行腳時，離鄉未久，聞受業一夕遺火，悉爲煨燼，得書，擲之地曰：「徒亂人意耳。」

堅誓省發

靈源清禪師，初參黃龍心，隨衆問答，茫然不知端倪。夜誓佛前曰：「當盡形壽以法爲檀，願早開解。」後閱玄沙語，倦而倚壁，起經行，步促遺履，俯就之，忽大悟。

無時異緣

圜悟勤禪師，再參東山演，爲侍者，窮參力究。自云：「山僧在衆，無一時異緣，十年方得打徹。」

評曰：十年之間，無一時異緣，試問今一日間異緣多少？何時得打徹去也？

造次不忘

牧菴忠禪師，初習臺教，後志禪宗。謁龍門眼，造次之頃，不忘提撕，適縱步水磨，見額云「法輪常轉」，忽大悟。

忘抵河津

慶壽享禪師，參鄭州普照寶公，朝夕精勤。一日以事往睢陽，過趙渡，疑情不散，忘其抵津，同行覺之曰：「此河津也。」豁然，悲喜交集，以白寶公，公曰：

「此僵臥漢，未在。」因教看「日面佛」語。一日雲堂靜坐，聞板聲大悟。

寢食兩忘

松源岳禪師，初以居士參應庵華，不契，愈自奮勵。見密菴傑，隨問隨答，密歎曰：「黃楊木禪耳。」奮勵彌切，至忘寢食，會密入室，問僧：「不是心，不是佛，不是物。」師從傍大悟。

口體俱忘

高峯妙禪師，在衆，脅不沾席，口體俱忘，或時如廁，中單而出，或時發函，不扃而去。後徑山歸堂，大悟。

諸緣盡廢

傑峯愚禪師，初參古崖石門，佩受法語，晝夜兀坐，不契。後參止巖，舉「不是心，不是佛，不是物」，愈疑，乃諸緣盡廢，寢食俱不覺知，如氣絕者。一夕坐至夜分，聞鄰僧詠〈證道歌〉云：「不除妄想不求真。」豁然如釋重負。有「夜半忽然忘月指，虛空進出日輪紅」之句。

杜門力參

移刺楚材丞相，參萬松老人，屏斥家務，杜絕人迹，雖祈寒溽暑，無日不參，焚膏繼晷，廢寢忘餐者幾三年，乃獲印證。

評曰：如是用心，如是證道，是之謂在家菩薩也。喫得肉已飽，來尋僧說禪，獨何為哉？

以頭觸柱

中峯本禪師，侍高峯死關，晝夜精勤，睏則以頭觸柱。一日誦《金剛經》，至「荷擔如來處」，恍然開解。自謂所證未極，彌益勤苦，咨決無怠。及觀流水，乃大悟。

評曰：自謂所證未極，故終至極處。今之以途路為到家者眾矣，嗟夫！

關中刻苦

毒峯善禪師，在淯溪進關，不設臥榻，惟置一凳，以悟爲則。一夕昏睡，不覺夜半，乃去凳，晝夜行立，又倚壁睡去，誓不傍壁，遼空而行，身力疲勞，睡魔愈重，號泣佛前，百計逼拶，遂得功夫日進。聞鐘聲，忽不自繇，偈示：「沈沈寂寂絕施爲，觸著無端吼似雷。動地一聲消息盡，髑髏粉碎夢初回。」

脅不至席

壁峯金禪師，參晉雲海，示以萬法公案，疑之三年。偶摘蔬次，忽凝然久之，海問：「子定耶？」對曰：「定動不關。」海問：「定動不關是甚麼人？」金以筐示之，海不肯；金撲筐於地，亦不肯。爾後功夫益切，脅不至席，一坐七日。一日聞伐木聲，大悟。

獨守鈍工

西蜀無際禪師，初做功夫，四指大書帖亦不看，祇是拍盲做鈍功夫，乃得大徹大悟。

評曰：此意極是，但不明教理者，未宜效顰。

後集一門

諸經引證節略

《大般若經》

空中聲告常啼菩薩言：「汝東行求般若，莫辭疲倦，莫念睡眠，莫思飲食，莫想晝夜，莫怖寒熱。於內外法，心莫散亂。行時不得左右顧視，忽觀前後上下四維等。」

《華嚴經》

勤首菩薩偈云：「如鑽燧取火，未出而數息，火勢隨至滅，懈怠者亦然。」釋曰：「當以智慧鑽注一境，以方便繩善巧迴轉，心智無住，四儀無間，則聖道可生。暫爾起心，暫時忘照，皆名息也。」

《大集月藏經》

若能精勤，繫念不散，則休息煩惱，不久得成無上菩提。

《十六觀經》

佛告韋提希：「應當專心繫念一處。」

《出曜經》

智者以慧鍊心，尋究諸垢，猶如鑛鐵，數入百鍊，則成精金；猶如大海，日夜沸動，則成大寶；人亦如是，晝夜役心不止，便獲果證。

評曰：今人但知息心而入禪那，寧知役心而獲果證？

《大灌頂經》

禪思比丘，無他想念，惟守一法，然後見心。

《遺教經》

夫心者，制之一處，無事不辦。

評曰：守一法，制一處，幸有此等語言在。

《楞嚴經》

又以此心，內外精研。又以此心，研究精極。

《彌陀經》

執持名號，一心不亂。

評曰：祇此「一心不亂」四字，參禪之事畢矣。人多於此忽之。

《楞伽經》

若欲了知，能取所取、分別境界，皆是心之所現者，當離憒鬧，昏滯睡眠，初中後夜，勤加修習。

《金剛般若經》

薩陀波崙命菩薩，七歲經行住立，不坐不臥。

《寶積經》

佛告舍利弗：「彼二菩薩行精進時，於千歲中，未曾一彈指頃被睡眠之所逼惱；於千歲中，未曾起念稱量飲食鹹淡美惡；於千歲中，每乞食時，未曾觀授食人爲男爲女；於千歲中，居止樹下，未曾仰面觀於樹相；於千歲中，未曾緣念親里眷屬；於千歲中，未曾起念我欲剃頭；於千歲中，未曾起念從熱取涼、從寒取溫；於千歲中，未曾論說世間無益之語。」

評曰：此是大菩薩境界。雖非凡夫所及，然不可不知。

《大集經》

法悟比丘，二萬年中常修念佛，無有睡眠，不生貪瞋等，不念親屬衣食資身之具。

《念佛三昧經》

舍利弗二十年中，常勤修習毗婆舍那，行住坐臥，正念觀察，曾無動亂。

《自在王菩薩經》

金剛齊比丘修習正法，諸魔隱身伺之，千歲伺之，不見一念心散，可得惱亂。

《如來智印經》

輪王慧起捨國出家，三千歲繫念，亦不倚臥。

《中阿含經》

尊者阿那律陀、尊者難提、尊者金毗羅，共住林中，後先乞食，各歸坐禪。至於晡時，先從坐起者，或汲瓶水，能勝獨舉，如不能舉，則便以手招一比丘，兩人共舉。各不相語，五日一集，或兩說法，或聖嘿然。

評曰：此萬世結伴修行之良法也。

《雜譬喻經》

波羅柰國一人出家，自誓不得應真，終不臥息。晝夜經行，三年得道。又羅閱祇國，一沙門布草爲褥坐其上，自誓云：「不得道終不起。」但欲睡眠，以錐刺髀。一年之中，得應真道。

《雜阿含經》

如是比丘，精勤方便。肌膚瘦損，筋連骨立，不捨善法，乃至未得所應得者，不捨精進，常攝其心，不放逸住。

評曰：所應得，須知應得者何事？據此經，則應得盡諸漏，證三明六通，成聲聞果；若今所期，則應得圜悟心宗，證一切種智，成無上佛果。

《阿含經》

乃至成就三明，滅除闇冥，得大智明，皆繇精勤修習，樂靜獨居，專念不休之所致也。

評曰：專念不休，久之則一心不亂。

《法集要領經》

若人百歲中，懈怠劣精進，不如一日中，勇猛行精進。

評曰：知此義，則張善和輩臨終十念往生，可了然無疑矣。

《無量壽經》

至心精進，求道不止，會當剋果，何願不遂。

《一向出生菩薩經》

阿彌陀佛昔爲太子，聞此微妙法門，奉持精進，七千歲中，脅不至席，意不傾動。

《寶積正法經》

樂求大乘，其心勇猛，雖捨身命，無所顧惜，修菩薩行，勤加精進，無少懈怠。

《六度集經》

精進度無極者，精存道奧，進之無怠，臥坐住步，喘息不替。心心相續，不自放逸。

《修行道地經》

佛言：「自見宿命，從無量劫，往返生死，其骨過須彌山，其髓塗地，可徧大千世界，其血多於古今天下普雨。但欲免斯生死之患，晝夜精進，求於無爲。」

評曰：曰求道、曰聞此微妙法門、曰樂求大乘、曰精存道奧、曰求於無為，如是精進，名正精進。不然縱勞形苦志，累歲經劫，或淪外道，或墮偏乘，終無益也。

《菩薩本行經》

直至成佛，皆由精進。

《彌勒所問經》

佛語阿難：「彌勒發意，先我之前四十二劫，我於其後乃發道意，以大精進超越九劫，得於無上正真之道。」

評曰：釋迦以後進而頓逾四十二劫之先輩，勤惰為之也。經言：「貪著於名利，多遊族姓家。」彌勒之所以先學而後成者坐此，則釋迦之棄名利、入山林，不親近國王大臣可知矣。識之哉！

《文殊般若經》

一行三昧者，應處空閑，捨諸亂意，繫心實理，想念一佛，念念相續，而不懈怠，於一念中，即能見十方諸佛，獲大辯才也。

《般舟三昧經》

九十日中，不坐不臥，假使筋斷骨枯，三昧不成，終不休息。

評曰：以上二條，具指念佛，而兼諸法門，修淨業者不可不知。

《四十二章經》

夫爲道者，譬如一人與萬人戰，掛鎧出門，意或怯弱，或半路而退，或格鬥而死，或得勝而還。沙門學道，應當堅持其心，精進勇銳，不畏前境，破滅衆魔，而得道果。

評曰：半路退者，自畫而不進者也；格鬥死者，稍進而無功者也；得勝還者，破惑而成道者也。得勝之繇，全在堅持其心，精進勇銳。學人但當一志直前、毋慮退、毋畏死。前不云乎：「吾保此人，必得道矣。」《法華》云：「吾今為汝保任此事，終不虛也。」佛既爾保，何慮何畏？

《觀藥王藥上二菩薩經》

常念大乘，心不忘失，勤修精進，如救頭然。

評曰：當勤精進，如救頭然。今叢林早暮持誦，然誦其文不思其義，明其義不履其事，亦何益也？

《寶雲經》

以心繫心，以心住心，心專一故，次第無間，得定心故，心常寂靜。

《正法念處經》

精勤修行則得見諦，是故應當曠野寂靜，一心正念，離於一切多語言說，一切親舊知識來去相見。

《阿毗曇集異門足》

假使我身血肉枯竭，唯皮筋骨連拄而存，若本所求勝法未獲，終不止息。爲精進故，應深受寒、熱、饑、渴、蛇、蝎、蚊、蝱、風、雨等觸，又應忍受他人所發能生身中猛利辛楚奪命苦受毀辱語言。

評曰：本所求勝法未獲，終不止息，即宗門所謂本參話頭不破，誓不休歇之意也。

《瑜伽師地論》

六度初三是戒學攝，靜慮是心學攝，般若是慧學攝，唯精進偏於一切。

《大乘莊嚴經論》

至心學道，發大勇猛，決趣菩提。

《阿毗達磨論》

菩薩於底沙佛時，合十指掌，翹於一足，以一伽陀，七日七夜歎佛功德，便超九劫。

評曰：觀此則法集所稱，一日精進勝百年懈怠，信哉言乎！

《西域記》

脅尊者，八十出家，少年誚曰：「夫出家之業，一則習禪，二則誦經，而今衰老，何所進取？」尊者聞而誓曰：「我若不通三藏經，不斷三界欲、得六神通、具八解脫，終不以脅至席。」乃晝則研習教理，夜則靜慮凝神，三年悉證所誓。時人敬仰，號「脅尊者」。

評曰：矍鑠是翁，足為懈怠比丘激勸。當知今人，豈但八十，縱饒直抵期頤，尚須努力修進。

《南海寄歸》

善遇法師念佛，四儀無間，寸陰非空，計小荳粒，可盈兩載。

院。

《法苑珠林》

陳棲霞寺沙門惠布，居寺舍利塔西，經行坐禪，誓不坐臥，徒衆八十，咸不出院。

《觀心疏》

夫欲建小事，心不決志，尚不能成，況欲排五住之重關、度生死之大海，而不勤勞，妙道何繇可具？

《永嘉集》

勤求至道，不顧形命。晝夜行般若，生生勤精進，常如救頭然。

〈溈山警策〉

研窮法理，以悟爲則。

評曰：則，準也，以悟為準的也，即宗門謂參禪到甚麼處是歇功處。今言大悟乃已，不悟不已也。

〈淨土懺願儀〉

若坐若行，皆勿散亂，不得彈指頃念世五欲，及接對外人語論戲笑，亦不得託事延緩，放逸睡眠，當於瞬息俯仰，繫念不斷。

〈法界次第〉

倍策精進，勤求不息，是名精進根。

〈心賦〉

堅求至道，曉夕亡疲，不向外求，虛襟澄慮，密室靜坐，端拱寧神。

評曰：靜業弟子，莫見不向外求密室靜坐之說，便謂不必念佛。須知念字從心，佛即自己。以自心念自己，烏得為外求也？況念之不已，則成三昧，靜密孰加焉。

（編案：《禪關策進》，有時人許文恭居士的白話譯述，收錄在本社出版的《般若文庫》第二十六號《白話臨濟錄．禪關策進》一書中，行文練達曉暢，極適合學人徑登參究梯級。）

無量壽經優婆提舍願生偈註

天親菩薩造
菩提流支譯
沙門曇鸞註

卷上

謹案：龍樹菩薩《十住毗婆沙》云：「菩薩求阿毗跋致，有二種道：一者難行道，二者易行道。難行道者，謂於五濁之世，於無佛時，求阿毗跋致爲難。此難乃有多途，麤言五三以示義意：一者，外道相善，亂菩薩法。二者，聲聞自利，障大慈悲。三者，無顧惡人，破他勝德。四者，顛倒善果，能壞梵行。五者，唯是自力，無他力持。如斯等事，觸目皆是，譬如陸路，步行則苦。易行道者，謂但以信佛因緣，願生淨土，乘佛願力，便得往生彼清淨土，佛力住持，即入大乘正定之聚，正定，即是阿毗跋致，譬如水路，乘船則樂。

此〈無量壽經優婆提舍〉，蓋上衍之極致，不退之風航者也。「無量壽」，是安樂淨土如來別號，釋迦牟尼佛在王舍城及舍衛國，於大衆之中說無量壽佛莊嚴功德，即以佛名號爲經體。後聖者婆藪槃頭菩薩服膺如來大悲之教，傍經作〈願生偈〉，復造長行重釋。梵言「優婆提舍」，此間無正名相譯，若舉一隅，可名爲論，所以無正名譯者，以此間本無佛故；如此間書，就孔子而稱經，餘人製作皆名爲子，國史國紀之徒各別體例。然佛所說十二部經中，有論議經，名優婆提舍，若復佛諸弟子解佛經教與佛義相應者，佛亦許名優婆提舍，以入佛法相故；此間云論，直是論議而已，豈得正譯彼名耶？又如女人，於子稱母，於兄云妹，如是等事，皆隨義各別，若但以女名，汎談母妹，乃不失女之大體，豈含尊卑之義乎？此所云論，亦復如是。是以仍存梵音，曰「優婆提舍」。

此論始終凡有二重：一是總說分，二是解義分。總說分者，前五言偈盡是；解義分者，論曰已下長行盡是。所以爲二重者，有二義：偈以誦經，爲總攝故；論以釋偈，爲解義故。「無量壽」者，言無量壽如來，壽命長遠不可思量也；「經」者，常也，言安樂國土，佛及菩薩清淨莊嚴功德、國土清淨莊嚴功德，能與衆生作大饒益，可常行於世，故名曰「經」；「優婆提舍」，是佛論議經名；「願」是欲樂義；「生」者，天親菩薩願生彼安樂淨土如來淨華中生，故曰「願生」；

「偈」是句數義，以五言句略頌佛經，故名爲「偈」；譯「婆藪」云「天」，譯「槃頭」言「親」，此人字「天親」，事在《付法藏經》；「菩薩」者，若具存梵音，應言「菩提薩埵」。「菩提」者，是佛道名，「薩埵」，或云「衆生」，或云「勇健」，求佛道衆生，有勇猛健志，故名「菩提薩埵」，今但言菩薩，譯者略耳；「造」，亦作也，庶因人重法，故云某造。是故言：「〈無量壽經優婆提舍願生偈〉，婆藪槃頭菩薩造。」解論名目竟。

偈中分爲五念門，如下長行所釋。第一行四句偈相含有三念門，上三句是禮拜、讚歎門，下一句是作願門。第二行論主自述：我依佛經造論，與佛教相應，所服有宗。何故云此？爲成優婆提舍名故，亦是成上三門，起下二門，所以次之說。從第三行，盡二十四行，是觀察門；末後一行，是迴向門。分偈章門竟。

世尊我一心，歸命盡十方，無礙光如來，願生安樂國。

世尊者，諸佛通號。論智，則義無不達；語斷，則習氣無餘；智斷具足，能利世間，爲世尊重，故曰「世尊」。此言意歸釋迦如來。何以得知？下句言我依修多羅，天親菩薩在釋迦如來像法之中，順釋迦如來經教，所以願生，願生有宗，故知此言歸於釋迦。若謂此意徧告諸佛，亦復無嫌。夫菩薩歸佛，如孝子之歸父母、忠臣之歸君后，動靜非己，出没必由，知恩報德，理宜先啓。又所願不輕，若如來不加威神，將何以達？乞加神力，所以仰告。

我一心者，天親菩薩自督之詞。言念無礙光如來，願生安樂，心心相續，無他想間雜。

問曰：「佛法中無我，此中何以稱我？」

答曰：「言我有三根本：一是邪見語，二是自大語，三是流布語。今言我者，天親菩薩自指之言，用流布語，非邪見自大也。」

「歸命盡十方，無礙光如來」者，歸命即是禮拜門，盡十方無礙光如來即是讚歎門。何以知歸命是禮拜？龍樹菩薩造〈阿彌陀如來讚〉中，或言稽首禮，或言我歸命，或言歸命禮；此論長行中，亦言修五念門，五念門中，禮拜是一。天親菩薩既願往生，豈容不禮？故知歸命即是禮拜。然禮拜但是恭敬，不必歸命，歸命必是禮拜。若以此推，歸命爲重，偈申己心，宜言歸命。論解偈義，汎談禮拜，彼此相成，於義彌顯。何以知盡十方無礙光如來是讚歎門？下長行中言：「云何讚歎門？謂稱彼如來名。如彼如來光明智相，如彼名義，欲如實修行相應故。」依舍衛國所說《無量壽經》，佛解阿彌陀如來名號：「何故號『阿彌陀』？彼佛光明無量，照十方國無所障礙，是故號『阿彌陀』；又彼佛壽命及其人民，無量無邊阿僧祇劫，故名『阿彌陀』。」

問曰：「若言無礙光如來光明無量照十方國土無所障礙者，此間衆生何以不蒙光照？光有所不照，豈非有礙耶？」

答曰：「礙屬衆生，非光礙也。譬如日光周四天下，而盲者不見，非日光不周也；亦如密雲洪霔，而頑石不潤，非雨不洽也。」

若言一佛主領三千大千世界，是聲聞論中說；若言諸佛徧領十方無量無邊世界，是大乘論中說。天親菩薩今言盡十方無礙光如來，即是依彼如來名，如彼如來光明智相讚歎，故知此句是讚歎門。願生安樂國者，此一句是作願門，天親菩薩歸命之意也。其安樂義具在下觀察門中。

問曰：「大乘經論中，處處說衆生畢竟無生如虛空，云何天親菩薩言願生耶？」

答曰：「說衆生無生如虛空，有二種：一者，如凡夫所謂實衆生，如凡夫所見實生死，此所見事畢竟無所有，如龜毛、如虛空。二者，謂諸法因緣生故，即是不生，無所有如虛空。天親菩薩所願生者，是因緣義，因緣義故假名生，非如凡夫謂有實衆生實生死也。」

問曰：「依何義說往生？」

答曰：「於此間假名人中修五念門，前念與後念作因，穢土假名人，淨土假名人，不得決定一，不得決定異，前心後心亦復如是。何以故？若一則無因果，若異則非相續，是義觀一異門，論中委曲。」

釋第一行三念門竟。

次成優婆提舍名，又成上起下偈。

我依修多羅，真實功德相，說願偈總持，與佛教相應。

此一行，云何成優婆提舍名？云何成上三門，起下二門？偈言：「我依修多羅，與佛教相應。」「修多羅」是佛經名，我論佛經義，與經相應，以入佛法相故，得名「優婆提舍」。名成竟，成上三門，起下二門。何所依？何故依？云何依？何所依者，依修多羅；何故依者，以如來即真實功德相故；云何依者，修五念門相應故，成上起下竟。「修多羅」者，十二部經中直說者名「修多羅」，謂四阿含三藏等；三藏外大乘諸經，亦名「修多羅」；此中言「依修多羅」者，是三藏外大乘修多羅，非阿含等經也。

真實功德相者，有二種功德：一者，從有漏心生，不順法性。所謂凡夫人天諸善、人天果報，若因若果，皆是顛倒，皆是虛僞，是故名不實功德。二者，從菩薩智慧清淨業起，莊嚴佛事，依法性入清淨相，是法不顛倒、不虛僞，名爲真實功德。云何不顛倒？依法性、順二諦故。云何不虛僞？攝衆生入畢竟淨故。

說願偈總持與佛教相應者，持名不散不失，總名以少攝多，偈言五言句數，願名欲樂往生，說謂說諸偈論。總而言之，說所願生偈，總持佛經，與佛教相應。相應者，譬如函蓋相稱也。

觀彼世界相，勝過三界道。

此已下，是第四觀察門。此門中分爲二別：一者觀察器世間莊嚴成就，二者觀察衆生世間莊嚴成就。此句已下，至願生彼阿彌陀佛國，是觀器世間莊嚴成就。觀器世間中，復分爲十七別，至文當目，此二句即是第一事，名爲觀察莊嚴清淨功德成就。此清淨是總相，佛本所以起此莊嚴清淨功德者，見三界是虛僞相、是輪轉相、是無窮相，如蚇蠖循環，如蠶繭自縛，哀哉衆生，締此三界，顛倒不淨，欲置衆生於不虛僞處、於不輪轉處、於不無窮處、得畢竟安樂大清淨處，是故起此清淨莊嚴功德也。

成就者，言此清淨不可破壞、不可汙染；非如三界，是汙染相、是破壞相也。觀者，觀察也；彼者，彼安樂國也；世界相者，彼安樂世界清淨相也。其相別在下。

勝過三界道。道者，通也。以如此因，得如此果，以如此果，酬如此因，通因至果，通果酬因，故名爲道。三界者：一是欲界，所謂六欲天、四天下人、畜牲、餓鬼、地獄等是也。二是色界，所謂初禪、二禪、三禪、四禪天等是也。三是無色界，所謂空處、識處、無所處、非想非非想處天等是也。此三界，蓋是生死凡夫流轉之闇宅，雖復苦樂小殊，修短暫異，統而觀之，莫非有漏，倚伏相乘，循環無際，雜生觸受，四倒長拘，且因且果，虛僞相襲。安樂，是菩薩慈悲正觀之由生，如來神力本願之所建，胎卵溼生，緣茲高揖，業繫長維，從此永斷。續括之權，不待勸而彎弓，勞謙善讓，齊普賢而同德，勝過三界，抑是近言。

究竟如虛空，廣大無邊際。

此二句，名「莊嚴量功德成就」。佛本所以起此莊嚴量功德者，見三界狹小，墮陘陪隋，或宮觀迫迮，或土田逼隘，或志求路促，或山河隔障，或國界分部。有如此等種種舉急（拘局）事，是故菩薩興此莊嚴量功德願：願我國土如虛空廣大無際。如虛空者，言來生者雖衆，猶若無也；廣大無際者，成上如虛空義。何故如虛空？以廣大無際故。成就者，言十方衆生往生者，若已生、若今生、若當生，雖無量無邊，畢竟常如虛空，廣大無際，終無滿時，是故言：「究竟如空虛，廣大無邊際。」

問曰：「如維摩方丈，苞容有餘，何必國界無貲，乃稱廣大？」

答曰：「所言廣大，非必以畦畹爲喻，但言如空，亦何累方丈？又方丈之所苞容，在狹而廣，覈論果報，豈若在廣而廣耶？」

正道大慈悲，出世善根生。

此二句，名「莊嚴性功德成就」。佛本何故起此莊嚴？見有國土，以愛欲故，則有欲界；以攀厭禪定故，則有色、無色界。此三界皆是有漏邪道所生，長寢大夢，莫知悕出。是故興大悲心：願我成佛，以無上正見道起清淨土，出於三界。性是本義，言此淨土隨順法性，不乖法本，事同《華嚴經》寶王如來性起義；又言積習成性，指法藏菩薩集諸波羅蜜積習所成，亦言「性」者，是聖種性，序法藏菩薩於世自在王佛所，悟無生法忍，爾時位名「聖種性」，於是性中發四十八大願修起此土，即曰「安樂淨土」，是彼因所得，果中說因，故名爲「性」；又言「性」是必然義、不改義，如海性一味，衆流入者必爲一味，海味不隨彼改也；又如人身性不淨故，種種妙好色香美味，入身皆爲不淨；安樂淨土諸往生者，無不淨色，無不淨心，畢竟皆得清淨平等無爲法身，以安樂國土清淨性成就故。

　　正道大慈悲、出世善根生者，平等大道也。平等道所以名爲正道者，平等是諸法體相，以諸法平等，故發心等；發心等，故道等；道等，故大慈悲等。大慈悲是佛道正因，故言正道大慈悲。慈悲有三緣：一者衆生緣，是小悲；二者法緣，是中悲；三者無緣，是大悲。大悲即出世善也，安樂淨土從此大悲生故，故謂此大悲爲淨土之根，故曰「出世善根生」。

淨光明滿足，如鏡日月輪。

此二句，名「莊嚴形相功德成就」。佛本所以起此莊嚴功德者，見日行四域，光不周三方，庭燎在宅，明不滿十仞。以是故起滿淨光明願：如日月光輪，滿足自體，彼安樂淨土雖復廣大無邊，清淨光明無不充塞。故曰：「淨光明滿足，如鏡日月輪。」

備諸珍寶性，具足妙莊嚴。

此二句，名「莊嚴種種事功德成就」。佛本何故起此莊嚴？見有國土以泥土爲宮飾，以木石爲華觀；或雕金鏤玉，意願不充；或營備百千，具受辛苦。以此故興大悲心：願我成佛，必使珍寶具足，嚴麗自然，相忘於有餘，自得於佛道。此莊嚴事，縱使毗首羯磨，工稱妙絕，積思竭想，豈能取圖？性者，本義也，能生既淨，所生焉得不淨？故經言：「隨其心淨，則佛土淨。」是故言：「備諸珍寶性，具足妙莊嚴。」

無垢光𦦨（炎）熾，明淨曜世間。

此二句，名「莊嚴妙色功德成就」。佛本何故起此莊嚴？見有國土，優劣不同，以不同故，高下以形，高下既形，是非以起，是非既起，長淪三有。是故興大悲心，起平等願：願我國土光燄（炎）熾盛，第一無比，不如人天金色，能有奪者，若爲相奪，如明鏡在金邊則不現。今日時中金，比佛在時金則不現；佛在時金，比閻浮那金則不現；閻浮那金，比大海中轉輪王道中金沙則不現；轉輪王道中金沙，比金山則不現；金山，比須彌山金則不現；須彌山金，比三十三天瓔珞金則不現；三十三天瓔珞金，比燄（炎）摩天金則不現；燄（炎）摩天金，比兜率陀天金則不現；兜率陀天金，比化自在天金則不現；化自在天金，比他化自在天金則不現；他化自在天金，比安樂國中光明則不現。所以者何？彼土金光，從絕垢業生故，清淨無不成就故。安樂淨土，是無生忍菩薩淨業所起，阿彌陀如來法王所領，阿彌陀如來爲增上緣故。是故言：「無垢光燄熾，明淨曜世間。」曜世間者，曜二種世間也。

寶性功德草，柔軟左右旋，觸者生勝樂，過迦旃鄰陀。

此四句，名「莊嚴觸功德成就」。佛本何故起此莊嚴？見有國土，雖寶重金玉，不得爲衣服；雖珍玩明鏡，無議於敷具。斯緣悅於目，不便於身也，身眼二情，豈弗鉡楯乎？是故願言：使我國土，人天六情，和於水乳，卒去楚越之勞。所以七寶柔軟，悅目便身。迦旃鄰陀者，天竺柔軟草名也，觸之者能生樂受，故以爲喻。註者言：「此間土石草木，各有定體，譯者何緣目彼寶爲草耶？」當以其蒕然藥，途故以草目之耳。余若參譯，當別有途。生勝樂者，觸迦旃鄰陀，生染著樂；觸彼軟寶，生法喜樂。二事相玄，非勝如何？是故言：「寶性功德草，柔軟左右旋，觸者生勝樂，過迦旃鄰陀。」

寶華千萬種，彌覆池流泉，微風動華葉，交錯光亂轉。

此四句，名「莊嚴水功德成就」。佛本何故起此願？見有國土，或澐溺洪濤，滓沫驚人；或凝澌浹渫，蹙枷懷怵。向無安悅之情，背有恐值之慮。菩薩見此，興大悲心：願我成佛，所有流泉池沼，與宮殿相稱，種種寶華，布爲水飾，微風徐扇，映發有序，開神悅體，無一不可。是故言：「寶華千萬種，彌覆池流泉，微風動華葉，交錯光亂轉。」

宮殿諸樓閣，觀十方無礙，雜樹異光色，寶欄徧圍繞。

此四句，名「莊嚴地功德成就」。佛本何故起此莊嚴？見有國土嶕嶢峻嶺，枯木橫岑，岝峉峌嶙，莦茅盈壑，茫茫滄海，爲絕目之川；葻葻廣澤，爲無蹤之所。菩薩見此，興大悲願：願我國土，地平如掌，宮殿樓閣，鏡納十方，的無所屬，亦非不屬，寶樹寶欄，互爲映飾。是故言：「宮殿諸樓閣，觀十方無礙，雜樹異光色，寶欄徧圍繞。」

無量寶交絡，羅網徧虛空，種種鈴發響，宣吐妙法音。

此四句，名莊嚴虛空功德成就。佛本何故起此莊嚴？見有國土，煙雲塵霧，蔽障太虛，震烈霅霍，從上而墮，不祥烖霓，每自空來，憂慮百端，爲之毛豎。菩薩見此，興大悲心：願我國土，寶網交絡，羅徧虛空，鈴鐸宮商，鳴宣道法，視之無厭，懷道見德。是故言：「無量寶交絡，羅網偏虛空，種種鈴發響，宣吐妙法音。」

雨華衣莊嚴，無量香普薰。

此二句，名「莊嚴雨功德成就」。佛本何故興此莊嚴？見有國土，欲以服飾布地，延請所尊；或欲以香華名寶，用表恭敬。而業貧感薄，是事不果。是故興大悲願：願我國土，常雨此物，滿衆生意。何故以雨爲言？恐取著云：「若常雨華衣，亦應填塞虛空，何緣不妨？」是故以雨爲喻，雨適時則無洪滔之患，安樂報豈有累情之物乎？經言：「日夜六時，雨寶衣、雨寶華，寶質柔軟，履踐其上，則下四寸，隨舉足時，還復如故。」用訖入寶地，如水入坎。是故言：「雨華衣莊嚴，無量香普薰。」

佛慧明淨日，除世癡闇冥。

此二句，名「莊嚴光明功德成就」。佛本何故起此莊嚴？見有國土，雖復項背日光，而爲愚癡所闇。是故願言：使我國土所有光明，能除癡闇，入佛智慧，不爲無記之事。亦云：「安樂國土光明，從如來智慧報起，故能除世闇冥。」經言：「或有佛土，以光明爲佛事。」即是此也。故言：「佛慧明淨日，除世癡闇冥。」

梵聲悟深遠，微妙聞十方。

此二句，名「莊嚴妙聲功德成就」。佛本何故興此願？見有國土，雖有善法，而名聲不遠；有名聲雖遠，復不微妙；有名聲妙遠，復不能悟物，是故起此莊嚴。天竺國稱淨行爲「梵行」，稱妙辭爲「梵言」，彼國貴重梵天，多以梵爲讚，亦言中國法與梵天通故也。聲者，名也，名謂安樂土名。經言：「若人但聞安樂淨土之名，欲願往生，亦得如願。」此名悟物之證也。釋論言：「如斯淨土，非三界所攝。」何以言之？無欲故，非欲界；地居故，非色界；有色故，非無色界；蓋菩薩別業所致耳。出有而有曰「微」，名能開悟曰「妙」。是故言：「梵聲悟深遠，微妙聞十方。」

正覺阿彌陀，法王善住持。

此二句，名「莊嚴主功德成就」。佛本何故興此願？見有國土，羅剎爲君，則率土相噉；寶輪駐殿，則四域無虞。譬之風靡，豈無本耶？是故興願：願我國土，常有法王，法王善力之所住持。住持者，如黃鵠持子安，千齡更起；魚母念持子，經舉不壞。安樂國爲正覺善持，其國豈有非正覺事耶？是故言：「正覺阿彌陀，法王善住持。」

如來淨華眾，正覺華化生。

此二句，名「莊嚴眷屬功德成就」。佛本何故興此願？見有國土，或以胞血爲身器，或以糞尿爲生元，或槐棘高折，出猜狂之子；或豎子婢腹，出卓犖之才。譏誚由之懷火，恥辱緣以抱冰。所以願言：使我國土，悉於如來淨華中生，眷屬平等，與奪無路。故言：「如來淨華衆，正覺華化生。」

愛樂佛法味，禪三昧為食。

此二句，名「莊嚴受用功德成就」。佛本何故興此願？見有國土，或探巢破卵，爲饛饒之膳；或懸沙指帒，爲相慰之方。嗚呼諸子！實可痛心。是故興大悲願：願我國土，以佛法、以禪定、以三昧爲食，永絕他食之勞。愛樂佛法味者，如日月燈明佛說《法華經》六十小劫，時會聽者亦坐一處六十小劫，謂如食頃，無有一人若身若心而生懈倦；以禪定爲食者，謂諸大菩薩常在三昧，無他食也；三昧者，彼諸人天若須食時，百味嘉餚羅列在前，眼見色、鼻聞香、身受適悅，自然飽足，訖已化去，若須復現。其事在經。是故言：「愛樂佛法味，禪三昧爲食。」

永離身心惱，受樂常無間。

此二句，名「莊嚴無諸難功德成就」。佛本何故興此願？見有國土，或朝預袞寵，夕惶斧鉞；或幼捨蓬藜，長列方丈；或鳴茄道出，歷經催還。有如是等種種違奪，是故願言：使我國土，安樂相續，畢竟無間。身惱者，饑渴寒熱殺害等也；心惱者，是非得失三毒等也。是故言：「永離身心惱，受樂常無間。」

大乘善根界，等無譏嫌名，女人及根缺，二乘種不生。

此四句，名「莊嚴大義門功德成就」。門者，通大義之門也；大義者，大乘所以也。如人造城，得門則入，若人得生安樂者，是則成就大乘之門也。佛本何故興此願？見有國土，雖有佛如來賢聖等衆，由國濁故，分一說三，或以拓眉致誚，或緣指語招譏。是故願言：使我國土，皆是大乘一味，平等一味；根敗種子，畢竟不生；女人殘缺，名字亦斷。是故言：「大乘善根界，等無譏嫌名，女人及根缺，二乘種不生。」

問曰：「案王舍城所說《無量壽經》，法藏菩薩四十八願中言：『設我得佛，國中聲聞，有能計量知其數者，不取正覺。』是有聲聞一證也。又《十住毗婆沙》中，龍樹菩薩造〈阿彌陀讚〉云：『超（起）出三界獄，目如蓮華葉，聲聞衆無量，是故稽首禮。』是有聲聞二證也。又〈摩訶衍論〉中言：『佛土種種不同，或有佛土純是聲聞僧，或有佛土純是菩薩僧，或有佛土菩薩、聲聞會爲僧，如阿彌陀安樂國等是也。』是有聲聞三證也。諸經中有說安樂國處，多言有聲聞，不言無聲聞，聲聞即是二乘之一，論言乃至無二乘名，此云何會？」

答曰：「以理推之，安樂淨土不應有二乘。何以言之？夫有病則有藥，理數之常也。《法華經》言：『釋迦牟尼如來以出五濁世故，分一爲三。』淨土既非五濁，無三乘明矣。《法華經》導諸聲聞，是人於何而得解脫？但離虛妄，名爲解脫，是人實未得一切解脫，以未得無上道故。覈推此理，阿羅漢既未得一切解脫，必應有生，此人更不生三界，三界外除淨土更無生處，是以唯應於淨土生。如言聲聞者，是他方聲聞來生，仍本名故，稱爲聲聞。如天帝釋生人中時，姓憍尸迦，後雖爲天主，佛欲使人知其由來，與帝釋語時，猶稱憍尸迦，其此類也。又此論但言二乘種不生，謂安樂國不生二乘種子，亦何妨二乘來生耶？譬如橘栽不生江北，河洛果肆亦見有橘；又言鸚鵡不渡隴西，趙魏架桁亦有鸚鵡；此二物但言其種不渡，彼有聲聞亦如是。作如是解，經論則會。」

問曰：「名以召事，有事乃有名。安樂國既無二乘、女人、根缺之事，亦何須復言無此三名耶？」

答曰：「如軟心菩薩不甚勇猛，譏言聲聞；如人諂曲或復儜弱，譏言女人；又如眼雖明而不識事，譏言盲人；又如耳雖聰而聽義不解，譏言聾人；又如舌雖語而訥口謇吃，譏言瘂人。有如是等根雖具足，而有譏嫌之名，是故須言乃至無明，明淨土無如是等與奪之名。」

問曰：「尋法藏菩薩本願，及龍樹菩薩所讚，皆似以彼國聲聞衆多爲奇，此有何義？」

答曰：「聲聞以實際爲證，計不應更能生佛道根芽，而佛以本願不可思議神力攝令生彼，必當復以神力生其無上道心。譬如鴆鳥入水，魚蚌咸死；犀牛觸之，死者皆活。如此不應生而生，所以可奇。然五不思議中，佛法最不可思議，佛能使聲聞復生無上道心，真不可思議之至也！」

衆生所願樂，一切能滿足。

此二句，名「莊嚴一切所滿足功德成就」。佛本何故興此願？見有國土，或名高位重，潛處無由；或人凡姓鄙，悕出靡路；或修短繫業，制不在己，如阿私陀仙人類也。有如是等爲業風所吹，不得自在，是故願言：使我國土，各稱所求，滿足情願。是故言：「衆生所願樂，一切能滿足。」

是故願生彼，阿彌陀佛國。

此二句，結成上觀察十七種莊嚴國土成就，所以願生。釋器世間清淨，訖之於上。

次觀衆生世間清淨。此門中分爲二別：一者觀察阿彌陀如來莊嚴功德，二者觀察彼諸菩薩莊嚴功德。觀察如來莊嚴功德中有八種，至文當目。

問曰：「有論師汎解衆生名義，以其輪轉三有，受衆多生死，故名衆生。今名佛、菩薩爲衆生，是義云何？」

答曰：「經言一法有無量名，一名有無量義。如以受衆多生死故名爲衆生者，此是小乘家釋三界中衆生名義，非大乘家衆生名義也。大乘家所言衆生者，如《不增不減經》言：『言衆生者，即是不生不滅義。何以故？若有生，生已復生，有無窮過故，有不生而生過故，是故無生。若有生，可有滅，既無生，何得有滅？是故無生無滅是衆生義。』如經中言：『五受陰通達空無所有，是苦義。』斯其類也。」

無量大寶王，微妙淨華臺。

此二句，名「莊嚴座功德成就」。佛本何故莊嚴此座？見有菩薩，於末後身敷草而坐，成阿耨多羅三藐三菩提，人天見者，不生增上信、增上恭敬、增上愛樂、增上修行。是故願言：我成佛時，使無量大寶王，微妙淨華臺以爲佛座。無量者，如《觀無量壽經》言：「七寶地上，有大寶蓮華王座，蓮華一一葉作百寶色，有八萬四千脈，猶如天畫，脈有八萬四千光。華葉小者，縱廣二百五十由旬，如是華有八萬四千葉。一一葉間，有百億摩尼珠王以爲映飾，一一摩尼放千光明，其光如蓋，七寶合成，徧覆地上。釋迦毗楞伽寶以爲其臺，此蓮華臺，八萬金剛甄叔迦寶、梵摩尼寶、妙真珠網，以爲嚴飾。於其臺上，自然而有四柱寶幢，一一寶幢如百千萬億須彌山，幢上寶幔如夜摩天宮，有五百億微妙寶珠以爲映飾，一一寶珠有八萬四千光，一一光作八萬四千異種金色，一一金色徧安樂寶土，處處變化，各作異相，或爲金剛臺，或作真珠網，或作雜華雲，於十方面，隨意變現，化作佛事。」如是等事，出過數量。是故言：「無量大寶王，微妙淨華臺。」

相好光一尋，色像超羣生。

此二句，名「莊嚴身業功德成就」。佛本何故莊嚴如此身業？見有佛身，受一丈光明，於人身光，不甚超絕，如轉輪王相好亦大同。提婆達多所減唯二，致令阿闍世王以茲懷亂，刪闍耶等敢如螳蜋，或如此類也。是故莊嚴如此身業。案此間詁訓，六尺曰「尋」，如《觀無量壽經》言：「阿彌陀如來身高六十萬億那由他恆河沙由旬，佛圓光如百億三千大千世界。」譯者以尋而言，何其晦乎？里舍間人，不簡縱橫長短，咸謂橫舒兩手臂為尋，若譯者或取此類，用準阿彌陀如來舒臂為言故稱一尋者，圓光亦應徑六十萬億那由他恆河沙由旬，是故言：「相好光一尋，色像超羣生。」

問曰：「《觀無量壽經》言：『諸佛如來是法界身，入一切衆生心想中，是故汝等心想佛時，是心即是三十二相、八十隨形好，是心作佛，是心是佛。諸佛正徧知海，從心想生。』是義云何？」

答曰：「身名集成，界名事別。如眼界緣根、色、空、明、作意五因緣生，名為眼界，是眼但自行己緣，不行他緣，以事別故。耳鼻等界亦如是。言諸佛如來是法界身者，法界是衆生心法也，以心能生世間出世間一切諸法，故名心為法界；法界能生諸如來相好身，亦如色等能生眼識，是故佛身名法界身。是身不行他緣，是故入一切衆生心想中。心想佛時，是心即是三十二相、八十隨形好者，當衆生心想佛時，佛身相好顯現衆生心中也。譬如水清則色像現，水之與像，不一不異，故言佛相好身即是心想也；是心作佛者，言心能作佛也；是心是佛者，心外無佛也。譬如火從木出，火不得離木也，以不離木故，則能燒木，木爲火燒，木即爲火也；諸佛正偏知海從心想生者，正偏知者，真正如法界而知也，法界無相故，諸佛無知也，以無知故，無不知也，無知而知者，是正偏知也；是知深廣不可測量，故譬海也。」

如來微妙聲，梵響聞十方。

此二句，名「莊嚴口業功德成就」。佛本何故興此莊嚴？見有如來，名似不尊，如外道軵人，稱瞿曇姓，成道日聲，唯徹梵天。是故願言：使我成佛，妙聲遐布，聞者悟忍。是故言：「如來微妙聲，梵響聞十方。」

同地水火風，虛空無分別。

此二句，名「莊嚴心業功德成就」。佛本何故興此莊嚴？見有如來說法云：「此黑此白，此不黑不白，下法、中法、上法、上上法。」有如是等無量差別品，似有分別，是故願言：使我成佛，如地荷負，無輕重之殊；如水潤長，無萮菩之異；如火成熟，無芳臭之別；如風起發，無眠寤之差，如空苞受，無開塞之念；得之於內，物安於外，虛往實歸，於是子息。是故言：「同地水火風，虛空無分別。」

天人不動眾，清淨智海生。

此二句，名「莊嚴大眾功德成就」。佛本何故起此莊嚴？見有如來說法輪下，所有大衆，諸根性欲種種不同，於佛智慧，若退若沒，以不等故，衆不純淨。所以興願：願我成佛，所有天人，皆從如來智慧清淨海生。海者，言佛一切種智深廣無涯，不宿二乘雜善中下死屍，喻之如海。是故言：「天人不動衆，清淨智海生。」不動者，言彼天人成就大乘根，不可傾動也。

如須彌山王，勝妙無過者。

此二句，名「莊嚴上首功德成就」。佛本何故起此願？見有如來，衆中或有强梁者，如提婆達多流比；或有國王與佛並治，不知甚推佛；或有請佛，以他緣廢忘。有如是等似上首力不成就，是故願言：我爲佛時，願一切大衆，無能生心敢與我等，唯一法王，更無俗王。是故言：「如須彌山王，勝妙無過者。」

天人丈夫衆，恭敬繞瞻仰。

此二句，名「莊嚴主功德成就」。佛本何故起此莊嚴？見有佛如來，雖有大衆，衆中亦有不甚恭敬，如一比丘語釋迦牟尼佛：「若不與我解十四難，我當更學餘道。」亦如居迦離謗舍利弗，佛三語而三不受；又如諸外道輩，假入佛衆，而常伺求佛短；又如第六天魔，常於佛所作諸留難。有如是等種種不恭敬相，是故願言：使我成佛，天人大衆恭敬無倦。所以但言天人者，淨土無女人及八部鬼神故也。是故言：「天人丈夫衆，恭敬繞瞻仰。」

觀佛本願力，遇無空過者，能令速滿足，功德大寶海。

此四句，名「莊嚴不虛作住持功德成就」。佛本何故起此莊嚴？見有如來，但以聲聞爲僧，無求道者；或有值佛而不免三塗，善星、提婆達多、居迦離等是也；又人聞佛號名，發無上道心，遇惡因緣，退入聲聞、辟支佛地者。有如是等空過者、退沒者，是故願言：使我成佛時，值遇我者，皆速疾滿足無上大寶。是故言：「觀佛本願力，遇無空過者，能令速滿足，功德大寶海。」

住持義如上，觀佛莊嚴八種功德訖之於上，次觀安樂國諸大菩薩四種莊嚴功德成就。

問曰：「觀如來莊嚴功德，何所闕少，復須觀菩薩功德耶？」

答曰：「如有明君，則有賢臣，堯舜之稱無爲，是其比也。若使但有如來法王，而無大菩薩法臣，於翼讚道，豈足云滿？亦如薪積小則火不大。如經言：『阿彌陀佛國，有無量無邊諸大菩薩，如觀世音、大勢至等，皆當一生於他方次補佛處。』若人稱名憶念者、皈依者、觀察者，如《法華經．普門品》說：『無願不滿。』然菩薩愛樂功德，如海吞流，無止足情；亦如釋迦牟尼如來，聞一目闇比丘吁言：『誰愛功德？爲我維鍼。』爾時，如來從禪定起，來到其所，語言：『我愛福德。』遂爲其維鍼。爾時失明比丘闇聞佛語聲，驚喜交集，白佛言：『世尊！世尊功德猶未滿耶？』佛報言：『我功德圓滿，無所復須。但我此身從功德生，知功德恩分故，是故言愛。』如所問觀佛功德，實無願不充，所以復觀菩薩功德者，有如上種種義故耳。」

安樂國清淨，常轉無垢輪，化佛菩薩日，如須彌住持。

佛本何故起此莊嚴？見有佛土，但是小菩薩，不能於十方世界廣作佛事；或但聲聞人天，所利狹小。是故興願：願我國中，有無量大菩薩衆，不動本處，徧至十方，種種應化，如實修行，常作佛事。譬如日在天上，而影現百川，日豈來耶？豈不來耶？如《大集經》言：「譬如有人善治堤塘，量其所宜，及放水時，不加心力。」菩薩亦如是，先治一切諸佛及衆生應供養、應教化種種堤塘，及入三昧，身心不動，如實修行，常作佛事。如實修行者，雖常修行，實無所修行也。是故言：「安樂國清淨，常轉無垢輪，化佛菩薩日，如須彌住持。」

無垢莊嚴光，一念及一時，普照諸佛會，利益諸羣生。

佛本何故起此莊嚴？見有如來眷屬，欲供養他方無量諸佛，或欲教化無量衆生，此沒彼出，先南後北，不能以一念一時，放光普照，徧至十方世界，教化衆生，有出沒前後相故。是故興願：願我佛土諸大菩薩，於一念時頃，徧至十方，作種種佛事。是故言：「無垢莊嚴光，一念及一時，普照諸佛會，利益諸羣生。」

問曰：「上章云：『身不動搖而徧至十方。』不動而至，豈非是一時義耶？與此若爲差別？」

答曰：「上但言不動而至，或容有前後，此言無前無後，是爲差別，亦是成上不動義。若不一時，則是往來，若有往來，則非不動，是故爲成上不動義故，須觀一時。」

雨天樂華衣，妙香等供養，讚諸佛功德，無有分別心。

佛本何故起此莊嚴？見有佛土，菩薩人天志趣不廣，不能徧至十方無窮世界，供養諸佛如來大衆；或以己土穢濁，不敢向詣淨鄉；或以所居清淨，鄙薄穢土。以如此等種種局分，於諸佛如來所，不能周徧供養，發起廣大善根。是故願言：我成佛時，願我國土一切菩薩、聲聞、天、人大衆，徧至十方一切諸佛大會處所，雨天樂、天華、天衣、天香，以巧妙辯（辨）辭，供養讚歎諸佛功德。雖歎穢土如來大慈謙忍，不見佛土有雜穢相；雖歎淨土如來無量莊嚴，不見佛土有清淨相。何以故？以諸法等故，諸如來等。是故諸佛如來名爲等覺，若於佛土起優劣心，假使供養如來，非法供養也。是故言：「雨天樂華衣，妙香等供養，讚諸佛功德，無有分別心。」

何等世界無，佛法功德寶，我願皆往生，示佛法如佛。

佛本何故起此願？見有軟心菩薩，但樂有佛國土修行，無慈悲堅牢心，是故興願：願我成佛時，我土菩薩皆慈悲勇猛，堅固志願，能捨清淨土，至他方無佛法僧處，住持莊嚴佛法僧寶，示如有佛，使佛種處處不斷。是故言：「何等世界無，佛法功德寶，我願皆往生，示佛法如佛。」觀菩薩四種莊嚴功德成就，訖之於上。

次下四句，是迴向門。

我作論說偈，願見彌陀佛，普共諸眾生，往生安樂國。

此四句，是論主迴向門。迴向者，迴己功德，普施衆生，共見阿彌陀如來，生安樂國。

無量壽修多羅章句，我以偈頌總說竟。

問曰：「天親菩薩〈迴向章〉中言：『普共諸衆生，往生安樂國。』此指共何等衆生耶？」

答曰：「案王舍城所說《無量壽經》，佛告阿難：『十方恆河沙諸佛如來，皆共稱歎無量壽佛威神功德不可思議。諸有衆生，聞其名號，信心歡喜，乃至一念至心迴向，願生彼國，即得往生，住不退轉，唯除五逆誹謗正法。』案此而言，一切外凡夫人皆得往生。又如《觀無量壽經》九品往生，下下品生者，或有衆生作不善業，五逆、十惡具諸不善，如此愚人，以惡業故，應墮惡道，經歷多劫，受苦無窮，如此愚人臨命終時，遇善知識種種安慰，爲說妙法，教令念佛，此人苦逼，不遑念佛，善友告言：『汝若不能念者，應稱無量壽佛。』如是至心令聲不絕，具足十念，稱南無無量壽佛，稱佛名故，於念念中除八十億劫生死之罪，命終之後，見金蓮華猶如日輪，住其人前，如一念頃即得往生極樂世界，於蓮華中滿十二大劫，蓮華方開，觀世音、大勢至，以大悲音聲，爲其廣說諸法實相，除滅罪法，聞已歡喜，應時則發菩提之心，是名下品下生者。以此經證，明知下品凡夫，但令不誹謗正法，信佛因緣，皆得往生。」

問曰：「《無量壽經》言：『願往生者，皆得往生，唯除五逆、誹謗正法。』《觀無量壽經》言：『作五逆、十惡，具諸不善，亦得往生。』此二經云何會？」

答曰：「一經以具二種重罪：一者五逆，二者誹謗正法。以此二種罪故，所以不得往生。一經但言作十惡、五逆等罪，不言誹謗正法，以不謗正法故，是故得生。」

問曰：「假使一人具五逆罪，而不誹謗正法，經許得生；復有一人但誹謗正法，而無五逆諸罪，願往生者，得生與否（以不）？」

答曰：「但令誹謗正法，雖更無餘罪，必不得生。何以言之？經言：『五逆罪人墮阿鼻大地獄中，具受一劫重罪；誹謗正法人，墮阿鼻大地獄中，此劫若盡，復轉至他方阿鼻大地獄中，如是輾轉經百千阿鼻大地獄。』佛不記得出時節，以誹謗正法罪極重故。又正法者，即是佛法，此愚癡人既生誹謗，安有願生佛土之理？假使但貪彼土安樂而願生者，亦如求非水之冰、無煙之火，豈有得理？」

問曰：「何等相是誹謗正法？」

答曰：「若言無佛、無佛法、無菩薩、無菩薩法，如是等見，若心自解、若從他受，其心決定，皆名誹謗正法。」

問曰：「如是等計，但是己事，於眾生有何苦惱，踰於五逆重罪耶？」

答曰：「若無諸佛菩薩說世間出世間善道，教化衆生者，豈知有仁義禮智信耶？如是世間一切善法皆斷，出世間一切賢聖皆滅。汝但知五逆罪爲重，而不知五逆罪從無正法生，是故謗正法人其罪最重。」

問曰：「《業道經》言：『業道如秤，重者先牽。』如《觀無量壽經》言：『有人造五逆、十惡，具諸不善，應墮惡道，經歷多劫，受無量苦，臨命終時，遇善知識，教稱南無無量壽佛，如是至心令聲不絕，具足十念，便得往生安樂淨土，即入大乘正定之聚，畢竟不退，與三塗諸苦永隔。』先牽之義，於理如何？又曠劫已來，備造諸行有漏之法，繫屬三界，但以十念念阿彌陀佛，便出三界，繫業之義，復欲云何？」

答曰：「汝謂五逆、十惡繫業等爲重，以下下品人十念爲輕，應爲罪所牽，先墮地獄，繫在三界者，今當以義校量。輕重之義，在心、在緣、在決定，不在時節、久近、多少也。云何在心？彼造罪人，自依止虛妄顛倒見生；此十念者，依善知識方便安慰，聞實相法生。一實一虛，豈得相比？譬如千歲闇室，光若暫至，即便明朗，豈得言闇在室千歲而不去耶？是名在心。云何在緣？彼造罪人，自依止妄想心，依煩惱虛妄果報衆生生；此十念者，依止無上信心，依阿彌陀如來方便莊嚴真實清淨無量功德名號生。譬如有人被毒箭所中，截筋破骨，聞滅除藥鼓，即箭出毒除，豈可得言彼箭深毒厲，聞鼓音聲不能拔箭去毒耶？是名在緣。云何在決定？彼造罪人，依止有後心，有間心生；此十念者，依止無後心、無間心生，是名決定。校量三義，十念者重，重者先牽，能出三有，兩經一義耳。」

問曰：「幾時名爲一念？」

答曰：「百一生滅，名一刹那；六十刹那，名爲一念。此中云念者，不取此時節也。但言憶念阿彌陀佛，若總相、若別相，隨所觀緣，心無他想，十念相續，名爲十念。但稱名號，亦復如是。」

問曰：「心若他緣，攝之令還，可知念之多少；但知多少，復非無間，若凝心注想，復依何可得記念之多少？」

答曰：「經言十念者，明業事成辦（辦）耳，不必須知頭數也。如言蟪蛄不識春秋，伊蟲豈知朱陽之節乎？知者言之耳。十念業成者，是亦通神者言之耳。但積念相續，不緣他事便罷，復何暇須知念之頭數也？若必須知，亦有方便，必須口授，不得題之筆點。」

卷下

論曰：

論曰已下，此是解義分。此分中義有十重：一者願偈大意，二者起觀生信，三者觀行體相，四者淨入願心，五者善巧攝化，六者離菩提障，七者順菩提門，八者名義攝對，九者願事成就，十者利行滿足。論者，議也，言議偈所以也；曰者，詞也，指下諸句，是議釋偈詞也。故言論曰。

願偈大意者：

此願偈明何義？示現觀彼安樂世界，見阿彌陀如來，願生彼國故。

起觀生信者，此分中又有二重。一者示五念力，二者出五念門。示五念力者：云何觀？云何生信心？若善男子、善女人修五念門行成就，畢竟得生安樂國土，見彼阿彌陀佛。

出五念門者：

何等五念門？一者禮拜門，二者讚歎門，三者作願門，四者觀察門，五者迴向門。

門者，入出義也。如人得門，則入出無礙。前四念，是入安樂淨土門；後一念，是出慈悲教化門。

云何禮拜？身業禮拜阿彌陀如來、應、正徧知。

諸佛如來德有無量，德無量故，德號亦無量，若欲具談，紙筆不能載也。是以諸經或舉十名、或騰三號，蓋存至宗而已，豈此盡耶？所言三號，即此「如來」、「應」、「正徧知」也。「如來」者，如法相解，如法相說，如諸佛安隱道來，此佛亦如是來，更不去後有中，故名「如來」；「應」者，應供也。佛結使除盡，得一切智慧，應受一切天地衆生供養，故曰「應」也；「正徧知」者，知一切諸法實不壞相，不增不減。云何不壞？心行處滅，言語道過，諸法如涅槃相不動，故名「正徧知」，無礙光義，如前偈中解。

為生彼國意故。

何故言此？菩薩之法，常以晝三時、夜三時禮十方一切諸佛，不必有願生意，今應常作願生意，故禮阿彌陀如來也。

云何讚歎？口業讚歎。

讚者，讚揚也；歎者，歌歎也。讚歎非口不宣，故曰「口業」也。

稱彼如來名，如彼如來光明智相，如彼名義，欲如實修行相應故。

稱彼如來名者，謂稱無礙光如來名也。如彼如來光明智相者，佛光明是智慧相也。此光明照十方世界無有障礙，能除十方衆生無明黑闇，非如日月珠光，但破空穴中闇也。如彼名義，欲如實修行相應者，彼無礙光如來名號，能破衆生一切無明，能滿衆生一切志願。然有稱名憶念，而無明猶（由）在，而不滿所願者，何者？由不如實修行，與名義不相應故也。云何爲不如實修行，與名義不相應？謂不知如來是實相身，是爲物身。又有三種不相應：一者信心不淳，若存若亡故；二者信心不一，無決定故；三者信心不相續，餘念間故。此三句，輾轉相成。以信心不淳，故無決定；無決定，故念不相續。亦可念不相續，故不得決定信；不得決定信，故心不淳。與此相違，名如實修行相應。是故，論主建言我一心。

問曰：「名爲法指，如指指月。若稱佛名號，便得滿願者，指月之指，應能破闇；若指月之指，不能破闇，稱佛名號，亦何能滿願耶？」

答曰：「諸法萬差，不可一概。有名即法，有名異法。名即法者，諸佛菩薩名號、般若波羅蜜及陀羅尼章句、禁呪音辭等是也。如〈禁腫辭〉云：『日出東方，乍赤乍黃等句。假使酉亥行禁，不關日出，而腫得差。』亦如行師對陣（陳），但一切齒中誦：『臨兵鬥者皆陳列在前。』行誦此九字，五兵之所不中，抱朴子謂之要道者也。又苦轉筋者，以木瓜對火熨之則愈，復有人但呼木瓜名亦愈，吾身得其效也。如斯近事，世間共知，況不可思議境界者乎？滅除藥塗鼓之喻，復是一事，此喻已彰於前，故不重引。有名異法者，如指指月等名也。」

云何作願？心常作願，一心專念，畢竟往生安樂國土，欲如實修行奢摩他故。

譯「奢摩他」曰「止」，止者，止心一處，不作惡也。此譯名乃不乖大意，於義未滿。何以言之？如止心鼻端，亦名爲止；不淨觀止貪，慈悲觀止瞋，因緣觀止癡，如是等亦名爲止；如人將行不行，亦名爲止。是知止語浮漫，不正得「奢摩他」名也。如椿柘榆柳，雖皆木名，若但云木，安得榆柳耶？「奢摩他」云「止」者，今有三義：一者一心專念阿彌陀如來，願生彼土，此如來名號及彼國土名號，能止一切惡。二者彼安樂土，過三界道，若人一生彼國，自然止身口意惡。三者阿彌陀如來正覺住持力，自然止求聲聞、辟支佛心。此三種止，從如來如實功德生，是故言：「欲如實修行奢摩他故。」

云何觀察？智慧觀察，正念觀彼，欲如實修行毗婆舍那故。

譯「毗婆舍那」曰「觀」，但汎言觀，義亦未滿。何以言之？如觀身無常、苦、空、無我九相等，皆名爲觀；亦如上木名，不得椿柘也。「毗婆舍那」云「觀」者，亦有二義：一者在此作想，觀彼三種莊嚴功德，此功德如實故，修行者亦得如實功德，如實功德者，決定得生彼土。二者亦得生彼淨土，即見阿彌陀佛；未證淨心菩薩，畢竟得證平等法身，與淨心菩薩、與上地菩薩，畢竟同等寂滅平等。是故言：「欲如實修行毗婆舍那故。」

彼觀察有三種，何等三種？一者觀察彼佛國土莊嚴功德，二者觀察阿彌陀佛莊嚴功德，三者觀察彼諸菩薩莊嚴功德。

心緣其事曰「觀」，觀心分明曰「察」。

云何迴向？不捨一切苦惱眾生，心常作願迴向為首，得成就大悲心故。

迴向有二種相：一者往相，二者還相。往相者，以己功德迴施一切眾生，作願共往生彼阿彌陀如來安樂淨土；還相者，生彼土已，得奢摩他、毗婆舍那方便力成就，迴入生死稠林，教化一切眾生共向佛道。若往若還，皆爲拔眾生渡生死海，是故言：「迴向爲首，得成就大悲心故。」

觀察體相者，此分中有二體：一者器體，二者眾生體。器分中又有三重（種）：一者國土體相，二者示現自利利他，三者入第一義諦國土體相者。

云何觀察彼佛國土莊嚴功德？彼佛國土莊嚴功德者，成就不可思議力故，如彼摩尼如意寶性，相似相對法故。

不可思議力者，總指彼佛國土十七種莊嚴功德不可得思議也。諸經統言有五種不可思議：一者眾生多少不可思議，二者業力不可思議，三者龍力不可思議，四者禪定力不可思議，五者佛法力不可思議。此中佛土不可思議，有二種力：一者業力，謂法藏菩薩出世善根大願業力所成。二者正覺阿彌陀法王善住持力所攝。此不可思議，如下十七種，一一相皆不可思議。

至文當釋。

如彼摩尼如意寶性相似相對者，借彼摩尼如意寶性，示安樂佛土不可思議性也。諸佛入涅槃時，以方便力留碎身舍利，以福眾生，眾生福盡，此舍利變為摩尼如意寶珠。此珠多在大海中，大龍王以為首飾，若轉輪聖王出世，以慈悲方便，能得此珠，於閻浮提作大饒益，若須衣服、飲食、燈明、樂具，隨意所欲種種物時，王便潔齋，置珠於長竿頭，發願言：「若我實是轉輪王者，願寶珠雨如此之物，若偏一里、若十里、若百里，隨我心願。」爾時，即便於虛空中雨種種物，皆稱所須，滿足天下一切人願。以此寶性力故，彼安樂佛土亦如是，以安樂性種種成就故。

相似相對者，彼寶珠力，求衣食者能雨衣食等物，稱求者意，非是不求；彼佛土則不然，性滿足成就故，無所乏少，片取彼性為喻，故言相似相對。又彼寶但能與眾生衣食等願，不能與眾生無上道願；又彼寶但能與眾生一身願，不能與眾生無量身願。有如是等無量差別，故言相似。

觀察彼佛國土莊嚴功德成就者，有十七種應知。何等十七？一者莊嚴清淨功德成就，二者莊嚴量功德成就，三者莊嚴性功德成就，四者莊嚴形相功德成就，五者莊嚴種種事功德成就，六者莊嚴妙色功德成就，七者莊嚴觸功德成就，八者莊嚴三種功德成就，九者莊嚴雨功德成就，十者莊嚴光明功德成就，十一者莊嚴妙聲功德成就，十二者莊嚴主功德成就，十三者莊嚴眷屬功德成就，十四者莊嚴受用功德成就，十五者莊嚴無諸難功德成就，十六者莊嚴大義門功德成就，十七者莊嚴一切所求滿足功德成就。

先舉章門，次續提釋。

莊嚴清淨功德成就者，偈言：觀彼世界相，勝過三界道故。

此云何不思議？有凡夫人煩惱成就，亦得生彼淨土，三界繫業畢竟不牽，則是不斷煩惱得涅槃分，焉可思議？

莊嚴量功德成就者，偈言：究竟如虛空，廣大無邊際故。

此云何不思議？彼國人天，若意欲宮殿樓閣，若廣一由旬，若百由旬，若千由旬，千間萬間，隨心所成，人各如此。又十方世界衆生願往生者，若已生、若今生、若當生，一時一日之頃，算數所不能知其多少，而彼世界常若虛空，無迫迮相，彼中衆生，住如此量中，志願廣大，亦如虛空無有限量。彼國土量，能成衆生心行量，何可思議？

莊嚴性功德成就者，偈言：正道大慈悲，出世善根生故。

此云何不思議？譬如迦羅求羅蟲，其形微小，若得大風，身如大山，隨風大小，爲己身相。生安樂衆生亦復如是，生彼正道世界，即成就出世善根，入正定聚，亦如彼風，非身而身，焉可思議？

莊嚴形相功德成就者，偈言：淨光明滿足，如鏡日月輪故。

此云何不思議？夫忍辱得端正，我心影響（嚮）也。一得生彼，無瞋忍之殊，人天色像，平等妙絕，蓋淨光之力也。彼光非心行，而爲心行之事，焉可思議？

莊嚴種種事功德成就者，偈言：備諸珍寶性，具足妙莊嚴故。

此云何不思議？彼種種事，或一寶、十寶、百千種寶，隨心稱意，無不具足。若欲令無，倏焉化沒，心得自在，有踰神通，安可思議？

莊嚴妙色功德成就者，偈言：無垢光燄（炎）熾，明淨曜世間故。

此云何不思議？其光曜事，則映徹表裏，其光曜心，則終盡無明。光爲佛事，焉可思議？

莊嚴觸功德成就者，偈言：寶性功德草，柔軟左右旋，觸者生勝樂，過迦旃鄰陀故。

此云何不思議？夫寶例堅强，而此柔軟觸樂應著，而此增道事同愛作，何可思議？有菩薩字愛作，形容端正，生人染著。經言：「染之者，或生天上，或發菩提心。」

莊嚴三種功德成就者，有三種事應知，何等三種？一者水，二者地，三者虛空。

此三種所以并言者，以同類故也。何以言之？一者六大類，所謂虛空、識、地、水、火、風。二者無分別類，所謂地、水、火、風、虛空。但言三類者，識一大，屬衆生世間故；火一大，彼中無故；雖有風，風不可見故，無住處故。是以六大五類中，取有而可莊嚴三種并言之。

莊嚴水功德成就者，偈言：寶華千萬種，彌覆池流泉，微風動華葉，交錯光亂轉故。

此云何不思議？彼淨土人天，非水穀身，何須水耶？清淨成就，不須洗濯，復何用水耶？彼中無四時，常調適不煩熱，復何須水耶？不須而有，當有所以。經言：「彼諸菩薩及聲聞，若入寶池，意欲令水沒足，水即沒足；欲令至膝，水即至膝；欲令至腰，水即至腰；欲令至頸，水即至頸；欲令灌身，自然灌身；欲令還復，水輒還復。調和冷煖，自然隨意；開神悅體，蕩除心垢；清明澂潔，淨若無形；寶沙映徹，無深不照；微瀾迴流，轉相灌注；安祥（詳）徐逝，不遲不疾；波揚無量自然妙聲，隨其所應，莫不聞者，或聞佛聲，或聞法聲，或聞僧聲，或聞寂靜聲、空無我聲、大慈悲聲、波羅蜜聲，或聞十方無畏不共法聲、諸通慧聲、無所作聲、不起滅聲、無生忍聲，乃至甘露灌頂衆妙法聲。如是等聲，稱其所聞，歡喜無量。隨順清淨離欲寂滅真實之義，隨順三寶力無所畏不共之法，隨順通慧菩薩聲聞所行之道。無有三塗苦難之名，但有自然快樂之音，是故其國名曰安樂。」此水爲佛事，安可思議？

莊嚴地功德成就者，偈言：宮殿諸樓閣，觀十方無礙，雜樹異光色，寶欄徧圍遶故。

此云何不思議？彼種種事，或一寶、十寶、百寶、無量寶，隨心稱意，莊嚴具足。此莊嚴事，如淨明鏡，十方國土淨穢諸相，善惡業緣，一切悉現。彼中人天見斯事故，探湯不及之情，自然成就；亦如諸大菩薩，以照法性等寶爲冠，此寶冠中，皆見諸佛，又了達一切諸法之性；又如佛說《法華經》時，放眉間光，照於東方萬八千土，皆如金色，從阿鼻獄，上至有頂，諸世界中六道衆生，生死所趣、善惡業緣、受報好醜，於此悉見，蓋斯類也。此影爲佛事，安可思議？

莊嚴虛空功德成就者，偈言：無量寶交絡，羅網徧虛空，種種鈴發響，宣吐妙法音故。

此云何不思議？經言：「無量寶網，彌覆佛土，皆以金縷真珠、百千雜寶、奇妙珍異，莊嚴校飾，周匝四面，垂以寶鈴，光色晃耀，盡極嚴麗，自然德風，徐起微動，其風調和，不寒不暑，溫涼柔軟，不遲不疾，吹諸羅網及衆寶樹，演發無量微妙法音，流布萬種溫雅德香；其有聞者，塵勞垢習，自然不起，風觸其身，皆得快樂。此聲爲佛事，焉可思議？

莊嚴雨功德成就者，偈言：雨華衣莊嚴，無量香普薰故。

此云何不思議？經言：「風吹散華，偏滿佛土，隨色次第，而不雜亂；柔軟光澤，馨香芬烈，足履其上，陷下四寸，隨舉足已，還復如故；華用已訖，地輒開裂，以次化沒，清淨無遺，隨其時節，風吹散華，如是六返；又衆寶蓮華，周滿世界，一一寶華，百千億葉，其華光明，無量種色，青色青光、白色白光，玄黃朱紫，光色赫然，暐曄煥爛，明曜日月，一一華中出三十六百千億光，一一光中出三十六百千億佛，身色紫金，相好殊特；一一諸佛又放百千光明，普爲十方說微妙法，如是諸佛，各各安立無量衆生於佛正道。」華爲佛事，安可思議？

莊嚴光明功德成就者，偈言：佛慧明淨日，除世癡闇冥故。

此云何不思議？彼土光明，從如來智慧報起，觸之者，無明黑闇，終必消除。光明非慧，能爲慧用，焉可思議？

莊嚴妙聲功德成就者，偈言：梵聲悟深遠，微妙聞十方故。

此云何不思議？經言：「若人但聞彼國土清淨安樂，剋念願生，亦得往生，則入正定聚。」此是國土名字爲佛事，安可思議？

莊嚴主功德成就者，偈言：正覺阿彌陀，法王善住持故。

此云何不思議？正覺阿彌陀不可思議。彼安樂淨土，爲正覺阿彌陀善力住持，云何可得思議耶？住名不異不滅，持名不散不失，如以不朽藥塗種子，在水不瀾（爛），在火不燋，得因緣則生。何以故？不朽藥力故。若人一生安樂淨土，後時意願生三界教化衆生，捨淨土命，隨願得生，雖生三界，雜生水火中，無上菩提種子畢竟不朽。何以故？以逕（經）正覺阿彌陀善住持故。

莊嚴眷屬功德成就者，偈言：如來淨華眾，正覺華化生故。

此云何不思議？凡是雜生世界，若胎、若卵、若濕、若化，眷屬若干，苦樂萬品，以雜業故；彼安樂國土，莫非是阿彌陀如來正覺淨華之所化生，同一念佛，無別道故，遠通夫四海之內，皆爲兄弟也。眷屬無量，焉可思議？

莊嚴受用功德成就者，偈言：愛樂佛法味，禪三昧為食故。

此云何不思議？不食而資命，蓋所資有以也。豈不是如來滿本願乎？乘佛願爲我命，焉可思議？

莊嚴無諸難功德成就者，偈言：永離身心惱，受樂常無間故。

此云何不思議？經言：「身爲苦器，心爲惱端。」而彼有身有心而受樂無間，安可思議？

莊嚴大義門功德成就者，偈言：大乘善根界，等無譏嫌名，女人及根缺，二乘種不生故。淨土果報，離二種譏嫌過，應知一者體，二者名。體有三種：一者二乘人，二者女人，三者諸根不具人。無此三過，故名離體譏嫌。名亦三種，非但無三體，乃至不聞二乘、女人、諸根不具三種名，故名離名譏嫌。等者，平等一相故。

此云何不思議？夫諸天共器，飯有隨福之色，足指按地，乃詳金礫之旨。而願往生者，本則三三之品，今無一二之殊，亦如淄澠一味，焉可思議？

莊嚴一切所求滿足功德成就者，偈言：眾生所願樂，一切能滿足故。

此云何不思議？彼國人天若欲願往他方世界無量佛剎供養諸佛菩薩，及所須供養之具，無不稱願。又欲捨彼壽命，向餘國生，修短自在，隨願皆得。未階自在之位，而同自在之用，焉可思議？

示現自利利他者：

略說彼阿彌陀佛國土十七種莊嚴功德成就，示現如來自身利益大功德力成就，利益他功德成就故。

言略者，彰彼淨土功德無量，非唯十七種也。夫須彌之入芥子，毛孔之納大海，豈山海之神乎？毛芥之力乎？能神者神之耳。是故十七種雖曰利他，自利之義，炳然可知。

入第一義諦者：

彼無量壽佛國土莊嚴，第一義諦妙境界相，十六句及一句，次第說應知。

第一義諦者，佛因緣法也。此諦是境義，是故莊嚴等十六句稱為妙境界相。此義至入一法句文，當更解釋。及一句次第者，謂觀器淨等，總別十七句觀行次第也。云何起次？建章言：「歸命無礙光如來，願生安樂國。」此中有疑，疑言：「生為有本，衆累之元，棄生願生，生何可盡？」為釋此疑，是故觀彼淨土莊嚴功德成就，明彼淨土是阿彌陀如來清淨本願無生之生，非如三有虛妄生也。何以言之？夫法性清淨，畢竟無生；言生者，是得生者之情耳。生苟無生，生何所盡？盡夫生者，上失無為能為之身，下酾三空不空之痼。根敗永亡，號振三千，無反無復，於斯招恥。

體夫生理，謂之淨土，淨土之宅，所謂十七句是也。十七句中，總別為二。初句是總相，所謂是清淨佛土過三界道。彼過三界有何相？下十六種莊嚴功德成就相是是也。一者量，究竟如虛空，廣大無邊際故；既知量，此量以何爲本？是故觀性；性是本義，彼淨土從正道大慈悲出世善根生，既言出世善根，此善根生何等相？是故次觀莊嚴形相；既知形相，宜知形相何等體，是故次觀種種事；既知種種事，宜知種種事妙色，是故次觀妙色；既知妙色，此色有何觸？是故次觀觸；既知身觸，應知眼觸，是故次觀水、地、虛空莊嚴三事；既知眼觸，應知鼻觸，是故次觀衣華香薰；既知眼鼻等觸，須知離染，是故次觀佛慧明照；既知慧光淨力，宜知聲名遠近，是故次觀梵聲遠聞；既知聲名，宜知誰爲增上，是故次觀主；既知有主，誰爲主眷屬？是故次觀眷屬；既知眷屬，宜知此眷屬若爲受用，是故次觀受用；既知受用，宜知此受用有難無難，是故次觀無諸難；既知無諸難，以何義故無諸難？是故次觀大義門；既知大義門，宜知大義門滿不滿，是故次觀所求滿足。復次此十七句，非但釋疑，觀此十七種莊嚴成就，能生真實淨信，必定得生彼安樂佛土。

問曰：「上言知生無生，當是上品生者。若下下品人，乘十念往生，豈非取實生耶？但取實生，即墮二執，一恐不得往生，二恐更生生惑？」

答：「譬如淨摩尼珠，置之濁水，水即清淨；若人雖有無量生死之罪濁，聞彼阿彌陀如來至極無生清淨寶珠名號，投之濁心，念念之中罪滅心淨，即得往生；又是摩尼珠，以玄黃幣裹投之於水，水即玄黃，一如物色；彼清淨佛土有阿彌陀如來無上寶珠，以無量莊嚴功德成就帛裹，投之於所往生者心水，豈不能轉生見爲無生智乎？又加冰上燃火，火猛則冰解，冰解則火滅；彼下品人，雖不知法性無生，但以稱佛名力，作往生意，願生彼土，彼土是無生界，見生之火自然而滅。」

衆生體者，此分中有二種：一者觀佛，二者觀菩薩。觀佛者：

云何觀佛莊嚴功德成就？觀佛莊嚴功德成就者，有八種相應知。

此觀義已彰前偈。

何等八種？一者莊嚴座功德成就，二者莊嚴身業功德成就，三者莊嚴口業功德成就，四者莊嚴心業功德成就，五者莊嚴大衆功德成就，六者莊嚴上首功德成就，七者莊嚴主功德成就，八者莊嚴不虛作住持功德成就。

何者莊嚴座功德成就？偈言：無量大寶王，微妙淨華臺故。

若欲觀座，當依《觀無量壽經》。

何者莊嚴身業功德成就？偈言：相好光一尋，色像超羣生故。

若欲觀佛身，當依《觀無量壽經》

何者莊嚴口業功德成就？偈言：如來微妙聲，梵響聞十方故。

何者莊嚴心業功德成就？偈言：同地水火風虛空無分別故。無分別者，無分別心故。

凡夫衆生身口意三業以造罪，輪轉三界無有窮已，是故諸佛菩薩莊嚴身口意三業，用治衆生虛誑三業也。云何用治衆生？以身見故，受三塗身、卑賤身、醜陋身、八難身、流轉身，如是等衆生，見阿彌陀如來相好光明身者，如上種種身業繫縛皆得解脫，入如來家，畢竟得平等身業；衆生以憍慢故，誹謗正法，毀呰賢聖，捐庳尊長，如是人應受拔舌苦、瘖瘂苦、言教不行苦、無名聞苦，如是等種種諸苦衆生，聞阿彌陀如來至德名號說法音聲，如上種種口業繫縛皆得解脫，入如來家，畢竟得平等口業；衆生以邪見故，心生分別，若有若無、若非若是、若好若醜、若善若惡、若彼若此，有如是等種種分別，以分別故長淪三有，受種種分別苦、取捨苦，長寢大夜，無有出期，是衆生若遇阿彌陀如來平等光照，若聞阿彌陀如來平等意業，是等衆生，如上種種意業繫縛皆得解脫，入如來家，畢竟得平等意業。

問曰：「心是覺知相，云何可得同地水火風無分別耶？」

答曰：「心雖知相，入實相則無知也。譬如蛇性雖曲，入竹筒則直；又如人身若鍼刺、若蜂螫，則有覺知；若石蛭噉、若甘刀割，則無覺知。如是等有知無知在於因緣，若在因緣則非知非無知也。」

問曰：「心入實相，可令無知。云何得有一切種智耶？」

答曰：「凡心有知，則有所不知；聖心無知，故無所不知。無知而知，知即無知也。」

問曰：「既言無知故無所不知，若無所不知者，豈不是知種種法耶？既知種種之法，復云何言無所分別耶？」

答曰：「諸法種種相皆如幻化，然幻化象馬，非無長頸鼻手足異。而智者觀之，豈是定有象馬分別之耶？」

何者莊嚴大眾功德成就？偈言：天人不動眾，清淨智海生故。

何者莊嚴上首功德成就？偈言：如須彌山王，勝妙無過者故。

何者莊嚴主功德成就？偈言：天人丈夫眾，恭敬繞瞻仰故。

何者莊嚴不虛作住持功德成就？偈言：觀佛本願力，遇無空過者，能令速滿足，功德大寶海故。

不虛作住持功德成就者，蓋是阿彌陀如來本願力也。今當略示虛作之相不能住持，用顯彼不虛作住持之義。人有輟餐養士，或釁起舟中，積金盈庫，而不免餓死。如斯之事，觸目皆是，得非作得，在非守在，皆由虛妄業作，不能住持也。所言不虛作住持者，依本法藏菩薩四十八願，今日阿彌陀如來自在神力，願以成力，力以就願，願不徒然，力不虛設，力願相符，畢竟不差，故曰「成就」。

即見彼佛，未證淨心菩薩，畢竟得證平等身法。與淨心菩薩，與上地諸菩薩，畢竟同得寂滅平等故。

平等法身者，八地已上法性生身菩薩也。寂滅平等者，即此法身菩薩所證寂滅平等之法也；以得此寂滅平等法故，名爲「平等法身」；以平等法身菩薩所得故，名爲「寂滅平等法」也。此菩薩得報生三昧，以三昧神力，能一處一念一時，徧十方世界，種種供養一切諸佛及諸佛大會衆海，能於無量世界無佛法僧處，種種示現種種教化，度脫一切衆生，常作佛事，初無往來想、供養想、度脫想，是故此身名爲平等法身，此法名爲寂滅平等法也。未證淨心菩薩者，初地已上七地已還諸菩薩也。此菩薩亦能現身若百、若千、若萬、若億、若百千萬億無佛國土施作佛事，要須作心入三昧乃能，非不非心，以作心故，名爲未得淨心。此菩薩願生安樂淨土，即見阿彌陀佛，見阿彌陀佛時，與上地諸菩薩，畢竟身等法等。龍樹菩薩、婆藪槃頭菩薩輩，願生彼者，當爲此耳。」

問曰：「案《十地經》，菩薩進趣階段，漸有無量功勳，逕（經）多劫數，然後乃得。此云何見阿彌陀佛時，畢竟與上地諸菩薩身等法等耶？」

答曰：「言畢竟者，未言即等也。畢竟不失此等，故言等耳。」

問曰：「若不即等，復何待言：『菩薩但登初地，以漸增進，自然當與佛等。』何假言與上地菩薩等？」

答曰：「菩薩於七地中得大寂滅，上不見諸佛可求，下不見衆生可度，欲捨佛道證於實際，爾時若不得十方諸佛神力加勸，即便滅度，與二乘無異，菩薩若往生安樂見阿彌陀佛即無此難，是故須言畢竟平等。復次，《無量壽經》中，阿彌陀如來本願言：『設我得佛，他方佛土諸菩薩衆來生我國，究竟必至一生補處，除其本願自在，所化爲衆生故，被弘誓鐙（鎧），積累德本，度脫一切，遊諸佛國，修菩薩行，供養十方諸佛如來，開化恆沙無量衆生，使立無上正真之道，超出常倫諸地之行，現前修習普賢之德，若不爾者，不取正覺。』案此經推，彼國菩薩或可不從一地至一地，言十地階次者，是釋迦如來於閻浮提一應化道耳，他方淨土何必如此？五種不思議中，佛法最不可思議，若言菩薩必從一地至一地，無超越之理，未敢詳也。譬如有樹，名曰好堅，是樹地生，百歲乃具，一日長高百丈，日日如此，計百歲之長，豈類修松耶？見松生長，日不過寸，聞彼好堅、何能不疑？即曰有人聞釋迦如來，證羅漢於一聽，制無生於終朝，謂是接誘之言，非稱實之說，聞此論事，亦當不信。夫非常之言，不入常人之耳，謂之不然，亦其宜也。」

略說八句，示現如來自利利他功德莊嚴次第成就應知。

此云何次第？前十七句是莊嚴國土功德成就，既知國土相，應知國土之主，是故次觀佛莊嚴功德；彼佛若爲莊嚴，於何處坐？是故先觀座；既知座已，宜知座主，是故次觀佛莊嚴身業；既知身業，應知有何聲名，是故次觀佛莊嚴口業；既知名聞，宜知得名所以，是故次觀莊嚴心業；既知三業具足，應爲人天大師，堪受化者是誰？是故次觀大衆功德；既知大衆有無量功德，宜知上首者誰，是故次觀上首；上首是佛，既知上首，恐同長幼，是故次觀主；既知是主，主有何增上？是故次觀莊嚴不虛作住持。八句次第成已。

觀菩薩者：

云何觀察菩薩莊嚴功德成就？觀察菩薩莊嚴功德成就者，觀彼菩薩有四種正修行功德成就應知。

真如是諸法正體，體如而行，則是不行；不行而行，名如實修行。體唯一如，而義分爲四，是故四行以一正統之。

何者為四？一者於一佛土身不動搖，而徧十方種種應化，如實修行，常作佛事。偈言：安樂國清淨，常轉無垢輪，化佛菩薩日，如須彌住持故，開諸衆生淤泥華故。

八地已上菩薩，常在三昧，以三昧力，身不動本處，而能徧至十方，供養諸佛，教化衆生。無垢輪者，佛地功德也，佛地功德無習氣煩惱垢，佛爲諸菩薩常轉此法輪，諸大菩薩亦能以此法輪開導一切，無暫時休息，故言常轉。法身如日，而應化身光徧諸世界也，言日未足以明不動，復言如須彌住持也。淤泥華者，經言：「高原陸地，不生蓮華；卑濕淤泥，乃生蓮華。」此喻凡夫在煩惱泥中，爲菩薩開導能生佛正覺華，諒夫，紹隆三寶，常使不絕。

二者彼應化身，一切時不前不後，一心一念，放大光明，悉能徧至十方世界，教化衆生，種種方便，修行所作，滅除一切衆生苦故。偈言：無垢莊嚴光，一念及一時，普照諸佛會，利益諸羣生故。

上言不動而至，容或至有前後，是故復言一念一時無前後也。

三者彼於一切世界，無餘照諸佛會大衆，無餘廣大無量供養恭敬讚歎諸佛如來功德。偈言：雨天樂華衣，妙香等供養，讚諸佛功德，無有分別心故。

無餘者，明徧至一切世界、一切諸佛大會，無有一世界、一佛會不至也。肇公言：「法身無像，而殊形並應；至韻無言，而玄籍彌布；冥權無謀，而動與事會。」蓋斯意也。

四者於十方一切世界無三寶處，住持莊嚴佛法僧寶功德大海，徧示令解如實修行。偈言：何等世界無佛法功德寶，我願皆往生，示佛法如佛故。

上三句雖言徧至，皆是有佛國土。若無此句，便是法身有所不法，上善有所不善。

觀行體相竟。

已下是解義中第四重，名爲淨入願心。淨入願心者：

又向說觀察莊嚴佛土功德成就、莊嚴佛功德成就、莊嚴菩薩功德成就，此三種成就願心莊嚴應知。

應知者，應知此三種莊嚴成就，由本四十八願等清淨願心之所莊嚴。因淨故果淨，非無因，他因有也。

略說入一法句故。

上國土莊嚴十七句、如來莊嚴八句、菩薩莊嚴四句爲廣，入一法句爲略。何故示現廣略相入？諸佛菩薩有二種法身：一者法性法身，二者方便法身。由法性法身生方便法身，由方便法身出法性法身，此二法身異而不可分，一而不可同，是故廣略相入，統以法名。菩薩若不知廣略相入，則不能自利利他。

一法句者，謂清淨句。清淨句者，謂真實智慧無為法身故。

此三句輾轉相入，依何義名之爲法？以清淨故。依何義名爲清淨？以真實智慧無爲法身故。真實智慧者，實相智慧也，實相無相，故真智無知也。無爲法身者，法性身也。法性寂滅，故法身無相也。無相，故能無不相，是故相好莊嚴，即法身也；無知，故能無不知，是故一切種智即真實智慧也。以真實而目智慧，明智慧非作非非作也；以無爲而標法身，明法身非色非非色也。非於非者，豈非非之能是乎？蓋無非之曰是也，自是無待復非是也。非是非非，百非之所不喻，是故言清淨句。清淨句者，謂真實智慧無爲法身也。

此清淨有二種應知。

上轉入句中，通一法入清淨，通清淨入法身。今將別清淨出二種故，故言「應知」。

何等二種？一者器世間清淨，二者衆生世間清淨。器世間清淨者，如向說十七種莊嚴佛土功德成就，是名器世間清淨；衆生世間清淨者，如向說八種莊嚴功德成就，四種莊嚴菩薩功德成就，是名衆生世間清淨。如是一法句，攝二種清淨義，應知。

夫衆生爲別報之體，國土爲共報之用，體用不一，所以「應知」。然諸法心成，無餘境界，衆生及器，復不得異、不得一。不一則義分，不異同清淨。器者，用也，謂彼淨土是彼清淨衆生之所受用，故名爲「器」。如淨食用不淨器，以器不淨故，食亦不淨；不淨食用淨器，食不淨故器亦不淨。要二俱潔，乃得稱淨。是以一清淨名，必攝二種。

問曰：「言衆生清淨，則是佛與菩薩，彼諸人天，得入此清淨數否？」

答曰：「得名清淨，非實清淨。譬如出家聖人，以殺煩惱賊故，名爲比丘。凡夫出家者，持戒破戒皆名比丘；又如灌頂王子，初生之時具三十二相，即爲七寶所屬，雖未能爲轉輪王事，亦名轉輪王，以其必爲轉輪王故；彼諸人天亦復如是，皆入大乘正定之聚，畢竟當得清淨法身，以當得故得名清淨。」

善巧攝化者：

如是菩薩，奢摩他、毗婆舍那，廣略修行成就柔軟心。

柔軟心者，謂廣略止觀，相順修行，成不二心也。譬如以水取影，清淨相資而成就也。

如實知廣略諸法。

如實知者，如實相而知也。廣中二十九句、略中一句，莫非實相也。

如是成就巧方便迴向。

如是者，如前後廣略，皆實相也；以知實相故，則知三界衆生虛妄相也；知衆生虛妄，則生真實慈悲也；知真實法身，則起真實皈依也。慈悲之與皈依，巧方便在下。

何者菩薩巧方便迴向？菩薩巧方便迴向者，謂說禮拜等五種修行，所集一切功德善根，不求自身住持之樂，欲拔一切眾生苦故。作願攝取一切眾生，共同生彼安樂佛國，是名菩薩巧方便迴向成就。

案王舍城所說《無量壽經》，三輩生中雖行有優劣，莫不皆發無上菩提之心，此無上菩提心即是願作佛心；願作佛心，即是度眾生心；度眾生心，即攝取眾生生有佛國土心。是故願生彼安樂淨土者，要發無上菩提心也，若人不發無上菩提心，但聞彼國土受樂無間，爲樂故願生，亦當不得往生也。是故言不求自身住持之樂，欲拔一切眾生苦故。住持樂者，謂彼安樂淨土爲阿彌陀如來本願力之所住持，受樂無間也。凡釋迴向名義，謂以己所集一切功德，施與一切眾生共向佛道。巧方便者，謂菩薩願以己智慧火，燒一切眾生煩惱草木，若有一眾生不成佛，我不作佛，而眾生未盡成佛，菩薩已自成佛；譬如火㯉，欲擿一切草木燒令使盡，草木未盡，火㯉已盡，以後其身而身先，故名「巧方便」。此中言方便者，謂作願攝取一切眾生，共同生彼安樂佛國，彼佛國即是畢竟成佛道路無上方便也。

障菩提門者：

菩薩如是善知迴向成就，即能遠離三種菩提門相違法。何等三種？一者依智慧門，不求自樂，遠離我心貪著自身故。

知進守退曰「智」，知空無我曰「慧」。依智故，不求自樂；依慧故，遠離我心貪著自身。

二者依慈悲門，拔一切眾生苦，遠離無安眾生心故。拔苦曰「慈」，與樂曰「悲」。依慈故，拔一切衆生苦；依悲故，遠離無安衆生心。

三者依方便門，憐愍一切眾生心，遠離供養恭敬自身心故。正直曰「方」，外己曰「便」。依正直故，生憐愍一切衆生心；依外己故，遠離供養恭敬自身心。

是名遠離三種菩提門相違法。

順菩提門者：

菩薩遠離如是三種菩提門相違法，得三種隨順菩提門法滿足故。何等三種：一者無染清淨心，以不為自身求諸樂故。

菩提是無染清淨處，若爲身求樂即違菩提，是故無染清淨心是順菩提門。

二者安清淨心，以拔一切眾生苦故。

菩提是安穩一切衆生清淨處，若不作心拔一切衆生離生死苦，即便違菩提，是故拔一切衆生苦是順菩提門。

三者樂清淨心，以令一切眾生得大菩提故，以攝取眾生生彼國土故。

菩提是畢竟常樂處，若不令一切衆生得畢竟常樂則違菩提。此畢竟常樂依何而得？依大乘門。大乘門者，謂彼安樂佛國土是也。是故又言以攝取衆生生彼國土故。

是名三種隨順菩提門法滿足，應知。

名義攝對者：

向說智慧慈悲方便三種門，攝取般若，般若攝取方便，應知。

「般若」者，達如之慧名；「方便」者，通權之智稱。達如則心行寂滅，通權則備省衆機。省機之智，備應而無知；寂滅之慧，亦無知而備省。然則智慧方便，相緣而動，相緣而靜。動不失靜，智慧之功也；靜不廢動，方便之力也。是故智慧慈悲方便攝取般若，般若攝取方便。「應知」者，謂應知智慧方便是菩薩父母，若不依智慧方便，菩薩法則不成就。何以故？若無智慧，爲衆生時，則墮顛倒；若無方便，觀法性時，則證實際，是故應知。

向說遠離我心不貪著自身，遠離無安衆生心，遠離供養恭敬自身心，此三種法遠離障菩提心，應知。

諸法各有障礙相，如風能障靜，土能障水，濕能障火，五黑十惡障人天，四顛倒障聲聞果。此中三種不遠離，障菩提心。應知者，若欲得無障，當遠離此三種障礙也。

向說無染清淨心、安清淨心、樂清淨心，此三種心，略一處成就妙樂勝真心，應知。

樂有三種：一者外樂，謂五識所生樂；二者內樂，謂初禪、二禪、三禪意識所生樂；三者法樂樂，謂智慧所生樂。此智慧所生樂從愛佛功德起，是遠離我心、遠離無安衆生心、遠離自供養心，是三種心，清淨增進，略爲妙樂勝真心。妙言其好，以此樂緣佛生故。勝言勝出三界中樂，真言不虛僞，不顛倒。

願事成就者：

如是菩薩智慧心、方便心、無障心、勝真心，能生清淨佛國土，應知。

應知者，謂應知此四種清淨功德，能得生彼清淨佛國土，非是他緣而生也。

是名菩薩摩訶薩，隨順五種法門，所作隨意自在成就。如向所說身業、口業、意業、智業、方便智業，隨順法門故。

隨意自在者，言此五種功德力能生清淨佛土，出沒自在也。身業者，禮拜也；口業者，讚歎也；意業者，作願也；智業者，觀察也；方便智業者，迴向也。言此五種業和合，則是隨順往生淨土法門自在業成就。

利行滿足者：

復有五種門，漸次成就五種功德，應知。何者五門？一者近門，二者大會眾門，三者宅門，四者屋門，五者園林遊戲地門。

此五種示現入出次第相。入相中，初至淨土是近相，謂入大乘正定聚，近阿耨多羅三藐三菩提；入淨土已，便入如來大會眾數；入眾數已，當至修行安心之宅；入宅已，當至修行所居屋寓；修行成就已，當至教化地；教化地，即是菩薩自娛樂地，是故出門稱園林遊戲地門。

此五種門，初四種門成就入功德，第五門成就出功德。

此入出功德門，何者是？釋言：

入第一門者，以禮拜阿彌陀佛，為生彼國故，得生安樂世界，是名入第一門。

禮佛願生佛國，是初功德相。

入第二門者，以讚歎阿彌陀佛，隨順名義稱如來名，依如來光明智相修行故，得入大會衆數，是名入第二門。

依如來名義讚歎，是第二功德相。

入第三門者，以一心專念作願生彼，修奢摩他寂靜三昧行故，得入蓮華藏世界，是名入第三門。

爲修寂靜止故，一心願生彼國，是第三功德相。

入第四門者，以專念觀察彼妙莊嚴，修毗婆舍那故，得到彼處，受用種種法味樂，是名入第四門。

種種法味樂者，毗婆舍那中有觀佛國土清淨味、攝受衆生大乘味、畢竟住持不虛作味、類事起行願取佛土味，有如是等無量莊嚴佛道味，故言種種，是第四功德相。

出第五門者，以大慈悲觀察一切苦惱衆生，示應化身，迴入生死園煩惱林中，遊戲神通，至教化地，以本願力迴向故，是名出第五門。

示應化身者，如《法華經．普門》示現之類也。遊戲有二義：一者自在義，菩薩度衆生，譬如獅子搏鹿，所爲不難，如似遊戲；二者度無所度義，菩薩觀衆生，畢竟無所有，雖度無量衆生，而實無一衆生得滅度者，示度衆生如似遊戲。言本願力者，示大菩薩於法身中常在三昧，而現種種身、種種神通、種種說法，皆以本願力起。譬如阿修羅琴，雖無鼓者，而音曲自然。是名教化地第五功德相。

菩薩入四種門，自利行成就，應知。

成就者，謂自利滿足也。應知者，謂應知由自利故則能利他，非是不能自利而能利他也。

菩薩出第五門，迴向利益他行成就，應知。

成就者，謂以迴向因，證教化地果，若因若果，無有一事不能利他。應知者，謂應知由利他故則能自利，非是不能利他而能自利也。

菩薩如是修五念門行，自利利他，速得成就阿耨多羅三藐三菩提故。

佛所得法，名爲阿耨多羅三藐三菩提，以得此菩提，故名爲佛。今言速得阿耨多羅三藐三菩提，是得早作佛也。「阿」名「無」，「耨多羅」名「上」，「三藐」名「正」，「三」名「偏」，「菩提」名「道」，統而譯之，名爲「無上正偏道」。「無上」者，言此道窮理盡性，更無過者。何以言之？以正故。「正」者，聖智也，如法相而知，故稱爲「正智」。法性無相，故聖智無知也；「偏」有二種：一者聖心偏知一切法，二者法身偏滿法界。若身若心，無不偏也；「道」者，無礙道也。經言：「十方無礙人，一道出生死。」「一道者，一無礙道也；無礙者，謂知生死即是涅槃，如是等入不二法門無礙相也。

問曰：「有何因緣，言速得成就阿耨多羅三藐三菩提？」

答曰：「論言：『修五門行，以自利利他成就故。』然覈求其本，阿彌陀如來爲增上緣。他利之與利他，談有左右。若自佛而言，宜言利他；自衆生而言，宜言他利。今將談佛力，是故以利他言之，當知此意也。凡是生彼淨土及彼菩薩人天所起諸行，皆緣阿彌陀如來本願力故。何以言之？若非佛力，四十八願便是徒設。今的取三願，用證義意。願言：『設我得佛，十方衆生至心信樂欲生我國，乃至十念，若不得生者，不取正覺，唯除五逆、誹謗正法。』緣佛願力故，十念念佛便得往生；得往生故，即免三界輪轉之事；無輪轉故，所以得速，一證也。願言：『設我得佛，國中人天，不住正定聚，必至滅度者，不取正覺。』緣佛願力故，住正定聚；住正定聚故，必至滅度；無諸迴伏之難，所以得速，二證也。願言：『設我得佛，他方佛土諸菩薩衆來生我國，究竟必至一生補處，除其本願自在所化，爲衆生故，被弘誓鎧，積累德本，度脫一切，遊諸佛國，修菩薩行，供養十方諸佛如來，開化恆沙無量衆生，使立無上正真之道，超出常倫諸地之行現前，修習普賢之德。若不爾者，不取正覺。』緣佛願力故，超出常倫諸地之行現前，修習普賢之德，以超出常倫諸地行故，所以得速，三證也。以斯而推他力爲增上緣，得不然乎？當復引例示自力他力相。如人畏三塗故，受持禁戒；受持禁戒故，能修禪定；以禪定故，修習神通；以神通故，能遊四天下。如是等名爲自力；又如劣夫，跨驢不上，從轉輪王行，便乘虛空，遊四天下，無所障礙。如是等名爲他力。愚哉！後之學者，聞他力可乘，當生信心，勿自局分也！」

無量壽修多羅優婆提舍願生偈略解義竟。

經始稱如是，彰信爲能入，末言奉行，表服膺事已。論初歸禮，明宗旨有由；終云義竟，示所詮理畢。述作人殊，於茲成例。

月溪法師高臥碑文

師諱心圓，號月溪，俗姓吳。其先浙江錢塘人，業滇遂家昆明，三傳至師。父子莊公，母陸聖德，生子五人，師最幼。師弱而好書，珪璋秀發，習儒業於汪維寅。先生年十二，讀〈蘭亭集序〉至「死生亦大矣，豈不痛哉」句，慨然有解悟，問先生如何方能不死不生？汪告曰：「儒言：『未知生，焉知死？』此言要問佛學家。」旋問佛學家，告曰：「肉體有生有死，見聞覺知靈性輪轉，佛性如如不動，不死不生。假如未見佛性，佛性隨見聞覺知靈性輪轉。如見佛性徧滿虛空，見聞覺知靈性變爲佛性。」問如何方法能見佛性？佛學家不能答。授以《四十二章經》、《金剛經》，自是兼攻佛學。隨肄學業於滬，尤專心老、莊，濂、洛、關、閩書，博綜六經，徧參江浙名山梵刹，叩問諸大德。將佛學家告如何方法能明心見佛性？凡所答案皆未圓滿。時妙智尊宿教看「念佛是誰」話題。年十九，決志出家，闡揚大法。父母幼爲訂婚，堅不娶，即於是歲，禮本境靜安和尚剃染受具。甫出家精進勇猛，於佛前燃左無名、小二指；並剪胸肉掌大，炷四十八燈供佛。發三大願：一、不貪美衣食樂，修苦行，永無退悔。二、徧究閱三藏一切經典，苦心參禪。三、以所得悉講演示導，廣利衆生。師每日除看經外，誦佛號五千聲，輪誦《華嚴》、《涅槃》、《楞嚴》，有閑時拜《圓覺經》爲課。師公靜公和尚告曰：「如爾所修，在家亦可，何必出家？即非僧相，要修向上一著法門，纔是出家本分大事。」教看「萬法歸一，一歸何處」話頭。隨授《傳燈錄》、《五燈會元》、《指月錄》。師看過有些知，有些不知。師最喜臨濟語，如何用功還是渺茫。師後隨悟參法師學天台、賢首、慈恩諸宗教義。年二十二，遂徧蒞衆會說法宣講，聽者如市。應金陵之請，講楞伽法會。師示衆曰：「衆生本來是佛，衹因無明妄念，生死不能了脫；若能破一分無明妄念，即能證一分法身。無明妄念破盡，法身顯露。」時法會中有開明尊宿，問曰：「如無明妄念從外面來，與你不相干，又何必去斷？如妄念從裏邊生出來的，譬喻龍潭出水的水源，時時有水生出來的，斷了又生，生了又斷，無有了期。修行斷妄念，這箇道理實在不通！古人云：『王法不外乎人情。』佛法亦不外乎人情，妄念斷是佛性，妄念起是衆生，豈不是成佛亦有輪迴？」師不能答。再問曰：「法師未曾明心見性，經中無此語，此語是註解中得來。見性的人註解經典，路途便不錯。不見性人註解經典，說南朝北，拉東補西，顛倒是非。是否？」師答曰：「是不錯。」師頂禮尊宿，並舉將佛學家告如何方法方能明心見性。尊宿告曰：「此語法師可去問牛首山獻花巖鐵巖宗匠，他是悟後的人。」師星夜往參，問巖曰：「老和尚在此作甚麼？」巖告曰：「穿衣、喫飯、打眠、遊山玩水。」師對曰：「可惜你空過了。」巖告曰：「我可空過，你不可以學我空過，你若到那一片田地，亦可以學我空過。」師問曰：「如何是那一片田地？」巖豎一指。師對曰：「我不知道。」師問曰：「我今將妄念斷盡，不住有無，是那一片田地否？」巖告曰：「否！是無始無明境界。」師問曰：「臨濟祖師說是無明湛湛黑闇深坑，實可怖畏。是否？」巖告曰：「是。」師將佛學家告如何方法用功，方能明心見性。巖告曰：「汝不可斷妄念，用眼根向不住有無黑闇深坑那裏返看，行、住、坐、臥不要間斷，因緣時至，無明湛湛，黑闇深坑，囫的一破，就可以明心見性。」師聽此言，如飲甘露。由此用功，日夜苦參，形容憔悴，瘦骨如柴。至某中夜，聞窗外風吹梧桐葉聲，豁然證悟。時通身大汗，曰：「哦！原來不青不白，亦不參禪，亦不念佛，亦無死生事大，亦無無常迅速。」信口說偈曰：「本來無佛無衆生，世界未曾見一人；究竟瞭解是這箇，自性還是自己生。」向窗外望，正是萬里晴無雲，四更月在天。師數日後，再去問巖曰：「不求用功法門。只求老和尚印證。」巖舉拐杖作打勢，問師曰：「曹溪未見黃梅意旨如何？」師答曰：「老和尚要打人。」巖再問曰：「見後意旨如何？」師再答曰：「老和尚要打人。」巖點頭。師將所悟稟呈，巖告曰：「子證悟也，今代汝印證，汝可再將《傳燈錄》印證。汝大事畢矣，有緣講經說法度生，無緣可隨緣度日。」師將《傳燈錄》、《指月錄》、《五燈會元》、《華嚴經》印證，一概瞭解，如家裏人說家裏話。師從今後講經依照《華嚴經》：佛性恆守本性，無有改變，始終不改；佛性無染無亂，無礙無厭，不受薰染；佛性不起妄念，妄念從見聞覺知靈性生起；除卻止、作、任、滅四病，不斷妄念，用一念破無始無明，見佛性爲主要。師講經說法皆從自性中發露出來，不看他人註解。師後膺川、湘、鄂、贛、皖、閩、粵、陝、甘、京、滬、平、津、魯、晉、豫、熱、浙、杭、青、香、澳諸講筵，數十年無虛日，講經二百五十餘會，講經一種爲一會。師性超然喜遊，如遊終南、太白、香山、華山、峨嵋、九華、普陀、五台、泰山、嵩山、黃山、武當、匡廬、茅山、莫干、嶼山、恆山、羅浮山等。凡遊雲霞深處，數月忘歸。所到名山，必有詩對。師善彈七弦琴，遊山必攜琴隨身。師節操高邈，度量出羣，不應酬世法，性度弘偉，風鑑朗拔，雖宿儒英達莫不服其深致。師之詩文有雲霞色，無煙火氣。師年老，豎一指爲衆弟子說法曰：「來從徧滿虛空來，迦葉佛釋迦佛；去從偏滿虛空去，觀世音彌陀佛。古今諸佛，在老僧指頭上，不去不來；老僧亦在指頭上，不去不來。汝等若能識取，便是汝等安身立命處。」說偈曰：「講經說法數十年，度生無生萬萬千；等待他日世緣盡，偏滿虛空大自在。」師囑弟子曰：「夫四大從因緣生者，有生必有滅；自性本來無生，無生亦無滅。」有生必滅者，預有歸所，歸所高臥處，擇昆明南門外，杜家營村後，跑馬山之陽，望昆明湖。師生平未度剃染徒（編按：另據法師胞侄稱，師有「剃染徒二」），皈依弟子十六萬餘衆。師教弟子修念佛法門。師座下悟道弟子八人：五台寂真、明淨尊宿、北平李廣權居士、上海周運法居士。餘四人已先棄世。師著有《維摩經講錄》、《楞伽經講錄》、《圓覺經講錄》、《金剛經講錄》、《心經講錄》流傳北方。《佛教人生觀》（即《佛教的人生觀》）、《佛法問答錄》，流傳南方。及《大乘八宗修法》、《大乘絕對論》、《月溪語錄》、《參禪修法》、《念佛修法》、《詠風堂琴課》。

弟子智圓敬撰並書

皈依弟子

智圓　智融　智惟　智悅　智如　智尊　智用

智參　智滿　智溪　智生　智諦　智通　智覺

智心　智真　智雲　智蓮　智海　智量　智哲

敬立

智遂　智信　智性　智明　智鏡　智定

中華民國第一甲子己卯年仲春既望日

編後語

郭哲志

「為天下學道者定宗旨，為天下學道者辨是非」，這是千餘年前荷澤神會大師破北宗清淨漸修禪，立六祖惠能頓教禪時，所留下的氣勢磅礡的口號，神會定宗旨之舉，也由此為禪宗心地法門開創出日後「一花開五葉」的契機。千餘年後的今日，佛教表面上看似生機蓬勃，但觸目所及，無一不是流於中、小二乘的末代禪法，宗門尚且如此，更遑論教門及其他附佛外道，佛陀的正法眼藏真的是沒落了！

神會的時代，明心見性的祖師各化一方，尚且有魔强法弱之慨，今日的環境要想重振宗風，困難更是數倍於當時，我們選擇了整理弘揚月溪法師的思想做為一箇起步。月溪法師是箇明心見性的過來人，本身又精通中西各家學說及佛教各派典籍，除了以現代人更能分別明白的「絕對論」重新闡釋「佛性」和「外道法」的差別外，其著作努力的方向在於揀擇佛法中種種似是而非，千百年來卻未為人察知的謬誤。這番「定宗旨，辨是非」的苦心，雖未於法師生前有立竿見影之效，然而今日或許能有一大因緣再現於世也未可知。

在臺灣，由於某些緣故，月溪法師之名及其著作並未廣爲人知，坊間雖有印經會以印善書的方式流通，流通的層面亦屬有限。在某次因緣巧合下，我們和圓明出版社討論了出版月溪法師文集的可行性，而開始了這番合作的計劃。月溪法師的著作據稱有九十八種，惟大部份於戰火中佚失，我們所蒐集到的亦僅二十餘種。所以關於內容的來源，我們希望以拋磚引玉的方式來獲得讀者的迴響，倘若讀者手邊收藏有月溪法師的著作，盼能提供我們參考，以促其流通並增加整套文集的完整性。

月溪法師的每本著作雖都各自完整可讀，但合併爲文集卻有頗多重複贅累之處，一番去蕪存菁的整理工作是必要的。有的著作因其內容於他處重複或可被合併，不再單行出現，如《用周易老莊解釋佛法的錯誤》、《月溪法師問答錄》、《四乘法門》、《大乘佛法用功論》、《大乘佛法簡易解》、《由真起妄返妄歸真之考證》。至於法師其他的著作，大約以下列的順序來出版：《大乘絕對論》、《月溪法師開示錄》、《佛教的人生觀》（含《無始無明》、《大乘八宗修法》）、《參禪與念佛修法》、《荷澤證道歌顯宗記溯源》，《圓覺經》、《金剛經》、《心經》、《維摩詰經》、《楞伽經》等經典的講註及《月溪法師詩詞書琴合集》（含《華山待月室記》、《詠風堂琴課》）。

月溪法師在著作中，因其本著護持正法、明確而不妥協的態度，於批判似是而非的教法時顯得相當直接毫無保留，對許多讀者而言，尤其若有涉及對自己過去既有觀念的否定時，可能會有難以接受甚或排斥的心態出現。這其實也是一般病患對喫藥，尤其是苦口良藥所會有的反應，然而病要醫好還是得克服這層障礙纔行。相信祇要能讀通月溪法師的著作，起碼具備了分辨他人說法是非對錯的能力，做箇達摩祖師東來所要找的「不被人惑」的人了！

國家圖書館出版品預行編目資料

參禪與念佛修法 / 月溪法師著. -- 1 版. -- 新北市：
華夏出版有限公司, 2023.01
面； 公分. --（Sunny 文庫；254）
ISBN 978-626-7134-37-5（平裝）
1.CST：佛教教化法

225.5 111010245

Sunny 文庫 254
參禪與念佛修法

著　　作　月溪法師
總 校 訂　法禪法師
印　　刷　百通科技股份有限公司
　　　　　電話：02-86926066 傳真：02-86926016
出　　版　華夏出版有限公司
　　　　　220 新北市板橋區縣民大道 3 段 93 巷 30 弄 25 號 1 樓
　　　　　電話：02-32343788 傳真：02-22234544
E-mail：　pftwsdom@ms7.hinet.net
總 經 銷　貿騰發賣股份有限公司
　　　　　新北市 235 中和區立德街 136 號 6 樓
　　　　　電話：02-82275988 傳真：02-82275989
　　　　　網址：www.namode.com
版　　次　2023 年 1 月 1 版
特　　價　新台幣 600 元（缺頁或破損的書，請寄回更換）

ISBN：978-626-7134-37-5